U0103422

皇帝也是人

范捷 著

補遺卷

補遺目錄

皇帝也是人

帝皇也是人

卷遺補

六

卷首語 中華文明的歷史悠長久遠，底蘊豐厚，歷經了數千年的風風雨雨，前後更替過大大小小數十個王朝。期間曾發生過無以計數的歷史事件，湧現出眾多各式各樣的歷史人物。審視這些事件和人物，歷朝的帝王無疑是其中的主角，他們在很大程度上引領著歷史發展的潮流，主宰著一定時期的歷史進程。他們中有的創造出輝煌的基業，有的則平淡無奇，有的甚至昏庸暴虐，但他們都演繹了一段段特定的歷史，是不同朝代不可或缺的主人。

由於宮闕相隔，人們似乎總鮮見帝王們的真容，總是自覺不自覺地將他們「神化」，把他們想像得是多麼與眾不同。實際上他們也同普通人一樣，有著自己鮮活的個性，有著屬於自己的喜好和情感。而這些個性化的內容往往會不同程度地對歷史進程產生影響，成為歷史發展的一部分。本書即著眼於此，展現歷朝帝王與普通人相同或相近的一面，讓他們從高高的皇位上走下來，將其還原成為一個個有血有肉、個性鮮明的普通人，以此來拉近與讀者的距離，為解讀不同時期的歷史增加新的視點。

把帝王視為普通人，並非要進行杜撰、演繹甚至編造，而是站在歷史的高度，採取嚴謹的態

度，在尊重史實的前提下融入哲學的思辨，採用平民的視角、故事性的筆法和適當的篇幅，關鍵要讓讀者喜歡。以往有關帝王的著述，大多集中於一些受關注的人物，以致造成了不同帝王間資訊的不對稱，多的過多，動輒洋洋上萬甚至數十萬言；而少的又過少，造成彼此銜接上的支離破碎。本書意在以簡明、兼收並蓄、節奏流暢的方式作些探索，並非要進行學術考證和研究，而是為了普及，給大眾讀者以閱讀的興趣。

本卷為補遺卷。介紹中國史上幾大朝代之外的三國、兩晉（十六國）、南北朝、五代十國、遼、金、西夏、元（大蒙古國）較有影響的十九位帝王（主要為開國皇帝），或傑出或平庸、或輝煌或淒涼的人生歷程。

三國

220-280

刻薄寡恩的曹丕

220-226

曹丕是三國時期魏國的首任皇帝。他並不像歷朝開創者那樣叱咤風雲、氣貫山河，相反倒像許多繼任者一樣小心謹慎、步履維艱。因為他父親曹操太過於強大了，挾天子以令諸侯，官至丞相，封為魏王，是王朝的實際統治者，也是曹魏政權實際的開創者。曹丕在父親的光影下慘澹經營，於曹操逝世後加冕稱帝。

他的性格及即位過程，對於解讀中國專制條件下皇權傳位繼承的某些特點，具有典型意義。曹丕同時還是一位著名的文學家，他與父親曹操、弟弟曹植以及其他「七子」（即孔融、王粲、陳琳、劉楨、徐幹、阮瑀、應瑒）和蔡琰，共同開創了令世人稱道的「建安文學」。政治家要有文化的素養和造詣，尊重和弘揚文化，是曹魏政權的一大特點，也是開啟魏晉南北朝思想文化快速發展的重要原因。

魏文帝曹丕像

生於動盪
爭奪嗣位

曹丕於漢靈帝中平四年（187年）生於譙縣（今安徽亳州）。當時爆發了黃巾起義，其父曹操因鎮壓黃巾軍有功，遷為濟南相。濟南下屬縣吏多依附權貴，貪贓枉法，無所顧忌。曹操到任後大力整飭，濟南為之震動。但東漢末年政治腐敗，朝廷賣官鬻爵風氣盛行，曹操不肯迎合，遂託病回歸鄉里。曹丕就生於曹操在鄉間隱居的年代。母親為卞氏，當時是曹操的妾，後晉為正室。相傳曹丕出生時，天上出現青色的雲彩形如車蓋，終日環繞，見此情形者都認為曹丕絕非等閒之輩，當然這是後人的杜撰。曹丕出生的第二年（中平五年，188年），漢靈帝為鞏固統治，設置西園八校尉，曹操重出江湖被任命為八校尉中的典軍校尉。

曹丕自幼聰慧，加之父親曹操的影響和熏陶，積累了豐厚的文學素養。他年少時就博覽群書，少年時讀《詩經》、《論語》，長大些學習四書五經、《史記》、諸子百家之言等。他博學多才、記憶力強，對許多事情都有著自己的見解。初平三年（192年），天下動亂，曹操又教他習練武藝。曹丕六歲時學會了射箭，八歲時學會了騎馬，十歲起跟隨父親征戰南北。長期的軍旅生涯練就了他強健的體魄，增長了見識，文武雙全，為其日後從政及文學創作打下了堅實的基礎。

艱苦及複雜生存環境開闊了曹丕的眼界，讓他樹立起遠大的抱負，同時也造就了他沉鬱、寡情、冷漠、愛思考的性格。為什麼會形成這樣一種性格？一方面得於他父親曹操的遺傳和影響。曹操是個有著雙重性格的人。鼎立之初，他求賢若渴，羅致人才，劉備、關羽等都曾受到過他的厚待。當時適逢亂世，政治營壘不明，強弱經常發生轉化，人們的親疏、好惡時常會出現錯亂，曹操對此不計前嫌、不念舊惡，表現出一位政治家海納百川的胸懷與氣度。官渡之戰結束，有人在袁紹的營中發現了一大堆書信，都是曹操的部將和下屬與袁紹暗通的。有人提出要嚴查，曹操卻說：「那時袁軍強大，我自己都千方百計自保，更何況我的下屬們

呢？」遂當眾將這些書信付之一炬。陳琳是原袁紹的部下，官渡之戰前曾為袁紹起草討曹檄文，他在文中稱曹操是「操閹遺醜」，罵了他的祖宗三代。陳琳歸附曹營，曹操見到他說：「你上書可以直訴我的罪狀，但不要罵我的祖上哦。」嚇得陳琳忙叩頭「謝罪」。但曹操並未對其進行報復，反而加以重用。由於曹操的寬容與大度，跟隨他的人大都極盡犬馬之力，心無二志。

但曹操的寬容是有限度的，一切都圍繞著他的政治目的而取捨，一旦對其人身及權力構成威脅，他便會毫不留情地痛下殺手，暴露出其多疑寡情、兇殘的一面。曹操有句名言：「寧我負人，毋人負我」，對後世的影響極壞。他掌權後出於各種原因害死或罷免了當初跟隨他、給予他巨大支持的荀彧、程昱、孔融、楊修等名臣。這些對曹丕的影響很大。

另一方面，是曹丕所看到的嚴酷現實。建安二年（197年），他隨曹操南征張繡，張繡先降後反，曹丕的長兄曹昂和侄兒曹安民在此事件中遇害，年僅十歲的他乘馬逃脫。這件事對他觸動很大。在曹丕看來，人與人之間沒有什麼真誠、友情及信譽可言，比拚的是實力與謀略，兩敵相爭，看的是誰能把握住機會。實力不濟時要隱忍、蓄力，時機成熟，便要一擊制勝，切不可瞻前顧後、猶豫不決、心慈手軟。在很多時候，你不加害於別人，別人就會加害於你。量小非君子，無毒不丈夫，為達目的不擇手段。曹丕的性格，在爭奪儲嗣的過程中體現得淋漓盡致。

隨著曹操權勢日重，立嗣成為他與及眾皇子繞不開，也頗費躊躇的事情。曹操是個不受人左右且疑心很重的人。建安十三年（208年），司徒趙溫舉薦曹丕為官，曹操認為趙溫並非真心覺得曹丕有實在的才能，只是因為他是自己的兒子，竟下令免去了趙溫的官職。

曹操共有二十五個子嗣，曾先後有四人受到曹操的器重：曹昂、曹沖、曹丕和曹植。其中「一大一小」曹操格外看重，即長子曹昂和小兒子曹沖。曹昂為長子，生母姓劉，庶生，其生母過世早，是由正室丁氏撫養大，所以也被視為嫡長。曹昂聰明、勇武、謙和，為曹操所喜愛。建安

二年（197 年）曹昂隨曹操討伐張繡，張繡發動襲擊，曹昂為救曹操斷後，與大將典韋一同戰死於宛城。曹沖是曹操與環夫人所生，從小聰明伶俐，天性仁厚愛人，五六歲時智力已「有若成人」，曾多次為不慎犯有過失的人講情，「賴以濟宥者，前後數十」，深受曹操寵愛。令世人耳熟能詳的「曹沖稱象」的典故更是流傳甚廣。曹操曾多次當著群臣的面誇獎曹沖，並有讓他繼嗣之意。但曹沖薄命，還未成年便患病夭折，年僅十三歲。

曹昂、曹沖的相繼過世，給了曹丕和曹植機會，同時也使二人成為了對手。曹丕和曹植雖為同一母所生，但二人的脾氣秉性迥然不同：曹丕內斂、沉穩，曹植外露、張揚；曹丕的詩文深邃、嚴謹，曹植的詩句瀟灑、飄逸；曹丕做事認真、勤勉，曹植隨性、放浪；曹丕有事總藏於心，不喜表達，曹植則心直口快，無所把控。總的說來，曹丕穩重，曹植機靈，而作為父母，大多會喜歡聰明伶俐的孩子，曹操亦是如此。

但曹操是否就一心要立曹植為儲嗣呢？其實不盡然。曹操喜歡曹植，其天資聰穎，風流倜儻，但城府不深，過於放任，這恰恰是執政的短板；而曹丕處事沉穩，思慮周全，但心胸狹窄，不重情義，又難以與人同舟共濟。

曹丕和曹植實際上是分別繼承了曹操不同的性格內涵，同時還兼有曹家人在文學上的揮灑與寫意。而曹操立嗣也絕非像眾多史家認為的那樣出於個人的好惡，他考慮的是江山社稷。因此，曹操在立嗣問題上表現得猶豫不決，難以定奪。

曹操的態度勢必會引發朝中的猜測和混亂。時間一久，朝間逐漸形成了擁戴曹丕和推舉曹植的兩派。擁戴曹丕的有賈詡、崔琰、司馬懿、陳群、桓階、邢頤、吳質等人，推舉曹植的則有丁儀、丁廙、楊修、孔桂、楊俊、賈逵、邯鄲淳等人。他們在暗中結黨營私，爾虞我詐，互相排擠打壓。

在擁戴曹植的陣營中，出身「弘農楊氏」的楊修頗有智謀，又身為曹操

的主簿（即主管文書的官員），消息靈通。在他的謀劃下，曹植逐漸佔有優勢，幾次有機會坐上儲位。但曹植行為乖張，不注意節制，仰仗父親對他的偏愛，嗜酒亂行，醉酒後竟駕乘王室的馬車擅自闖入只有帝王才能通過的司馬門，引得曹操大怒。

曹丕在此過程中則表現得很清醒，謹慎從事，靜觀其變。在曹操面前盡量保持低調，勤於政務，凡事多向父親通報和請教，逐漸扭轉了父親對自己的印象。對弟兄們他則表現得很親近，對於曹植的傲慢與無禮也不計較。在暗中則結交權貴，培植黨羽，積蓄力量。建安二十二年（217年），曹丕終於在司馬懿、吳質等人的協助下，在與曹植爭奪儲位的博弈中獲勝，被立為魏王世子。當然，真正打敗曹植的並不是曹丕，而是曹植自己。

代漢稱帝
不顧情義

曹丕被立為魏王世子，成為其人生的重要拐點。但對於曹丕而言，這僅僅是他邁向人生目標的第一步，他還有更高、更宏偉的藍圖。此時他心裡明白，世子只是儲位，頭上還有權重如山的父親。而且其父王也只是國相，並非帝王。自己還需從長計議，謹慎處事，否則稍有差池，父王廢掉他就如同碾死一隻螞蟻。

建安二十四年（219年），曹丕作為儲嗣駐守鄴城（今河北臨漳西）。他兢兢業業，勤勉謹慎，不敢稍有怠慢。期間，魏諷密謀攻鄴，與之同謀的陳禕自首，曹丕率眾平定叛亂，誅殺魏諷，受到曹操的讚許。同時，曹丕積極組織文學群體的活動，曹操對此非常看重並積極參與其中。曹丕協同父親大力宣導文學創作，加強群體間的交流，將富有特色的詩賦體裁推向高峰。因此時處於建安年間，後世稱其為「建安文學」，而曹

操及曹丕在鄴城期間則是推動建安文學走向鼎盛的重要時期。

建安二十五年（220年）元月，曹操病逝於雒陽（今河南洛陽），享年六十六歲。此時，曹丕似乎感到了一種解脫，他可以不再時時處處小心謹慎、擔驚受怕。他順理成章地繼任了國相、魏王，接過了父親挾天子以令諸侯的權杖。但他並不滿足於像父親那樣做一個無冕的君主，而是要更進一步，戴上那頂令人垂涎的皇冠。

曹丕從鄴城移駐雒陽，改建安二十五年（220年）為延康元年。他開始著手改組朝廷，二月，任命賈詡為太尉，華歆為相國，王朗為御史大夫。四月，任命夏侯惇為大將軍。此時，西域焉耆、于闐等藩國紛紛遣使奉獻。五月，命蘇則督軍平定武威、酒泉和張掖的叛亂。七月，孫權遣使來獻。命夏侯尚、徐晃與蜀將孟達裡應外合，收復上庸三郡。

一旦權力集中於手，局面基本掌控，曹丕便有些迫不及待地要做他思慮已久、但要背負巨大道義及輿論壓力的事情——代漢自立，登基加冕。東漢自董卓之亂後步入衰亡，曹操挾天子以令諸侯，實際掌握著朝廷的權力。但從名義上講，當時仍為劉姓的天下。曹丕要取而代之，而且是在尚未取得全國政權的情勢下，壓力是非常大的，但曹丕似乎已顧不得那麼多了。在他的授意下，延康元年（220年）十一月，下令收斂、祭奠陣亡將士。十二月十日，漢獻帝劉協正式向曹丕禪讓帝位，曹丕三次上書辭讓不就，遂登受禪台稱帝，改元黃初，改雒陽為洛陽，大赦天下。同年，封漢獻帝為山陽公，封邑在今山東菏澤巨野。

曹丕的這一舉動可謂是石破天驚，力排眾議，但他也因此而背上了篡漢、僭越的罵名。客觀地說，東漢當時已日薄西山、名存實亡，取代它本無可厚非，或者說是大勢所趨。抨擊曹丕的人無非是手握正統的棍杖，對此這裡不做評價。但有一點很讓眾人難以理解，曹操乃一世英傑，無論從實力、威望、膽魄及能力等各方面都遠於曹丕之上，挾持漢帝數十載，為什麼他卻沒有稱帝，而要等到子嗣才得以踐行呢？

我們說曹操始終未稱帝，大概出於這樣幾點原因：一是曹操胸懷大志，希望總攬天下，並不甘於只做北方的霸主。然而，他征戰多年，壯志未酬，事業未竟，讓他退而求其次，不符合曹操的性格。二是從戰略角度講，漢末紛爭，蜀、吳聯合抗曹，確立三分天下。魏與吳修好，意在打破這種格局，曹操稱帝無疑會將吳重新推回蜀、吳聯盟的老路。三是曹操位極人臣，受封魏公，加九錫（指皇帝賜予他九種禮器，是為臣最高的禮遇）、建魏國，定都鄴城，授准「參拜不名、劍履上殿」，以天子旒冕、車服、旌旗、禮樂郊祀天地，出入稱警蹕（即出入時清道止行），宗廟、祖、臘（即祭祀眾神）皆如漢制，實際上已然是皇帝。曹操重的是實質而不圖虛名。四是保持名節。曹操「挾天子以令諸侯」一方面出於政治上的考慮，另一方面則出於忠君、保國的理念，挾漢帝之初他就發誓絕無自立的意圖，到晚年他也不願意違背諾言。五是曹操年事已高，精力不濟，不願再冒此人生的風險。

曹操未稱帝，但卻有帝王的威嚴與聲望；曹操未建國，但卻為曹魏政權的建立奠定了一切可能的條件。按理說，曹丕對父王應心存感恩，極盡尊崇，但事實上並非如此，曹丕在很多事情上有違曹操生前的遺願。

曹操生前曾面對群臣的勸進，說過一句意味深長的話：「若天命在孤，孤為周文王」。意思是說，希望身後能被封予「文」的諡號。我們都知道，「文」諡大都給予那些開創一個朝代、時代或功勳卓著的帝王，如周文王、漢文帝、隋文帝等。而「武」則大都用於「文」諡之後，先輩為「文」，晚輩為「武」，無論是追封還是現予，如同曹魏之後的西晉，司馬炎追封父王司馬昭為「晉文帝」，自己則諡「晉武帝」。但曹丕卻偏偏給曹操封了「武」的諡號（魏武帝），不知是出於對曹操始終對自己心存芥蒂的報復，還是要留「文」諡給他自己，反正絲毫不講情面。

再就是改變曹操的用才方略。曹操選才的方針是「唯才是舉」，不重出身門第，主要看能力和水準，因而在曹操身邊聚集了一大批可用之才。可待曹操死後不久，曹丕聽取吏部尚書陳群的建議，立《九品官人之法》，亦稱「九品中正制」，即在各州郡選擇有識見、有名望、善於識

別人才的官員任「中正」，查訪評定各級官員，將其分成上上、上中、上下、中上、中中、中下、下上、下中、下下九等，作為吏部授官的依據。到曹芳稱帝時，司馬懿當國，又於各州加置大中正，遂有大、小中正之別。這種體制實際衍化成了只從名門望族中選拔官吏，造成「上品無寒門，下品無世族」的現象，也成為魏晉南北朝「門閥士族」政治的發端。

曹丕對父王是這樣，對兄弟就更是如此。最有名的當屬大家所熟悉的「七步成詩」的典故。曹丕稱帝後，出於對曹植才華的嫉妒和擔心，藉口曹植在父王故亡時未到場看望，將其抓到朝廷治罪。母親卞氏為曹植求情，曹丕便命曹植在七步內作出一首詩，主題為兄弟之情，但又不能出現「兄弟」二字，否則將行大法。曹植憑藉著出眾的才華，在七步內吟出了「煮豆持作羹，漉菽以為汁，萁在釜下燃，豆在釜中泣，本自同根生，相煎何太急？」但這首詩的真偽始終存有異議，正規的史書並未作出記載，只是南朝劉義慶所寫《世說新語·文學》有其內容。其實曹丕想殺曹植，根本也用不著以作詩為藉口，而且文中說曹丕聽了詩後「深有慚色」，也不符合曹丕的性格。實際可能是後人出於對曹植的同情和對曹丕的不滿，所托的一首偽作，但其所揭示曹丕的性格卻是真實的。

另外，曹丕對待其他親屬也是這樣。曹洪是曹操的堂弟，曹丕的叔叔，他身為大將，為曹魏政權的創建立下過汗馬功勳，在滎陽之戰中曾捨身救過曹操，算得上是曹家的大恩人。但曹洪過日子仔細，家境殷實但比較吝嗇。曹丕年輕時曾向曹洪借錢被拒，一直懷恨在心。曹丕稱帝後的第七個年頭，假借曹洪的門客犯法一事，竟將曹洪抓入大牢要處死，群臣苦諫無效。曹丕的母親卞太后出馬，找到郭女王（即郭皇后）相挾，說如果曹丕執意要處死曹洪，她就要廢黜郭女王的后位。經郭皇后的百般哀求，曹丕才答應免曹洪一死，但削奪了其官位、爵號、封邑，廢其為庶民。

曹丕對待妻室也是冷酷無情。他的正室妻子是甄夫人（電視劇中一般稱甄宓，實際上本名不詳），原為袁紹的兒媳，其夫袁熙敗亡後被曹丕納為正室，生有曹叡（後為魏明帝）與東鄉公主。甄夫人不僅人長得漂亮，

而且對公婆也非常孝順，曾深得曹丕的寵愛，卞夫人對她也是稱讚有加。沒想到曹丕稱帝後開始移情別戀，寵愛郭貴嬪（即郭女王）及李、陰兩位貴人，甄夫人被冷落。甄夫人有所抱怨，曹丕不顧夫妻之情，將其賜死，而且怕她化作鬼魂作祟，竟然在殯葬時讓人將甄氏披髮覆面，以糠塞口，真是連禽獸都不如。

伐吳未果
文有建樹

曹丕作為曹魏的首位帝王，無論是秉承父王的遺志，還是實現自身的抱負，開拓疆土，殲滅諸強，實現山河的統一，都是第一位的。但在當時複雜、多變的歷史條件下，依照魏國的實力，似乎又難以實現。但努力是必須的，曹丕稱帝後積極征伐，發動了對吳的戰爭。

曹丕為什麼要首先選擇伐吳而不是擊蜀呢？我們知道，三國時期魏、蜀、吳之間的關係錯綜複雜，敵友無常，有著數不清剪不斷、理還亂的恩怨情仇，它們為了各自的利益結盟或對抗，正應了《三國演義》開篇的那句話，「分久必合，合久必分」。當年蜀、吳結盟，在赤壁之戰中大敗曹軍，奠定了三足鼎立的基礎，魏、吳也因此而結下了仇怨。建安二十四年（219 年），吳為了收復荊襄之地，襲殺關羽，與蜀反目。因害怕劉備報復，又轉而與魏修好，當然此舉並非結盟，而是稱臣於魏。曹丕自然求之不得，遂遣「太常邢貞持節拜權為大將軍，封吳王，加九錫。」

劉備為報孫權弑弟之仇，親率大軍伐吳，孫權請和，劉備盛怒不允。是年，蜀攻破吳軍的巫口和秭歸。黃初三年（222 年）正月，孫權向曹丕上書言出兵迎敵，曹丕作《報吳王孫權書》勉勵。閏月，孫權在交戰中大敗劉備於夷陵、猇亭（今湖北宜都北），劉備敗退白帝城（今重慶奉

節）。由於解除了蜀漢的威脅，吳對魏的態度開始轉變，在遣長子孫登到魏為質一事一拖再拖，引得曹丕大怒，此事也成為了魏伐吳的導火線。

是年，曹丕發佈《伐吳詔》。吳遣使求和，未果。孫權索性於武昌（今湖北鄂州）建號稱帝，定都建業（今江蘇南京），宣告與魏徹底脫離臣屬關係。曹丕策動對吳的征討，兵分三路，前後持續了兩年多時間。

一路由征東大將軍曹休率艦隊沿資江而下，到達吳建威將軍呂範把守的洞口要塞。魏軍取得初勝，呂範遭遇大風翻船，死傷數千，敗於洞浦。吳派遣揚威將軍孫韶和建武將軍徐盛率援軍趕到，使魏水軍陷入被動。曹休命鎮東將軍臧霸追敵，失利，魏將尹禮被吳偏將軍全琮和徐盛斬首。此役為「洞口之役」。

另一路由上軍大將軍曹真、左將軍張郃、征南大將軍夏侯尚從襄陽攻打吳治下的荊州要塞。曹丕親臨宛城以助聲威。張郃大敗吳將孫盛，吳軍溺亡數千人，魏佔據江陵中洲。曹真和夏侯尚破吳軍於牛渚屯，圍江陵。吳左將軍諸葛瑾率援軍到，被夏侯尚擊退。江陵吳軍在征北將軍朱然的統領下，軍中雖染疾病，能戰者只有五千餘人，但仍奮勇堅守。夏侯尚欲乘船入渚中安營搭設浮橋，遭到侍中董昭的堅決反對，認為此乃兵家大忌，一旦江水暴漲，魏軍將難自保。因此，曹丕下詔夏侯尚出渚，在吳軍的攻擊下，魏軍勉強得脫。數天後果然江水大漲，曹丕歎服董昭的預見。因水土不服，魏營中出現瘟疫，曹丕只得命諸軍撤退。此役為「江陵之戰」。

再一路於次年由大司馬曹仁率步騎數萬，攻打當年吳大將甘寧打造的濡須要塞。曹仁放出風說要攻打羨溪，誘使吳國濡須督朱桓出兵相救，實際上派大軍直奔濡須，打羨溪的則是曹魏的散騎常侍蔣濟。待朱桓知情後急忙召回派往羨溪的軍隊，但此時曹仁率軍已經殺到。朱桓手下只有五千餘人，諸將畏懼，朱桓則自信用兵強於曹仁，鼓勵將士。他佯裝兵弱，誘曹仁來攻。曹仁派兒子曹泰攻打濡須城，將軍常雕、諸葛虔、王雙等乘油船攻打朱桓妻兒老小所在的中洲。蔣濟認為不可，曹仁不聽，竟率領萬人留在橐皋作為曹泰的後援。朱桓派出其他將領反擊常雕，並

親自抵禦曹泰，曹泰被火燒軍營只好敗退。朱桓斬殺常雕，生擒王雙，魏軍溺死及被殺者達到千餘人。曹仁只得隨餘下的部隊撤退。此役為「濡須之戰」。

曹丕伐吳實際上多少有些意氣用事，準備倉促，缺少謀劃，發動時即遭到賈詡、劉曄等人的反對，但曹丕仍堅持，雖聲勢不小，但戰果寥寥，甚至可以說是敗陣或者無功而返。後世認為曹丕應當先伐蜀而不是伐吳，因為當時吳國正處於興盛，軍中有陸遜、朱然、丁奉、徐盛、朱桓等強將，坐擁江南豐足的物資和天然的水域屏障，而蜀漢則處於弱勢。另外，當年曹操曾伐吳失利，魏軍對水戰信心不足。也有人說曹丕征伐其實是為了整合軍隊，集中對軍隊的控制權。反正不管怎麼說，曹丕與其父曹操相比缺少用兵打仗的能力，想憑藉他來實現統一華夏的使命實在勉為其難。

黃初六年（225 年）八月，曹丕出動舟師（即水軍）再一次發動對吳的攻勢，十月，曹丕親臨廣陵城（位於今河南信陽境內）檢閱軍隊。魏軍擁兵十餘萬，旌旗數百里，與吳國都城建業（今江蘇南京）隔江相望。孫權嚴陣以待。但當時氣候已進入嚴寒季節，江面結冰，舟船不能行進，攻擊吳國取勝的希望很渺茫。曹丕不禁仰天長歎，下令撤軍。此乃「廣陵事變」。至此，曹丕伐吳的行動全部結束，耗時費力將近三年，最後基本上是不了了之。

曹丕雖在軍事統領上乏善可陳，但在文化構建方面卻頗有建樹。黃初元年（220 年），曹丕下令恢復太學，建立教育機構，傳播儒家思想。後又對經學典籍進行收集和整理，鼓勵士人學經注經、發展文化事業。黃初二年（221 年），下令人口在十萬以上的郡國每年察舉孝廉一人，如有特別優秀的人才，可以不受戶口限制。黃初三年（222 年），又頒佈《取士勿限年詔》，打破年齡界線，提出無論老幼只要「儒通經術，吏達文法」，都可試用。黃初四年（223 年），在原來漢室樂舞的基礎上制定禮樂規制，在朝堂之上、宗廟之中演奏正世樂、迎靈樂、武頌樂、昭業樂、鳳翔舞、靈應舞、武頌舞、大昭舞、大武舞等。另外，封孔子後人

孔羨為宗聖侯，享食邑百戶（即享受百戶人家的賦稅），重修孔廟。宣導儒學，在太學中置五經課試之法，設立春秋穀梁博士等。

曹丕本人在文學，特別是詩歌方面的成就頗為豐富。曹丕的詩歌形式多樣，以五言、七言見長。詩句通俗簡約，汲取民歌特色，表現手法委婉細膩，曼妙流長，涉及男女愛情及遊子思婦等題材。代表作《燕歌行》二首成於建安十二年（207年），即曹操北征烏桓期間。採用樂府格律，開創性地以句句用韻的形式，是現存最早的完整七言詩。《燕歌行》從「思婦」的角度，反映出東漢末年由於戰亂被迫分離的男女內心的憤懣與惆悵。全詩用詞質樸，音律婉轉，情感真摯，被王夫之讚曰「傾情，傾度，傾色，傾聲，古今無兩」。曹丕為後人稱道的作品多為他任五官中郎將至魏世子期間所作，現存詩歌約四十首。

曹丕的散文也頗具水準，存有詔、書、令、論、策、序等一百七十六篇，其中佳作甚多，體裁多樣、涉獵面廣、內容廣泛，其將作者的心緒與情愁敘寫於字裡行間。同時能突破體裁的束縛，抒情懷於筆端，融入大量深入而敏感的心靈感悟，情真意切，真摯感人。文中有些採用贈答的形式，對了解當時文人間的互動交往有著重要的意義。曹丕的散文散發著一種文學批評的意味，把對文學的看法帶入到書信體中，這在以前是不多見的。同時，曹丕把對於政治主張與理想的表達，也反映在散文作品之中。其中《又報吳主孫權書》在某種意義上說，是一篇優秀的外交文書。

曹丕還有一些賦作，存二十八篇，其中有序者十六篇。內容以抒情和詠物為主，一改漢賦鴻篇巨制之風，短小而精巧，以真情的筆觸，觸摸到社會現實的方方面面，將作者的真情實感帶入到賦作之中。《校獵賦》是一篇紀實之作，曹丕將大型田獵時的所見所聞，用三百來字的篇幅盡數描繪出來，讓讀者如身臨其境，感同身受。《寡婦賦》、《出婦賦》等抒發作者的情懷，表達出對底層民眾，特別是對婦女的悲憫與同情。曹丕很擅長寫婦女題材，將寡居婦女孤苦的生活與四季的變幻聯繫起來，表達出其傷感與無奈。《登台賦》則是一篇頌詠銅雀台華美壯麗的

小賦。曹操當年帶曹丕、曹植等人登銅雀台觀景，命曹氏兄弟各作賦一篇。曹丕的賦作清新細膩，以物抒情，情中見物，把對景致的描述和對幸福美好生活的追求與嚮往充分地表達出來。

曹丕的文學理論也很有影響力。他所著的《典論·論文》被認為是中國最早的文學理論與批評的著作。其中有評價孔融、陳琳、王粲、徐幹、阮瑀、應瑒、劉楨文風及得失的內容，「建安七子」之說即源於此。著作還提出了「文以氣為主，氣之清濁有體，不可力強而致」，認為作家的氣質決定作品的風格；肯定文學的歷史價值，「蓋文章經國之大業，不朽之盛事」。曹丕還命劉劭、王象、繆襲等人編纂《皇覽》，開官方組織編纂類書（即將資料分類，以便讀者查閱的工具書）之先河。

曹丕在任五官中郎將時，曾向一位相士詢問自己的壽命，相士言：「您的壽命是八十歲，四十歲時會有小災難，希望多加小心。」沒想到相士的話真應驗了。黃初七年（226 年）五月，曹丕染病並很快加重，他叫來鎮軍大將軍陳群、中軍大將軍曹真、征東大將軍曹休、撫軍大將軍司馬懿，詔命四人共同輔佐嗣主曹叡。讓後宮淑媛、昭儀以下的都各歸其家。同月十七日，曹丕去世，時年果真是四十歲。諡號文皇帝，廟號高祖（《資治通鑒》作世祖）。按其生前的文告，不樹不墳，葬於首陽陵（河南偃師西北）。

廣博人心的劉備

221-223

前段時間品「三國」之風很盛，「三國」中的人物成為了人們評議的焦點，而人們似乎多關注曹操、諸葛亮、關羽這些名望頗高的人物，說起劉備似乎成為一種捎帶或陪襯。這固然有其自身的原因，但也不排除人們的傳統思路：史上留名的應當是大善大惡、膽略超絕之人，恩澤百姓，聲震寰宇，風雲叱咤，英姿卓然。但劉備則似乎顯得遜色。但透過歷史的塵霧及人們的偏見，會發現在他身上擁有許多被人們忽略甚至誤解的閃光點，而這些閃光點又與他的遜色、平實，甚至弱點聯繫在一起。這對於那些先天條件不足、無什麼背景，但努力奮進的人們具有很好的楷模和勵志作用。

蜀主劉備

漢昭烈帝劉備像

左右逢源
積蓄力量

劉備，字玄德，東漢桓帝延熹四年（161年）生於涿郡涿縣（今河北涿州）。他的身上流淌有皇族的血脈，是漢景帝之子中山靖王劉勝的後代。按理說西漢劉氏皇族的籍貫是在江蘇沛縣，可歷代帝王分封諸王，劉勝的封地在涿郡，其後代也就成了涿郡人，中國素有「張王李趙遍地劉」的說法。劉備雖為皇族後裔，但並沒有幸福的童年。祖父劉雄被舉為孝廉，官至東郡範令。父親劉弘早亡，年少的劉備與母親相依為命，以織席販履為生。相傳劉備家屋舍的東南角籬上有一株桑樹，高五丈有餘，從遠處看就好似車蓋一般，過往的人都覺得這樹長勢不俗，此家必出貴人。劉備小時候與孩童在樹下玩耍，常指著桑樹說：「吾必當乘此羽葆蓋車。」其叔父劉子敬忙上前阻止：「你可千萬不要亂說，那樣會讓我們一家犯滅門之罪的。」

熹平四年（175年），劉備十五歲，母親允許他外出闖蕩。劉備與同宗兄弟劉德然、遼西人公孫瓚一起到郡府，拜原九江太守、同郡人盧植為師。劉德然的父親劉元起經常資助劉備，將他與劉德然同等看待。其妻子對此頗有些不滿，劉元起說：「我們宗族中的這個孩子，不是個平常人。」公孫瓚比劉備年長，二人結為好友，劉備視其為兄長。其實，劉備自幼不喜歡讀書，喜愛狗馬、音樂、漂亮的衣服等等。他身長七尺五寸，相貌俊朗，《三國演義》稱他「兩耳垂肩，雙手過膝，目能自顧其耳，面如冠玉，唇若塗脂」，後世將此稱為帝王之相。他平時不喜言談，但善待下人，喜歡結交豪傑。當地一些豪俠都喜歡與他交往，中山富商張世平、蘇雙等來到涿郡，都曾給予過他資助，劉備因此得以結交更多的人。

中平元年（184年），劉備二十三歲。他結識了兩位對於他人生至關重要、生死與共的朋友和戰友——并州河東解縣（今山西運城）人關羽和同為涿郡人的張飛。三人屬於「不打不相識」，開始由於一些小事打得

劉備
漢昭烈帝

不可開交，但經過一段時間的磨合，在涿郡桃園結拜為兄弟，相誓：「念劉備、關羽、張飛，雖然異姓，既結為兄弟，則同心協力，救困扶危；上報國家，下安黎庶；不求同年同月同日生，只願同年同月同日死。皇天后土，實鑒此心。背義忘恩，天人共戮！」誓畢，拜玄德為兄，關羽次之，張飛為弟。

此年，黃巾起義爆發，劉備與關羽、張飛一同加入官軍。劉備頗有些組織能力，在鎮壓黃巾軍的戰鬥中立下戰功。中平三年（186 年），又參與鎮壓張純反叛的戰鬥，因軍功被封為安喜縣尉。後來朝廷有令：因軍功為官的人要篩選淘汰，該郡督郵準備裁撤劉備。劉備得知後，到督郵入住的驛站求見，督郵稱疾不出，劉備怒不可遏，將督郵捆綁起來鞭打了兩百餘下，與關羽、張飛連夜逃走。後來，東漢大將軍何進派毌丘毅到丹楊募兵，劉備加入其中，至下邳（今江蘇睢寧）時遇盜賊，他力戰有功，被命為下密縣丞，不久辭官。後來又任高唐尉、高唐令等職。不久，高唐縣被盜賊攻破，劉備投奔到公孫瓚門下，被任為別部司馬。

初平二年（191 年），劉備與青州刺史田楷一起抗擊冀州牧袁紹，因屢立戰功，劉備晉升為平原縣令，後任平原國相。劉備在任上外禦賊寇，內善好施，在當地有很高的聲望。是年，黃巾軍餘黨管亥率軍攻打北海，北海相孔融被圍，情勢危急，遂派太史慈突圍向劉備求救。劉備十分驚訝：「北海相居然知道世上有劉備！」立即派三千精兵趕赴北海。黃巾軍聽說援軍趕到，四散而逃，孔融得以解圍。

興平元年（194 年），曹操以報父仇為名攻打徐州（今江蘇徐州），徐州牧陶謙無力抵抗，也向青州刺史田楷求救。田楷與劉備一起前往救援，劉備自有兵員千餘人及幽州烏桓騎兵，另有飢民數千人，到達徐州後，陶謙又給劉備增派丹楊兵四千人，劉備遂歸附陶謙。此時張邈、陳宮反叛迎呂布，攻打曹操，曹操營地失陷，回兵兗州。陶謙封劉備為豫州刺史，叫他駐軍於小沛（今江蘇沛縣）。興平二年（195 年），陶謙病重，推舉劉備做徐州太守。

建安元年（196 年），袁術率大軍進攻徐州，劉備迎擊，兩軍在盱眙、淮陰相持。呂布偷襲下邳，俘虜了劉備的妻子。劉備回撤，途中軍隊潰散，他率殘軍東取廣陵，為袁術所敗，又轉向海西，狼狽至極。困難之際得到東海富商麋竺以家財相助。其後，劉備向呂布求和，呂布將劉備的妻子歸還於他，劉備回到小沛。

不久，劉備重召萬餘兵馬，呂布再次進攻小沛。劉備戰敗，前往許都（今河南許昌）投奔曹操。曹操提供兵馬糧草，讓劉備做豫州牧，人稱「劉豫州」。建安三年（198 年），呂布派遣中郎將高順和北地太守張遼進攻劉備，曹操雖派夏侯惇援救，但被擊敗，沛城失陷，劉備妻子再次被擄，劉備孤身逃走。劉備在梁國與曹操相遇，於是共同攻打呂布，呂布敗降。劉備與曹操回到許都，被封為左將軍。

建安四年（199 年），漢朝廷發生了「衣帶詔」的事件。即被曹操控制的漢獻帝用鮮血寫成詔書藏在衣帶之中，交給了車騎將軍董承，詔命他與種輯、吳碩、王子服、劉備、吳子蘭等謀殺曹操。劉備起初並不敢參與，當然，此事件的真偽也存有異議。不久，曹操邀劉備喝酒，席間對劉備說：「天下英雄，唯使君與操耳。」劉備知道曹操對自己早有防範，遂欲與董承等人合謀。此時恰逢曹操派劉備去攻打袁術，劉備乘機離開了曹營。袁術於交戰途中病故。劉備進軍下邳，殺徐州刺史車冑，留關羽守下邳行太守職責，自己回到小沛。此間東海昌豨及諸郡縣多從劉備，使劉備有了數萬兵馬。他開始北連袁紹抗擊曹操，曹操派司空長史沛國劉岱、中郎將扶風王忠往攻，被劉備擊退。

建安五年（200 年）春，「衣帶詔」事件敗露，曹操殺董承等，誅三族，親往征討劉備，劉備戰敗，關羽被擒。曹操厚待關羽，「封侯賜爵，三日一小宴，五日一大宴，上馬一提金，下馬一提銀」，望其助自己稱霸天下。劉備則逃往青州，因為他當年曾舉薦青州刺史袁譚為茂才，袁譚率軍迎接。劉備到平原，依附於袁紹帳下。劉備在袁紹的營中停留了一個多月，被打散的士卒慢慢集結於此。

同年七月，汝南黃巾軍頭領劉辟等歸附袁紹。袁紹遣劉備與劉辟等領兵

屯於許都以南，關羽得知後掛印封金（即不再接受曹操的賞賜，辭去官職），離開曹營逃回到劉備身邊，彰顯其「忠誠」大義。曹操派曹仁攻擊劉備，劉備迎戰不利，回到袁紹處。但劉備看出袁紹難成大業，遂以連結掌管荊州劉表為由離開袁紹，帶兵到汝南，曹操派遣蔡陽攻打，被劉備所殺。

建安六年（201 年），曹操親征劉備，劉備投奔到荊州劉表處。荊州的豪傑紛紛前往歸附劉備。建安七年（202 年），劉表命劉備率軍北上到葉縣，夏侯惇、于禁、李典率軍抵擋。劉備假裝退兵，但其實設下伏兵，李典感覺有詐，曾勸說夏侯惇，但他不聽，最終被劉備所敗，幸好李典及時趕來，劉備退兵。劉備在荊州數年，自覺老之將至而功業未建，遂有「髀肉之歎」，即長期享受安逸舒適的生活而無所作為，腿上都長出了贅肉。劉備向劉表提出趁曹操攻打烏桓之際偷襲許都，劉表未允。

劉備自加入官軍鎮壓黃巾軍至此，基本上屬於大業的開創期。他白手起家，沒有一城一地，亦沒有一兵一卒，與「挾天子以令諸侯」的曹操和長期盤踞江東的孫權在實力等各個方面都沒法相比。他先後依附過公孫瓚、陶謙、曹操、袁紹、劉表等多方勢力，慘澹經營、左右逢源、歷盡艱辛、委曲求全，蒙受了數不清的屈辱與磨難，屢戰屢敗，又屢敗屢戰，結果終於有了自己的名聲與實力，也有了荊州這樣一塊能夠進一步發展的根據地。

劉備為什麼能夠從無到有、從小到大，在各路群雄之中脫穎而出，並不斷發展壯大呢？很多人認為，是因為他身上流淌著皇族的血液，這對於那些心系正統、力圖匡扶漢室的人們來講具有相當的感召力和誘惑力。但這其實只是個噱頭，真正的原因在於，劉備自舉事之初，就高懸起「仁義」的大旗，以德處世，寬以待人，這是他安身立命的法寶，也是他贏取人心的關鍵。他結識關羽、張飛，志同道合，生死與共，成為華夏「忠義」文化的典範，也為他日後構建君臣關係定下了基調。在他做平原縣令期間，即使是普通百姓，也能與他同席而坐，同簋而食，深得民心。曾有個叫劉平的刁民不服從管理，唆使刺客去殺他。當時劉備並不知情，

對刺客熱情款待，使得刺客都深受感動，不忍再行殺戮，坦露實情後悄然離去。徐州牧陶謙敬仰劉備的為人，執意將太守一職相讓，也不肯讓自己的兒子接班，臨終前他對身邊的人說：「非劉備不能使徐州安定。」劉表仰慕劉備的為人，在病重時堅持要把荊州託付給劉備，說：「我兒不才，荊州諸將又相繼凋零。我死之後，就由你來攝政荊州。」有人勸劉備接手，但劉備卻說：「劉表待我不薄，如果我取代其子，人們必定會認為我有所圖謀，所以，我不忍心這麼做。」

赤壁取勝
川蜀稱帝

當然，要想在兵荒馬亂、群雄競起的情勢中取勝，僅僅靠「仁義」、「德操」、「善舉」等去喚起和感化他人是不行的，還必須要有心機、謀略和必要的防範，在這些方面劉備同樣見長。這恐怕與他的性格有關，他從小沉默寡言，不愛說話，喜怒不形於色，天生具備政治家的潛質和賢能。陳勝、吳廣當年總把「王侯將相寧有種乎」喊在嘴上，而劉備則將其深藏於心底，更何況他還是有「種」的皇族遠支。他做事情堅毅、隱忍，能夠吃得下苦，耐得住痛，受得了辱，百折不撓，忍辱含垢，審時度勢，靜觀其變，正如《三國志》所評：劉備「然折而不撓，終不為下者。」

當年張純反叛，劉備參軍討伐，途中遭遇敵軍，隊伍被打散，劉備見敵人追來，於是躺在死人堆裡裝死，待敵軍退去，才爬起來去追趕部隊，躲過了一劫。曹操抓住呂布，因念及舊情，想把呂布放了，劉備為了根絕後患，悄悄對曹操說，你忘了他怎麼對待丁建陽和董卓？二人都是他的義父，又均被其所殺，結果曹操聽了劉備的勸告，斬了呂布。劉備投奔曹操，本意是想暫避一時以圖東山再起，他怕曹操看出自己的心思，便開闢了個菜園子，整天種菜澆水，捉蟲施肥，顯得百無聊賴、無所事事。但曹操卻能看出他的志向與價值，在「煮酒論英雄」時道出了心裡

劉備
漢昭烈帝

話，使得劉備大驚失色，筷子都掉到了地上，但表面上卻仍裝得跟沒事人一樣，看準機會趕快離開了曹營。

但所有這些還僅僅只是為人、處世之道，要想進一步圖發展，奪取天下，還必須要有高人相助，指點江山，放眼古今，審時度勢，運籌帷幄。劉備在多年的征戰中充分地認識到了這一點，於是稍有安定，他便帶了關羽、張飛二位兄弟，到南陽隆中（今地未明，有河南南陽及湖北襄陽兩種說法）的深山之中請出了諸葛亮。而三請諸葛亮出山的過程，則充分地展現出劉備求賢若渴、禮賢下士的胸懷和氣度，也決定了他日後的進取與成功。

建安十二年（207 年），劉備敗於曹操，回到劉表帳下，屯於新野。曹操為得到劉備的謀士徐庶，謊稱其母生病，讓徐庶到許都探望。徐庶臨行前告訴劉備，說南陽鄧縣的隆中有個奇才叫諸葛亮，上通天文，下曉古今，如果得到他的幫助，定可以贏取天下。徐庶到達許都後，方知上當，但他拒不給曹操為謀，整天沉默不語，所以，便有個歇後語叫「徐庶進曹營——一言不發」。

徐庶走後的第二天，劉備就叫上關羽、張飛帶著禮物，去拜訪諸葛亮。三人找到隆中諸葛亮的家，結果剛好諸葛亮出遊去了，書童也說不準他什麼時候回來。劉備等只得返回。過了幾天，劉備和關羽、張飛又冒著鵝毛大雪再次造訪隆中，結果看見一個青年正在讀書，趕忙前去行禮，誰知那個青年是諸葛亮的弟弟。他告訴劉備，哥哥被朋友邀走了。劉備很失望，只好留下一封信，說渴望得到諸葛亮的幫助，平定天下。轉眼過了新年，劉備選了個黃道吉日，又一次來到隆中。這次，諸葛亮正在草廬中睡覺。劉備讓關羽、張飛在院外等候，自己在廬前的台階下靜等。過了很長時間，諸葛亮醒來，劉備才向他說明來意。

諸葛亮向劉備闡述了天下大勢，說：「北讓曹操佔天時，南讓孫權佔地利，將軍可佔人和，拿下西川成就大業，和曹、孫形成三足鼎立之勢。」劉備一聽，非常欽佩，懇請諸葛亮出山，諸葛亮答應了。此乃「三顧茅廬」的典故。諸葛亮對劉備等人有關天下大勢的分析，精闢透徹，被人

劉備「三顧茅廬」，懇請諸葛亮出山，並在其協助下策動了關乎全國戰略格局的重大
戰役——赤壁之戰。圖為《孔明出山圖》局部。

劉備
漢昭烈帝

稱之為《隆中對》，既是中國古代軍事戰略分析與構想的經典之作，也是膾炙人口的散文名篇。那年諸葛亮才二十七歲。

劉備請來了諸葛亮，在其協助下很快便策動了關乎全國戰略格局的重大戰役——赤壁之戰。這是中國史上以少勝多的著名戰例，也是三國文化中，包括文學、影視、戲劇等令人津津樂道、永不枯竭的話題。

建安五年（200年），曹操在官渡之戰中戰勝袁紹，奠定了統一中國北方的基礎。建安十三年（208年），曹操揮師南下，佔領了軍事重地荊州的大部分地區，迫使劉備退守夏口（今湖北漢口）。曹操力圖一舉消滅劉備，同時吞併孫權所佔據的江東地區，以稱為華夏的霸主。在此瀕危險峻之時，劉備與孫權經過一番磋商，決定聯合抗曹。此時，曹操率二十萬大軍從江陵（今屬湖北）沿江東進，直逼夏口。孫劉聯軍五萬餘人逆流北上，雙方在赤壁（今湖北武昌西赤磯山）相遇。曹操的士兵多為北方人，不善水戰，初戰失利。曹操退駐江北，與孫劉聯軍隔江對峙。曹操任命降將蔡瑁和張允訓練水師，初見成效。孫軍都督周瑜則巧使離間計，使曹操錯殺了蔡瑁和張允，導致水師訓練流產。

周瑜與諸葛亮合計，認為曹軍兵強馬壯，軍備齊整，氣勢逼人，如果正面交鋒，孫劉聯軍則很難取勝，應當另闢蹊徑，採用火攻，他們制定了相應的計謀。一日，周瑜召集眾將領商議戰事，老將黃蓋認為曹軍強大，與其戰敗，不如投降。周瑜大怒，令手下杖責黃蓋五十軍棍。黃蓋被打得皮開肉綻，血肉模糊，派人送信給曹操，表示願意棄暗投明。潛伏於孫軍中的曹軍暗探也送回了周瑜責打黃蓋的訊息，曹操便信以為真。此時，劉備的謀士龐統來到曹營，曹操向其請教軍中的北方士兵如何能夠贏得水戰，克服水土不服與疾病。龐統獻言：「這有何難？只要將大小戰船用鐵索相連，上面鋪上木板，士兵在船上如同地面作戰，便可贏取勝利。」曹操聽著有理，急忙依法行事，戰船果然在風浪中不再顛簸，士兵們操練兵械，演習戰術，不再暈眩。曹操大喜，可軍中的謀士擔心：「戰船連鎖固然是好，可對方若用火攻，怕難以逃避。」曹操聽了哈哈大笑，說：「不必擔心。我們在北，他們位南，現在是冬季，只吹西北風，

哪裡會有東南風？他們如用火攻，豈不燒了自己？」眾將讚賞曹操有識，結果放鬆了警惕。

其實諸葛亮善觀氣象，預測十一月中下旬風向有變。果然，十一月二十日突然颳起了東南風。此時，曹操「剛好」收到黃蓋派人送來的歸降書，約好前來投奔曹營。曹操帶了眾將領站在船頭等候，只見黃蓋率領十多隻小船順風駛來，曹操非常得意。小船乘著風勢，很快駛近曹軍的戰船。黃蓋用手一揮，小船頓時都燃起熊熊大火，原來每條船上都載滿了乾柴並浸透了油脂。著火的小船直接撞向曹軍的戰艦，戰艦立刻起火，由於相互鎖定，無法散開，頓時成為一片火海。曹操急忙棄船上岸，岸上屯糧的倉廩又被周瑜設伏的士兵所燒，曹軍燒死、溺亡、踏死者不計其數，大火的燃爆聲、戰船的斷裂聲、士兵的哭喊聲以及孫劉聯軍的吶喊聲此起彼伏，曹軍大敗，曹操狼狽突圍，逃回了北方。

經赤壁一戰，孫權鞏固了對江南的統治，劉備則乘機佔領了荊州的大部分地區，贏取了西進巴蜀、建立政權的主動權，曹操則在短期內再無力實現全國的統一，從而形成了曹、孫、劉三足鼎立的局面。這一戰，流傳下來很多膾炙人口的歷史故事，如黃蓋被周瑜責打，詐降曹操，被稱為「苦肉計」，有令人耳熟能詳的歇後語：「周瑜打黃蓋——一個願打一個願挨」。龐統是諸葛亮的好友，他進曹營獻策用鐵索連船，致使曹操的戰船全軍覆沒，被稱為「連環計」。

赤壁之戰後，劉備佔領了荊州大部分地方，按照《隆中對》的預想，便有了攻佔益州的意圖。此時益州牧劉璋受制於據守漢中的張魯，曹操又有意奪取漢中，蜀地受到威脅。劉璋的謀臣張松勸他迎劉備入蜀，增強實力以自保，劉璋採納。劉備則留下諸葛亮、關羽等駐守荊州，自率數萬步卒入蜀，與劉璋會於涪城。劉璋懦弱多疑，其部屬與之離心，張松、法正、龐統等皆勸劉備襲殺劉璋，佔據益州。劉備則以初來蜀地、人心未定、不宜輕舉妄動為由而婉拒。初來的劉備與劉璋關係良好，劉璋薦劉備為代理大司馬，兼領司隸校尉，配給士兵，督白水軍，令其攻擊張魯。劉備北至葭萌，駐軍不前，厚待臣民以博取眾心。

劉備
漢昭烈帝

建安十七年（212年），張松出賣劉璋的事情敗露被殺，劉備與劉璋反目。劉備依照龐統之計，召白水軍督楊懷到來將其斬殺，收編部屬。派黃忠、卓膺率軍南下進攻劉璋，佔領涪城。次年，劉璋派劉璝、冷苞、張任、鄧賢、吳懿等在涪城阻擊劉備，均被劉備所擊敗，吳懿投降。劉璋再派李嚴、費觀率綿竹諸軍阻擊劉備，但仍未能成功，李嚴率眾投降。劉備軍力益強，分軍平定各縣。同時，調諸葛亮、張飛、趙雲等率軍入蜀。張任、劉循退守雒城，劉備率軍進攻，張任出擊，被劉備軍斬殺，劉循堅守不出，龐統率軍攻打被流矢所中，戰死。

建安十九年（214年），劉備包圍雒城近一年後將其攻陷，與諸葛亮、張飛、趙雲等聯合圍攻成都。劉備派建寧督郵李恢說降將領馬超，讓其屯軍成都城北，城中震怖。劉璋投降，劉備領益州牧。

建安二十年（215年），孫權得知劉備已佔據益州，便想要回荊州。劉備回應道：「等得了涼州，就把荊州還給你。」這便是「劉備借荊州，有借無還」的典故。孫權非常氣憤，派呂蒙襲取長沙、零陵、桂陽三郡。劉備率兵五萬下公安，讓關羽攻入益陽。同年，曹操平定漢中，張魯逃往巴西郡。劉備與孫權議和，分據荊州，雙方商定，長沙、江夏、桂陽歸屬孫權，南郡、零陵、武陵則歸屬劉備；同時派遣黃權去迎張魯，但張魯已向曹操投降。曹操留夏侯淵、張郃等人鎮守漢中，多次入侵巴西。劉備派張飛與張郃戰於瓦口，張郃敗歸南鄭，劉備回到成都。

建安二十三年（218年），劉備進攻漢中，派遣吳蘭、雷銅等奪取武都，被曹洪所殺。劉備率軍佔領陽平關，與夏侯淵、張郃對峙。建安二十四年（219年），劉備南渡沔水，駐紮定軍山，夏侯淵來攻，被黃忠所殺。曹操親率大軍攻打漢中，劉備言：「曹公雖來，無能為也，我必有漢川矣。」他率軍據險而戰，黃忠、趙雲在漢水截取曹軍的糧草，曹操不得已退軍，劉備取得漢中。又派劉封、孟達等佔領上庸。同年，劉備晉位「漢中王」。

佔據漢中後，關羽北攻曹操，水淹七軍，擒于禁、斬龐德，威震華夏，圍攻曹仁於樊城。曹操一面阻擋關羽，一面派人與東吳講和，「許割江

南以封權」。孫權早有獨佔荊州的企圖，大將呂蒙用計以白衣渡江，突襲荊州，關羽被吳軍擒獲斬殺。章武元年（221 年），劉備在曹丕建魏稱帝後不久於成都稱帝，國號「漢」，年號「章武」，範圍包括今四川、雲南大部分、貴州全部，陝西漢中和甘肅白龍江的一部分。

引領團隊
淡化功名

按理說劉備從一介織席販履的草民一躍而成為如日中天的蜀漢帝王，應當得到歷史及後人充分的尊重和敬仰，可事實似乎並非如此，他所受到的關注及頌揚度並不高，人們對他甚至還頗具微詞。為什麼會形成這樣一種狀況呢？究其緣由，大概有這樣幾點：

一是他本事不大。自古以來英雄崇拜是人們的一種普遍情結，更何況在三國那樣一種群雄競鬥的歷史時期。古人界定英雄無非有幾大標準：一要武藝高強，這在冷兵器時代尤為重要，它是令人心悅誠服、克敵制勝、聚斂人才的資本，當然這其中還要有膽識和氣魄，藝高人膽大，膽大藝更高，沒有兩下子，在任何時代都不會有人佩服。劉備在這方面似乎比較欠缺，除了「三英戰呂布」時上去比劃了幾下子，基本上沒見他展示過什麼身手。那些從小喜歡看「打仗」場面的小孩子們不喜歡他，長大了對他也不會有太多的好感。二要謀略過人，打仗不但要憑勇武，還要有計謀，善於排兵佈陣，戰術安排，「打得贏就打，打不贏就跑」，要動心思，和有點「花花腸子」。在作戰之餘，還要有政治交往、人際關係，這其中的門道可就多了。謀略與學問有著關聯，讀得書多自然見多識廣，懂得的道理也就多。劉備在這方面似乎也不見長，從《隆中對》開始他基本上都聽諸葛亮的，倘若謀師不在身邊讓他自己行事，十有八九會出事。荊州失守，關羽身亡，他執意伐吳，沿河數十里安營，使用木柵，犯了兵家之大忌；一待好幾個月，導致士兵人困馬乏，結果被吳軍大敗。劉備從小不愛讀書，學識淺，謀略自然也就要大打折扣。三要有文采，

劉備
漢昭烈帝

古人對於詩書及筆墨的要求是甚高的，無論是文臣還是武將。曹操登銅雀台賦詩，關羽秉燭夜讀《春秋》，求的是一種境界，要的是一種品位。沒有文化，就等於缺了魂，少了神，沒有高雅的情致和節操。這說來又不是劉備的長項，很少見他舞文弄墨，吟詩誦詞，也不愛附庸高雅，這下在知識分子中又少了人緣。

二是不尊重婦女。劉備所說的一句話特別讓「半邊天」耿耿於懷，「兄弟如手足，妻子如衣服」。當時張飛駐守徐州，因醉酒失了城，劉備的妻子被呂布擄去，張飛感到臉上無光，欲拔刀自盡，被劉備一把抱住，說出了這句話。其初衷其實也並非要表達大男子主義，不把女人當人看，而是想強調一下兄弟義氣的重要性，就像現代人愛說，你媽跟你老婆都掉到河裡先救誰的問題一樣，儘管心裡想著要先救老婆，嘴上也得說要先救老娘。但是話一說出口，就非常招人反感，女人如衣服，想穿就穿，想脫就脫，太不像話了。中國的男人也怪了，在外頭不管多窩囊，回家總要擺出大老爺們的派頭，是可忍，而孰不可忍。而且劉備的「衣服」還特別多，有人統計過，他前前後後娶過七八任老婆，甘夫人、糜夫人、孫夫人、吳夫人等等。什麼東西多了都可能不太珍視，就欠讓他當一輩子光棍。可也怪了，越是他這種人越走桃花運，有女人緣，但卻遭到了廣大婦女們的唾罵，這一來得罪面可就大了，女人可比男人難對付。

三是虛情假意。劉備做什麼事好像總有點過，看上去有些虛偽，照現在的說法叫「作秀」。也不知道他是真有誠意，還是裝出來的，總讓人看著有些不舒服，假惺惺的。曹操統一北方後揮師南下，劉備受劉表之托據守荊州。曹軍壓境，劉備被迫轉移。逃離時不僅要率領軍隊，還有歸附他的十餘萬民眾。按理說，光軍隊走也不一定能夠甩掉曹軍，而老百姓扶老攜幼，拖家帶口，一天只能走十餘里，很快就會被曹軍追上。有人勸他別顧那麼多了，逃命要緊。可劉備說道：「成大事者必須以民為本，這麼多老百姓追隨於我，我不能撇下他們不管。」直到曹軍殺來，他才帶著幾個部將突圍，即「當陽之敗」。趙雲見劉備的老婆孩子被曹軍圍困，便冒死殺入重圍，七進七出，救出了甘夫人和阿斗。劉備見到兒子並沒有表現出興奮，反而把孩子摔到了地上，說你這個臭小子差點

讓我損失了一員大將。這舉動就讓人太有點看不過去了，於是便編出了個歇後語：「劉備摔阿斗——邀買人心。」魯迅便對劉備很反感，說「欲顯劉備之長厚而似偽。」

說了劉備這麼多缺點，或者說不受人喜歡的地方，於是就要反問了，那為什麼他就能做成皇帝？論本事不大，出身也不顯赫；玩點小伎倆一眼就能看穿；基本上屬於白手起家，「空手套白狼」。可他就愣是成功了，袁紹、袁術、劉表等諸多豪強卻紛紛落馬。這就很耐人尋味了，凡是能成就大業者必定有其過人之處，而且劉備的成功比起當時那一代人要難太多了。所以，我們透過劉備那些不招人喜歡，或者說有明顯缺陷的地方，會發現在他身上蘊涵著許多超然之處，絕對是一般人所難以達到的。具體講，就是他百折不撓、愛才容才、講究仁義，而且他都做到了極致。

關於劉備的百折不撓、講究仁義的話題，前面說了很多，這裡不再贅述，重點說一說他的愛才與容才。一個人想要成事，必須有高人指點和幫忙，劉備的愛才是出了名的，最典型莫過於「三顧茅廬」。為請諸葛亮出山，他放下身段，耐著性子，前兩次沒見著人，最後一次堵住了，諸葛亮正在睡覺，不便打擾，他就在門外等候。好不容易對方醒了，又是伸懶腰，又是打哈欠，再吟兩句詩，關老爺和張老爺早就不耐煩了，但劉備能忍，結果諸葛亮真幫了他的大忙，助他做了皇上。

但愛才還要能容才。凡是有才者都往往有個性，有著這樣那樣的毛病。能容得下這些人，才能發揮其才幹。在這方面劉備則做得特別突出。他請來了諸葛亮，就放手讓對方做，基本上是搶了他的風頭，這在君臣關係上是特別忌諱的，但是劉備則不計較，甚至還有意為之。而且別說生前搶他的風頭，就是死後，成都明明是他的墳，所建的廟宇叫「漢昭烈廟」，結果諸葛亮跟他埋在一起，不說君臣同葬絕無僅有，關鍵是後世不稱之為劉備廟，而叫武侯祠。有人說他這皇上當得窩囊，實際上是當得大度。

再說關羽，才能就不用說了，過五關斬六將，單刀赴會、刮骨療毒，就說那長相，丹鳳眼，赤紅臉，長美髯，絕對勝他多了，但劉備不在乎。

劉備
漢昭烈帝

關羽生性傲慢、剛愎自用，劉備都能容忍，即使關羽犯了在華容道放走曹操的彌天大罪，依然能寬恕他，真可謂寬宏大量、容人容到家了。關老爺死後被尊為武聖，供成財神、灶王爺，到處修關帝廟，待遇又遠遠超過了劉備。在這點上曹操跟劉備則形成了鮮明的反差，曹操愛才，也能用才，而且不拘一格，文人武將，莽漢叛賊，他都能任用。但有一條規矩，就是你不能超過我，功高不能蓋主，水高不能漫槽，否則格殺勿論。他身邊有幾個才華橫溢的人物，崔琰、荀彧、禰衡、孔融、楊修，都先後死於他的刀下。

正因為劉備愛才而且能容才，許多蓋世之才都能聚集在他的身邊，死心塌地地跟著他做事，助他成就江山社稷。諸葛亮一個鄉野閒散之士對他鞠躬盡瘁，死而後已。關羽拒絕曹操高官厚祿的挽留，毅然歸漢。曹操成就的是一世君王和霸主，而劉備則成就的是一個團隊。團隊中雖有人在名望上超越了他，但也幫他承擔了許多過錯，他打拼天下、建立蜀漢，似乎沒有哪件錯事記在了他的名下，這叫會當官。

章武元年（221年）七月，即劉備稱帝三個月後，為了給關羽報仇，他發動了對東吳的征討，史稱「夷陵之戰」，亦稱「猇亭之戰」（發生在今湖北宜都北）。劉備發動此次戰爭在很大程度上是意氣用事，孫權派人求和，劉備不允。其間張飛被部下所害。孫權為了避免雙向作戰，一面向曹魏稱臣，一面任命陸遜為總指揮率軍應戰。陸遜與劉備相持了七八個月，最終於夷陵一帶大敗蜀漢軍，蜀將馮習、張南、傅肜、程畿等戰死，蜀漢軍繼荊州之敗後又一次遭到重創。劉備退至白帝城（今重慶奉節）。

章武三年（223年）三月，劉備於白帝城托孤於諸葛亮，四月病逝，享年六十三歲。謚號昭烈帝，廟號烈祖。五月其梓宮還成都，葬於惠陵。

審機察變的孫權

吳大帝

武龍禾烏元鳳
黃黃嘉赤太神
龍黃嘉赤太神

孫權是三國時期吳國的君主，其父兄及他所創建的東吳，與曹魏、蜀漢政權形成三足鼎立之勢。在三方當中，吳屬於相對弱小但又是政權存活時間最長的一方，這要歸功於孫權的打造與經營。他審機察變，周旋於魏、蜀兩大勢力之間，聯劉抗曹，附曹稱臣，重建吳蜀聯盟，幾經反覆，終於在江東立穩腳跟，並不斷壯大發展。孫吳政權位於中國江東，自然條件好，生產力發達，經孫權及後世的開發建設，逐漸發展成為繼黃河流域之後，中國又一個經濟社會發展中心。

吳大帝孫權像

繼業父兄
統轄江東

說孫權必須首先說一下他的祖輩及兄長。孫權的祖輩世居吳地，籍貫為吳郡富春（今浙江杭州富陽區），據傳為春秋時期著名軍事家孫武的後裔。其祖上孫鐘（一說為他的祖父）至孝篤信，以種瓜為業。傳說有一天，有三個路過的少年口渴求瓜，孫鐘厚以待之。三人感激，自稱為司命郎，指向山下的一塊地，謂葬之當出天子，說罷便化作白鶴而去。孫鐘在此地埋葬了雙親，塚上常有紫氣環繞，當地人皆言：「孫氏當旺」。

此後孫氏子弟世代為官。到孫權的父親孫堅成為漢末的一位將領，曾做過三地的縣丞，為當時競起的群雄之一，也是吳國的開創者和奠基人。史書講他「容貌不凡，性闊達，好奇節」，曾參與對黃巾軍及董卓的征討，作為「十八路諸侯反董卓」之一的先鋒，表現勇猛，官至破虜將軍，人稱「孫破虜」。進駐洛陽時因藏匿玉璽與袁紹、劉表反目，在與劉表手下黃祖的交戰中陣亡。後被追尊為武烈皇帝，廟號始祖。

孫策是孫堅的長子，孫權的長兄。子承父業，亦為吳國的奠基人。孫策在袁術的麾下東征西戰，屢立戰功，因袁術僭越稱帝而與之決裂。孫策被朝廷任命為騎都尉，襲父爵烏程侯，兼任會稽太守；再授討逆將軍，封吳侯。擊敗廬江太守劉勳及劉表部將黃祖，統一了江東。結果狩獵時被刺客所害，不久身亡，後追諡為長沙桓王。

孫權即生長於這樣一種家庭環境。他生於東漢光和五年（182 年），相傳其母、即孫堅的夫人吳氏生他時經歷奇特，先是懷孕後夢見將月亮迎入懷中，不久生下了孫策；幾年後再孕，又夢見將太陽迎入懷中，十個月後生下了孫權。她將所夢告訴了丈夫，孫堅聽後非常高興，說：「太陽和月亮是陰陽的精華，這是極為富貴的象徵啊！」

孫權生下時相貌奇偉，方頤大口，雙眼有神，史籍稱之有帝王之相。長

孫權
吳大帝

大後其腮生紫髯（紫髯並非指紫色，而是指威武的樣子），碧眼如電。東漢朝廷使者劉琬奉命授予孫策官爵，曾為孫氏諸兄弟相面。他形容孫權身材高大挺拔，不僅有大貴之表，而且有長壽之因。《世說新語》稱孫權相貌威武，臣下多以「至尊」相稱，曹魏的重臣司馬懿與東晉權臣桓溫都頗為神似他。

孫權從很小便隨家人東奔西走。中平元年（184 年），時任佐軍司馬的孫堅跟隨漢末的著名將領朱儁征討黃巾軍，幼小的孫權與家人留居於九江郡壽春縣（今安徽壽縣城關鎮）。中平六年（189 年），時任長沙太守的孫堅起兵回應討伐董卓的關東（函谷關以東）聯軍，孫權隨長兄孫策遷居至廬江郡舒縣（今安徽廬江西南）。初平二年（191 年），孫堅奉袁術之命征討荊州的劉表，不幸戰死。喪事完畢，孫權隨全家遷往廣陵郡江都縣（今江蘇揚州江都）。九歲喪父，孫權受其母吳夫人的呵護與教導。初平四年（193 年），孫策投奔袁術後，命漢將、後為吳國重臣的呂範將孫權等人接到住在曲阿的吳景（孫權的舅舅）處。次年，孫策為袁術攻打廬江郡，揚州刺史劉繇怕被吞併，欲加害於孫權及其母等，漢將、後為吳國將領的朱治派人到曲阿迎接吳夫人及孫權等，並加以照顧和保護。後來，孫權跟母親遷往曆陽縣（今安徽和縣），再遷至阜陵縣（今安徽全椒附近）。

興平二年（195 年），孫策起兵過長江，擊破劉繇，派將軍陳寶到阜陵接孫權及家人回曲阿。此時，孫權已漸漸長大，表現出與其年齡不相符的成熟和幹練，他為人性度弘朗，仁而多斷，崇尚俠義，喜歡蓄養賢才，逐漸與其父兄齊名。他常常跟隨在孫策身邊並參與決策，彰顯出過人的才華。孫策宴請賓客時，常對孫權說：「這些人今後都會是你的手下。」此時，孫權與胡綜、朱然在吳郡讀書，二人後來都成為吳國的要臣。

建安元年（196 年），孫策收得丹陽、吳、會稽三郡，十五歲的孫權被任命為陽羨（今江蘇宜興）縣長，吳郡太守朱治察舉他為「孝廉」，揚州刺史嚴象舉其為「茂才」。「孝廉」與「茂才」均為漢代察舉考試的科目，即任用官員的一種標準。「孝廉」為漢武帝時所立，內容為「孝

順親長、廉能正直」；「茂才」則是漢代一種察舉的常科，西漢時原作秀才，即美才、優秀人才的意思，東漢時因避光武帝劉秀的名諱而改為「茂才」。孫權後來又代理奉義校尉。建安四年（199年）至建安五年（200年）初，孫權隨孫策討伐廬江太守劉勳。劉勳敗逃後，再進軍沙羨，討伐江夏太守黃祖，收取了廬江、豫章二郡。

建安五年（200年），孫策遭許貢門客行刺身亡。許貢是東漢末年的官吏，曾先後任吳郡都尉、太守，他看出孫策的心志，欲送密信給曹操，讓曹操有所提防，結果被孫策發現所殺。許貢生前豢養了一批門客，當中有三人不忘故主，趁孫策外出狩獵，施放冷箭擊中其面頰，孫策因傷口感染不治身亡。

孫策歷來都看重孫權，加之他兒子年齡尚小，臨終前主動將權力交予孫權。他召來張昭等人及孫權，叮囑眾臣要盡力輔佐孫權，說：「天下方亂，以吳越之眾，三江之固，大可有為。子布（張昭的字）等幸善相吾弟。」他取印綬予孫權，曰：「若舉江東之眾，決機於兩陣之間，與天下爭衡，卿不如我；舉賢任能，使各盡力以保江東，我不如卿。卿宜念父兄創業之艱難，善自圖之！」孫權大哭拜受印綬。孫策轉而向在場的母親說：「兒天年已盡，不能奉慈母。今將印綬付弟，望母朝夕訓之。父兄舊人，慎勿輕怠。」吳夫人也哭著說：「恐汝弟年幼，不能任大事，當復如何？」孫策回答：「弟才勝兒十倍，足當大任。倘內事不決，可問張昭；外事不決，可問周瑜。恨周瑜不在此，不得面囑之也！」孫策又喚來諸位兄弟，說：「吾死之後，汝等並輔仲謀。宗族中敢有生異心者，眾共誅之；骨肉為逆，不得入祖墳安葬。」諸弟一邊流淚，一邊受命。孫策言罷，瞑目而逝，年僅二十六歲。

孫權此時只有十八歲。東漢朝廷冊封他為討虜將軍，兼領會稽太守，駐守吳郡。當時，江東剛剛統一不久，人心不穩，局勢動盪不定。廬江太守李術公開反叛，宗室內部廬陵太守孫輔暗通曹操，而東吳將領孫暠也企圖奪權，丹陽太守孫翊和宗室重臣孫河慘遭暗害，加上豫章、會稽等地數萬名山越，即居住於江南地區的越部落佔山為王的武裝勢力，也伺

機作亂。

孫權以張昭為師傅，以周瑜、程普為帥，統御諸將。先率軍隊消滅了李術，得其部眾三萬餘人，有效地遏制了宗室的動亂；再滅山越六千，收編其部眾萬餘人。同時，廣招賢才，招攬諸葛瑾、魯肅、嚴畯、步騭、陸遜、徐盛、顧雍、顧邵等一大批賢能之士成為自己的部下。建安八年（203年）至建安十三年（208年），孫權三次進攻江夏郡，最終擊殺黃祖，佔據了江夏郡大部分地區。

赤壁聯劉
濡須退曹

孫權統轄江東，穩定局面，廣博人心，靠的不僅僅是父兄創立的基礎，更仰仗著自己的膽識、魄力以及極高的人格魅力，他智勇兼備，寬以待人，體恤下屬。史上流傳過不少關於他的故事，彰顯他的品質與個性。

「乘馬射虎」：孫權膽量過人，勇武無比，他喜愛狩獵，豪蕩騎射，早出晚歸。一次，行至廢亭，一隻老虎突然向他撲來，他迅速將雙戟投出，老虎受傷欲逃，侍從張世用戈再擊，終將老虎捕獲。張昭聽後勸諫：「為人君者，本應駕馭群臣，驅使賢良，豈能馳逐於原野，驍勇於猛獸？一旦有個好歹，豈不讓天下人恥笑？」孫權忙道歉道：「年少慮事不遠，此事有愧於您。」但依然我行我素，讓人製作出一架射虎車，且不做遮蓋，方便在車中射虎。當時，常有猛獸撲向他的車子，孫權與之搏擊，樂此不疲。張昭曾多次規勸，孫權總是笑而不語。蘇軾在《江城子·密州出獵》中寫道：「老夫聊發少年狂……親射虎，看孫郎。」

「嘲啁無方」：孫權非常幽默風趣，喜歡跟臣屬開玩笑。他曾對侍中鄭泉說：「你喜歡當眾規勸我，讓我好沒面子，你就不怕惹怒我嗎？」鄭泉回答：「臣聽說有賢明的君主，就有正直的大臣。今日的朝廷能夠暢

所欲言，是因為大家都知道主公器量宏偉。依仗厚恩，我不怕逆鱗（即觸犯當權者）。」在一次宴會中，孫權嚇唬要治鄭泉的罪，鄭泉出門時不停地回頭張望孫權。孫權喊他回來，笑道：「你不是不怕我生氣嗎？怎麼還總回頭看我？」鄭泉答：「臣知道主公一向愛護臣下，肯定不會有性命之憂。快出門時被主公的英姿所打動，所以，忍不住回頭再多看幾眼。」

大將朱桓出征時，孫權為他送行。朱桓端起酒杯，說：「上天賦予陛下聖人的容貌，君臨四海，委任重臣，清除叛逆之人。如今臣要離陛下遠去，若能摸一摸陛下的鬍鬚，臣死而無憾了。」孫權聞此言真倚著案几，把腦袋伸了過去。朱桓上前捋鬚，感歎道：「今天總算是捋到虎鬚了！」孫權大笑。此外，孫權還曾逗弄過費禕、諸葛瑾、諸葛恪等人。

「不記舊仇」：孫策掌理江東時，讓呂範管理財務。當時孫權年少，曾私下向呂範借錢索物，呂範總要向上稟告，不敢專斷許可，孫權有所記恨。後來孫權代理陽羡縣長，有私下開支，孫策常審核稽查，功曹（即主管考察、紀錄業績的官員）周谷為孫權製造假賬，使他不受責問，孫權當時對周谷頗有好感。但等到孫權開始統管政務，意識到呂範是公私分明，因此對其信任，加以重用，而周谷造假，偽造簿冊文書，不再予以錄用。呂範去世，孫權路過其墓，忍不住呼喊他的字：「子衡！」言畢淚流不止。

「體恤下屬」：孫權作為一世英主，常以表字稱呼臣下，其君臣關係之融洽可見一斑。所謂「表字」即古人多在本名以外起一個表示德行或擁有本名意義的名字，如曹操字孟德，劉備字玄德，孫權字仲謀等。當時凌統的隨從戰死，內心異常痛苦，孫權用自己的衣袖為其擦乾眼淚說：「公績，死的已然死去。只要有你在，還愁沒有人嗎？」後來凌統受了重傷，孫權留他在船上，幫他更衣。凌統去世後留下兩個幼子，孫權將其收養在宮中，視為己出，關愛有加，凡有來客就趕忙介紹：「這是我的虎子呀。」

「提拔囚虜」：攻下荊州後，荊州眾將紛紛歸附，只有潘濬稱疾不見。

孫權
吳大帝

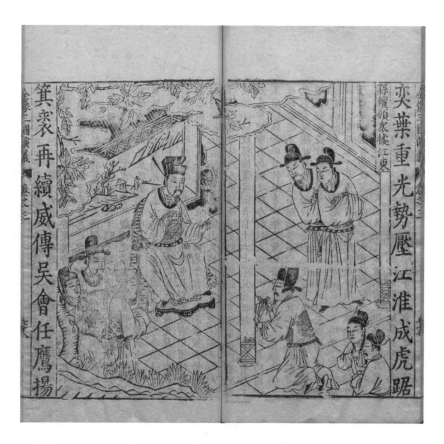

孫權統轄江東，靠的不僅僅是父兄創立的基礎，更仰仗著自己的膽識、魄力以及極高
的人格魅力。圖為周曰校插圖版《三國志通俗演義》中的孫權領江東。

孫權派人用床把他抬來，潘濬還是掩面不起，悲慟哽咽而不能自止。孫權叫著他的字：「承明啊，過去丁父是都的俘虜，楚武王任用他為將帥；彭仲爽是申的俘虜，楚文王以之為令尹。二人都是你們楚地的賢人，雖為俘虜但仍受提拔。你不肯投降，難道認為我與古人有異嗎？」說著邊用手巾擦乾了他的淚水。潘濬深受感動，下地拜謝。孫權任用他為治中，關於荊州的事務均向他諮詢。

在孫權執掌江東的第八個年頭，爆發了三國史上最為著名的赤壁之戰。在這場戰役之中，孫權展現出極高的政治智慧和指揮才能。但需要指出的是，文學名著《三國演義》將這場戰役中的不少史實進行了篡改，很多是張冠李戴，使得孫權的形象大受影響，甚至被歪曲。

建安十三年（208年），曹操揮師南下，大敗左將軍、豫州牧劉備，佔領江陵。曹操給孫權寫信，意在要佔取東吳之地。吳氏陣營內部分化為主戰和主和兩派，主戰派以魯肅、周瑜為首，主和派則以張昭作領。當時張昭在政權中的影響很大。孫權從東吳生存與發展的大局出發，審時度勢，決意要與曹操一戰。此時，劉備的軍師諸葛亮隨魯肅從江夏來到吳地，表明了劉備要聯合東吳抗曹的決心。周瑜經過分析敵情，指明曹軍存有弊端，孫、劉聯合而戰有望獲勝。孫權旋即拍板，任命周瑜、程普為左右都督，與劉備合兵，同曹操決戰。周瑜與部將黃蓋導演了一齣「苦肉計」，瞞過了當時不可一世的曹操，以五萬之軍，用火攻的方法於赤壁大破曹軍。戰後，劉備、周瑜等又率軍追擊曹軍至南郡，曹操只得撤回北方，留曹仁、徐晃在江陵，派樂進鎮守襄陽。

此時，甘寧在夷陵被曹仁所圍，周瑜採納呂蒙的計策，留下凌統抵禦曹仁，以一半兵力馳援甘寧，獲勝而返。同年，孫權親率大軍圍困合肥，派張昭攻打九江郡的當塗縣。但張昭出兵不利，孫權攻合肥未能成功，最後只得退兵。

建安十四年（209年），周瑜與曹仁相持已達一年之久，曹仁的軍隊被拖得人困馬乏，死傷甚眾，最終棄城逃走。孫權得到南郡，任命周瑜為南郡太守。同年，劉備上奏，讓孫權代理車騎將軍，兼任徐州牧。孫權

與劉備在京口相見，同意借荊州南郡等地予劉備。二人的此次會面，鞏固了孫劉聯盟。曹操為防範孫權，欲強制將淮南民眾內遷，結果引發了江淮十餘萬戶百姓的恐慌，紛紛渡江歸附孫權，使得江東人口大增。

建安十五年（210 年），孫權派交州刺史步騭起兵南征。交州在東漢時期包括現今中國的兩廣、越南北部和中部，治所（地方政府的所在地）在番禺。吳軍壓境，交州九郡無不臣服，交趾太守士燮率部接受孫氏的管轄。唯有劉表所任命的蒼梧太守吳巨陽奉陰違，最後被步騭所斬。孫權為籠絡士燮，授其為左將軍。

建安十八年（213 年），曹、吳間又爆發了濡須之戰。曹操在赤壁失利後經過一段時間的休整，平定關中，解除了後顧之憂，決定對孫權再次用兵。早在兩年前，孫權就意識到曹操還會來侵，於是聽取呂蒙的建議，在濡須口建堡塢以抵禦曹敵。濡須口位於今安徽含山縣濡須山與無為縣七寶山之間，相傳為夏禹治水時所鑿，是巢湖的出水口、通達長江的重要航道，為兵家必爭之地。曹操親率四十萬的大軍南下，聲稱要「臨江飲馬」，進軍濡須口。孫權派遣周泰率軍前往抵擋，擊破曹軍的先鋒。

孫權命甘寧領兵三千為前部督，並親自率領七萬主力進駐濡須。孫權密令甘寧夜襲曹營，挫其銳氣，並賜之以米酒。甘寧選出了百餘個精銳的士兵，用銀碗親自給下屬斟酒，以壯士氣。至二更（午夜九時至十一時）時，甘寧率部潛至曹操營下，衝入營中斬得數十首級。造成魏軍的極度恐慌，誤以為是孫吳大軍來襲，起身迎戰，燃起火把、擂鼓吶喊。等曹軍知道實情，甘寧早已撤回了營地。當夜甘寧見到孫權，孫權笑說：「這足夠把老頭子（指曹操）嚇一跳了，我主要是想試試你的膽量。」於是，賜甘寧絹一千匹、戰刀一百口、增兵二千，並稱讚道：「孟德有張遼，孤有興霸（甘寧字），足相敵也。」

曹操派水軍前往濡須，乘油船（一種塗了桐油的皮筏子），企圖趁夜色渡洲而上。孫權遣董襲等水軍將領圍剿，俘獲曹水軍三千餘人，其溺亡者亦有數千人之多。此戰，孫吳水軍大勝，曹操的水軍只得躲入水寨不出。

一天，孫權借著晨霧，乘輕舟前往曹營探視敵情，當行至五六里接近曹營時，孫權命軍士擂鼓奏樂，齊聲吶喊。曹軍誤以為是吳軍船隊來襲，不敢貿然出擊，忙命弓弩手對著聲響處射箭。不一會，孫權的船艙外就掛滿了箭矢。為避免船身傾斜，孫權命令水手調轉船頭，很快，船的另一面也箭矢滿滿。孫權命船隊悠然返航。這便是著名的「草船借箭」的歷史原型，但《三國演義》將此舉的主角換成了諸葛亮。

轉眼間，曹、吳雙方相持已達數月。曹操兵眾，但不熟悉水戰，士兵長期在外，思鄉厭戰情緒日重，水土不服導致疾病增多，軍隊要背負龐大的軍費開支；孫權佔盡地利，但並沒有足夠的實力攻克對方。雙方都在等待、觀望。一天，曹操登上濡須山觀看吳軍的狀況，只見其部隊排列整齊，士氣高漲，主帥孫權端坐於陣中，從容自若，毫無慌亂。曹操禁不住發出感慨：「生子當如孫仲謀，劉景升兒子若豚犬耳！」意思是說，生兒子就應該像孫權那樣守得住父兄的基業，因為曹操是與孫堅同一輩的人，而不能像劉表的幾個兒子，如豬狗一般，毀業敗家。

春季來臨，雨水漸多。孫權給曹操寫了一封信：「春水方生，公宜速去」，同時又附上了一張字條，上書：「足下不死，孤不得安」，寥寥數語，意味深長，字裡行間滲透著警示與規勸。曹操看著來信，對手下的人說：「孫權不欺孤」，於是主動撤軍，回到了鄴城（今河北臨漳）。此乃第一次濡須之戰，此後吳與魏在此共發生過四次交戰。

封王稱帝
創建石城

實際上，孫、劉之間所結的是一種鬆散、缺乏保障和制約的聯盟，他們為了共同的利益，避免被強大的曹氏勢力所吞併，於是站到了一起，在赤壁之戰中取得了成功。而這種目的一旦達到，便可能出現分化、瓦解甚至對抗。建安十九年（214 年），劉備收取益州，孫權遣諸葛瑾去討

孫權
吳大帝

還當初借給劉備的荊州，劉備則以各種理由搪塞。孫權和劉備各自起兵，與此同時，曹操正率主力西征漢中，劉備自知面臨著極大的威脅，於是，便與孫權議和。

議和後，孫權再次征討合肥。剛到合肥城外，便遭遇曹軍名將張遼的突襲，東吳猛將陳武奮戰陣亡，孫權棄幟登山，方得以脫險。撤軍時，孫權再次遭遇張遼的突襲，在呂蒙、凌統、甘寧等人拚死護衛下，孫權蹴馬趨津，即策馬跨過斷橋，才死裡逃生。此役為著名的「逍遙津之戰」，即合肥之戰的重要組成部分，張遼因此而威震江東，以致當地人常以張遼來了而哄嚇哭鬧的孩子，故有「張遼止啼」之說。

建安二十一年（216年）冬，曹操進駐居巢（今安徽巢湖西南），再次攻打濡須塢，並在丹陽煽動費棧等山越起事。次年，孫權派賀齊及陸遜平定費棧叛亂。

建安二十二年（217年）春，孫權伺機收回劉備佔據的荊州，與呂蒙商議，開始積極備戰。為避免腹背受敵，孫權命都尉徐詳暗訪曹操，請求歸附，曹操也同意修好。建安二十四年（219年），劉備的荊州守將關羽發動襄樊之戰，劍指曹魏，但忽略了對東吳的提防。孫權趁勢出擊，命呂蒙為前部，襲取荊州。呂蒙兵不血刃，便得到了劉備治下的南郡、零陵、武陵三郡，潘璋、朱然將關羽擒殺，一代武聖命殞於麥城。同年，曹操上表任命孫權為驃騎將軍、假節兼荊州牧，封南昌侯。孫權派校尉梁寓向朝廷進貢，又將原先所俘獲的朱光等人送歸北方，以示修好。

這裡要說一下孫權以及曹操、關羽在襲取荊州時的表現。先說關羽，人稱關老爺，是這一事件的主角。作為一代聖賢，他智勇雙全，威風八面，在此役中一路北上，擊曹仁，斬龐德，水淹七軍，俘獲于禁及其部眾三萬餘人，威震華夏，嚇得曹操急欲遷都以避其鋒芒。可是，關羽在性格上存有非常明顯的弱點，他剛愎自用，傲慢輕敵，以致犯下了丟失荊州這樣嚴重的錯誤。但在他身上所閃耀著「忠義」、「誠信」之光，即便是他的對手待他也要敬畏三分。曹操乃一世梟雄，做事反覆無常，但他仰慕人才，重其才能，亦看重人品，他對關羽的態度便是最集中的表現。

關羽以德相報，在華容道放他一條生路，令他沒齒難忘。這二人一個重情重義，一個重賢重能，雖然在價值選擇、行為取向及人格魅力上存有差異，但卻存有相通的地方，大仁大義與大奸大雄有時未必不可相容。

孫權在這一事件中則顯得有些費盡心機，為了存活，他連劉抗曹，取得了赤壁之戰的勝利；而為討回荊州，他又歸順曹操，以避免來自曹魏的攻擊。襲殺關羽，他怕劉備報復，將關羽的首級獻予曹操，企圖嫁禍於人。同時又出於敬畏，按王侯之禮將關羽的屍骸葬於當陽境內。曹操當然不會上當，見到關羽的首級只說了句：「雲長公別來無恙」，接著也按王侯之禮將之葬於洛陽南門外，即現在的關林，這便是關羽「身臥當陽，頭枕洛陽」說法的由來。

可是話說回來，孫權這麼做似乎也是迫不得已，面對強大的曹魏勢力，他必須左右逢源、委曲求全；而劉備佔著荊州不還，似乎又只能動之以武力，政治看的是強弱，而不是對錯。

建安二十五年（220年）正月，曹操病逝。有人說他的死與關羽被殺有關，屬於英雄間的惺惺相惜。其子曹丕襲位，十月，曹丕代漢稱帝，建國號「魏」，史稱曹魏。延康二年（221年）四月，劉備在成都稱帝，國號漢，史稱蜀漢。同年，孫權自公安遷至鄂州，並改鄂州為武昌，修築武昌城。十一月，曹丕賜孫權以九錫。同時封孫權為吳王、大將軍、領荊州牧，節督荊、揚、交三州諸軍事。

同年，劉備為給關羽報仇，興兵伐吳。孫權任命陸遜為大都督，迎擊劉備，並於次年在彝陵之戰中大破蜀軍，劉備敗退白帝城。

孫權當初向曹魏稱臣無非是權宜之計，並非真心歸附。一旦荊州索回，曹魏子承父業，代漢稱制，劉備在巴蜀登基，他便不會甘於再對曹魏卑躬屈膝、委屈稱臣了，很快孫權就換了副嘴臉。曹丕非常惱怒，於黃武元年（222年）兵分三路舉兵伐吳，但戰勢並未如曹魏所預期，進展很不順利，只得於次年撤兵。此時孫權意識到東吳的威脅主要還是來自曹魏，於是又與蜀漢結盟，他派太中大夫鄭泉前往白帝城拜謁劉備，蜀、

吳兩國重新通好。

黃武二年（223年）四月，劉備病逝。此前，吳戲口守將晉宗殺將軍王直，並率部下投降了曹魏，被任命為蘄春太守，多次騷擾吳地。六月，孫權命將軍賀齊等襲取蘄春，活捉晉宗。其後曹丕親率大軍再次伐吳，至廣陵，孫權嚴防死守，當時正值大寒，河面結冰，船隻無法行進，曹丕無奈只得撤兵。黃武五年（226年）六月底曹丕病逝，孫權乘機進攻江夏，不克而還。黃武七年（228年）八月，吳鄱陽（今江西鄱陽）太守周魴用詐降之計致書曹休，表示願意叛吳歸魏，請求派兵接應。曹休中計，率軍十萬和另外兩路魏軍深入吳地。孫權率軍進駐皖口（今安徽懷寧皖水入江處），派陸遜、朱桓、全琮各率兵三萬，迎擊曹休於石亭（今安徽舒城），斬俘萬餘人，此乃「石亭之戰」。

黃龍元年（229年），孫權於武昌（今湖北鄂城）稱帝，建國號「吳」，改元黃龍，三國鼎立之勢正式形成。

孫權於建國前後，在採取大量軍事行動的同時，重視農業生產，關心百姓生活，組織興修水利，發展手工製造業和造船業，開闢了連通台灣、遼東等地的航線，多次減免賦稅，極大地促進了東南地區經濟社會的發展。在此過程中，他做了一件對後世影響極大、奠定江東地域格局的大事——修築建業城，即現在的南京城。此城的修建，不僅具有重大的軍事意義，虎踞龍盤，戰略地位十分突出；而且擁有極高的經濟及社會價值，將江東各地連接起來，形成了輻射狀，成為一個大發展區域，從而使中國從單一的黃河流域發展中心擴展為黃河和長江流域兩大發展中心，增強了經濟和社會發展的張力。此後又先後有東晉，南朝的宋、齊、梁、陳等在此建都，史稱六朝古都；此外，南唐、明（洪武）、太平天國，以及國民黨政府也都曾建都於此，亦有「六朝勝地、十代都會」之稱，而它的最初開創者則是孫權。

建安十六年（211年），孫權聽從謀臣張紘的建議，將治所從京口（今江蘇鎮江）遷至秣陵（今南京）。次年，組織人力在戰國楚威王所建金陵邑的基礎上築城，稱為石頭城，亦稱「石首城」，用於儲存軍糧、器械，

此乃南京「金陵」一稱的由來。而「秣陵」則為秦始皇時所改，當時秦始皇巡遊至此，隨行的方士稱之此地有王者之氣，於是將「金陵」改為「秣陵」，秣即馬料、穀草的意思，秣馬屬兵，是一種蔑稱。孫權認為此名不吉祥，於是改名為建業，即「建立帝王之大業」或「建功立業」之意。

建業城臨江控淮，恃要憑險，是東吳水軍江防的要塞和城防的據點。城市周圍數十里，設有子、羅二重城（子城即主城內的小城，羅城即城牆外另修的環牆），城內建有宮城、衙署、民居、商舖、戲樓、寺院等，城外有石頭城、丹陽郡城，佈局合理，道路通暢，熱鬧繁華，盛況空前。

建安二十六年（221年），孫權因與劉備爭奪荊州，為了便於指揮，將治所遷至鄂縣（今湖北鄂州），改稱武昌。孫權稱帝後，在同年秋天還都建業。孫權為人節儉，不事鋪張，回建業後仍住在原來的將軍府，取名為「太初宮」，只是在周圍築起宮牆用以防衛。

赤烏十年（247年），孫權在群臣多次的建議下改建太初宮。改建後的太初宮周邊五百丈，約合一點二公里，南面開五座宮門，其中中門為公車門，而東、西、北面各開兩座宮門，其中的中門分別稱為蒼龍門、白虎門、玄武門，正殿稱神龍殿。都城北依覆舟山、雞籠山和玄武湖，東憑鍾山，西臨石頭山，城周「二十里十九步」。在太初宮的東、北兩面，分別是皇家花園和皇宮衛隊的營地，稱為「苑城」，可容納三千名貴族子弟同時在城內騎馬操練。苑城北部有一座苑倉，又稱倉城，能儲藏大量糧食和各種物資。在宮的西面有一座供皇太子用的花園，叫「西苑」。當時有民謠稱：「寧飲建業水，不食武昌魚；寧還建業死，不在武昌居」，表達出對這座城市的喜愛。甘露元年（256年），後主孫皓曾執意遷都武昌，遭到舉國上下的反對，無奈於次年又還都建業。

孫權前後統治江東達五十一年之久，為吳國及江東地區的發展做出了非凡的貢獻。但在稱帝後、特別是進入晚年，孫權變得愈發專制、武斷和寵信小人，這應當說是集權者的通病，而在選擇繼承人方面又表現得反覆無常、優柔寡斷，導致黨爭紛起，朝局不穩。其稱帝時立長子孫登為

孫權
吳大帝

皇太子。孫登年少老成，頗有才幹，經常勸諫父皇，對時政多有匡弼；駐守武昌時，政務處理得井井有條。只可惜他英年早逝，年僅三十三歲，諡宣太子。孫權對孫登的死悲傷不已。

孫登去世後，孫權立三子孫和為皇太子。孫和與魯王孫霸間因儲位問題產生了極大的矛盾，其背後則有分別支持二人的朝間權臣，陸遜、顧譚、吾粲、朱據、諸葛恪等支持太子，步騭、呂岱、全琮、呂據和孫弘等支持魯王。此次爭鬥稱之為「二宮之爭」或「南魯之爭」（因吳太子東宮稱南宮），從赤烏五年（242 年）一直持續到赤烏十三年（250 年），結果孫和被廢，孫霸被賜死，改立孫亮為皇太子，朝政因此而元氣大傷。

太元二年（252 年）冬，孫權因郊祭感染風寒而病逝，享年七十歲，在位二十四年，諡號大皇帝，廟號太祖，葬於蔣陵（今南京紫金山南側梅花山）。

晉朝

266-420

淡忘初心的司馬炎

晉武帝　泰始　咸寧　太康　太熙

266-290

司馬炎是晉朝的首位君主。史上晉朝分為西晉和東晉，司馬炎稱帝的王朝為西晉。公元三一一年，匈奴軍隊攻佔洛陽，俘晉懷帝。西晉軍隊其後在長安擁立司馬鄴為晉愍帝，延續政權。五年後，匈奴軍隊又攻克長安，愍帝獻城投降，西晉亡。次年，司馬睿在建康稱帝，續建晉朝，史稱東晉。西晉與曹魏很相似，都是從前朝的母體中孕育而成，開創了一個新的朝代。

司馬炎與曹丕也很相像，長輩均為前朝把持朝政的重臣，擁有改朝換代之能卻未行之實，而把機會及僭越的名聲留給了他們。他們雖為開國皇帝，但實際上卻只是繼任者或坐享其成。這就使得他們身上可能具有「紈絝」之風，在小有成績之後，惰於政務、沉迷酒色，這是專制制度的必然走向，也是人們拚死奪取權力的誘因。

晋武帝司馬炎像

祖輩奠基
代魏稱晉

講司馬炎之前，要先說一下他的家族，以及對開創晉王朝起到關鍵性作用的幾位前輩。司馬氏是一個非常顯赫的家族，據傳為高陽之子重黎的後裔。高陽即上古時期部落聯盟首領顓頊的號，黃帝之孫，為「五帝」之一。其子重黎，即夏官祝融，也稱火神。到了周朝，祝融改稱司馬。周宣王時，司馬氏的先祖程伯休父因平定徐國有功，被賜予了司馬為族姓。秦末，司馬炎的十四世祖司馬卬隨項羽滅秦，受封殷王，統治河內，定朝歌。漢朝時設河內郡（今河南北部一帶），司馬氏家族世居於河內郡溫縣的孝敬里（今河南焦作溫縣）。司馬氏家族世代為官，司馬炎的七世祖司馬鈞為漢安帝時的征西將軍，六世祖司馬量為豫章（今江西南昌）太守，五世祖司馬儁為潁川（今河南禹州）太守，四世祖司馬防為京兆尹。司馬防有八個兒子，因字中都有一個「達」字，號稱「司馬八達」。

在「司馬八達」中，有一個大家非常熟悉的人物，即司馬防的次子、司馬炎的祖父司馬懿。這位三國時期曹魏的重臣，字仲達，是著名的政治家、軍事謀略家，也是西晉王朝實際的奠基人。他自幼聰明多謀略，博學洽聞，伏膺儒教，「常慨然有憂天下心」。曹操聞其名聲而邀其為官，但他嫌曹操出身「贅閹遺醜」，聲稱自己有風痹症予以拒絕。建安十三年（208 年），曹操任丞相後，強拜他為文學掾（掾在古代為副官佐或官署屬員的通稱，文學掾的職責為管理學校，教授弟子，也兼管郡內教化、禮儀之事），他不得不從。從政後則顯示出了過人的才華，逐漸贏得曹操的信任。曹操封魏王後，以他為太子中庶子輔佐曹丕，助曹丕入儲、加冕。曹丕臨終時託付他與曹真等輔佐明帝曹叡。曹叡在位，他屢遷撫軍大將軍、大將軍、太尉等重職。曹叡崩，托孤幼帝曹芳於司馬懿和曹爽。此間，司馬懿遭到曹爽的排擠，明升暗降，任並無實權的太傅。

正始十年（249 年），司馬懿趁曹爽陪曹芳離洛陽至高平陵祭祖，發動兵變，控制了京都洛陽。自此，曹魏的軍政大權實際上落入到司馬氏的

司馬炎
晉武帝

手中，史稱「高平陵之變」。司馬懿多謀善變，屢建奇功，曾率軍擒斬諸葛亮的部下孟達，兩次成功地挫敗了諸葛亮的北伐，遠征平定遼東，實行屯田、興修水利等。嘉平三年（251 年），司馬懿病逝，享年七十三歲，後被追尊為宣皇帝，廟號高祖。

司馬懿死，其長子司馬師接過權杖，掌控曹魏。司馬師是司馬懿與宣穆皇后張春華所生，與司馬炎的父親司馬昭為同母兄弟。他沉著堅韌，雄才大略，早年與名士夏侯玄、何晏齊名。「高平陵之變」後，因功受封長平鄉侯，加拜衛將軍。司馬懿死後，以撫軍大將軍獨攬朝政，次年晉升為大將軍。在任期間他招攬人才、整頓綱紀，朝野為之肅然。他擁有卓越的軍事才能，曾用計於新城之戰中擊潰吳國諸葛恪的大軍。嘉平六年（254 年）二月，曹芳密令中書令李豐、太常夏侯玄、光祿大夫張緝等人發動政變，欲除掉司馬師，改立夏侯玄為大將軍，但計謀洩露，三人被司馬師誅殺，夷滅三族，廢曹芳的皇后（即張皇后）。同年，司馬師逼迫郭太后廢曹芳，改立年僅十三歲的高貴鄉公曹髦為帝。次年，率兵平定毌丘儉、文欽之亂。從性格上說，司馬師遇事沉穩，處亂不驚，事變時，他率兵駐守司馬門，控制京師。他於平叛班師途中故亡，時年四十八歲。後被追尊為景皇帝，廟號世宗。

父兄的相繼去世，司馬炎的父親司馬昭總攬朝政，駕馭曹魏。司馬氏一家真可謂「門庭興旺」、「將門虎子」，父子、兄弟前赴後繼，個個氣度不凡。司馬昭，字子上（小說《三國演義》為子尚），早年隨父抗擊蜀漢，多有戰功。官至洛陽典農中郎將，封新城鄉侯。正元二年（255 年），他繼死去的長兄司馬師晉為大將軍。人們聽說他的名字，大多是出於那句耳熟能詳的歇後語「司馬昭之心，路人皆知」。司馬昭上位後，培植親信，排除異己，獨攬朝權。魏帝曹髦因不甘於做傀儡皇帝，於是秘召侍中王沈、尚書王經、散騎常侍王業等，欲除掉司馬昭，奪回皇權。曹髦對幾位心腹說：「司馬昭之心，路人所知也。我不願意再忍受他的恥辱了，與其坐以待斃，不如拚死一爭，我要你們同我一起去討伐他。」，還讓人草擬了討伐司馬昭的詔書。幾位大臣都知道面對權重如山的司馬昭，此舉無異於燈蛾撲火，以卵擊石，所以，都勸曹髦要謹慎

行事，靜觀時機，暫行忍耐。但曹髦年輕氣盛，不聽勸告，率領禁軍衝出宮去。司馬昭其實早就得到了稟報，於是派賈充率兵前去攔截，在城中與禁軍展開激戰。曹髦高喊自己是真命天子，爾等豈敢弒君造反？將士們一時不知所措，紛紛退卻，這時賈充的隨從成濟問如何是好？賈充吼道：司馬公平日養著你們，不就是要你們為他效力嗎？成濟聽到此言，帶領將士衝上前去，一劍刺穿了曹髦的前胸，其當即作薨。司馬昭聽說皇帝被殺，心中竊喜，但又不免有些驚慌，因為弒君畢竟是大逆之罪。為了平復事件，他將前去賣命的賈充和成濟當成替罪羊，將賈充貶為平民，成濟則滿門抄斬，同時把尚書王經等人也一起處死，以絕後患。

曹髦被殺後，司馬昭立曹奐為帝，即魏元帝，是曹魏的最後一位君主。曹奐年僅十五歲，完全被司馬昭所掌控，又是一位有名無實的皇帝。司馬昭雖然野心勃勃，但最終並沒有代「魏」稱帝，所以有人說在「司馬昭之心，路人皆知」之後，似乎還應當加上一句：「雖有心稱帝，但心存忌憚」。

這裡要補充兩句曹髦。曹髦是曹魏御榻上的匆匆過客，本無足輕重。他原本並無緣皇位，由於曹芳被廢，作為曹丕嫡孫的他被選中做了皇帝。雖然年少繼位，但由於他從小目睹家庭變故、宮廷爭鬥和皇室日衰，顯露出與年齡不相符的成熟與志向，史稱他「才慧夙成」，「有大成之量」。當他從外地匆匆趕往洛陽赴任時，表現得雍容大度，贏得了朝野的稱讚。他登基時，司馬師問手下，「新皇帝是怎樣一個人？」在一旁的鍾會作答：「才同陳思，武類太祖。」他所說的陳思是指曹植，其生前曾受封陳王，死後諡「思」，故又稱陳思王，太祖則指曹操，意思是說曹髦能文能武，宏達幹練。司馬氏兄弟聽後面面相覷。曹髦一上任，即派遣侍中持節分巡四方，考察世風、慰勞百姓、稽查官吏。他力倡節儉，革除弊政，志在中興。但要達此目的，必須擁有權力，而面對位高權重的司馬氏家族，他孤注一擲，拚死相爭，結果以身殉位。雖然他顯得很幼稚，但畢竟敢於主張自己的權力，拚出了血性，令人起敬。

在漫長的封建社會發展中，皇權旁落、權臣擅政的現象屢有發生，甚至

司馬炎
晉武帝

可以說是司空見慣，僅漢代以來就有霍光、王莽、梁冀、曹操以及司馬氏父子等等，他們把持朝政，為所欲為，將君臣關係倒置，有的乾脆取而代之，讓自己或子嗣稱雄加冕。這是專制制度的一種表現形式，也是在非正常情況下的一種權力運轉，它使得朝政變得異常混亂和無序，朝廷中人愈加貪婪、血腥、殘暴、明目張膽和肆無忌憚。

景元四年（263年），司馬昭遣鍾會、鄧艾、諸葛緒兵分三路伐蜀，蜀漢亡。司馬昭受封晉公，次年進爵晉王，拜為相國，加九錫，其權勢等同於當年的曹操。只可惜他命不當重，於咸熙二年（265年）病逝，終年五十五歲，後被追尊為文帝，廟號太祖。

到這裡該說到司馬炎了。史籍有關他年幼及年少時期的記述很少，這倒也容易讓人理解，因為他的前輩都只是曹魏的臣僚，儘管權重，但並非帝王，因此不會有人對其子嗣做出專門的記載。即使司馬懿當年已露出稱尊的端倪，但並沒人想到其次子（司馬昭）的兒子會與皇權有什麼瓜葛。只是到了司馬昭攬政，立司馬炎為晉國世子，這才引發人們的關注，但此時司馬炎已經二十八歲了。

司馬炎，字安世，生於青龍四年（236年），母親為王元姬，外曾祖父是曹魏的元勳王朗，外祖父是著名的思想家王肅。無論從父系還是母系家族來看，司馬炎都出身顯貴，從小接受到良好的教育，人稱他「寬惠仁厚，深沉而有度量」，應當說素養是相當不錯的，據說根據九品中正評定鄉品，在河內郡無人出其右。

司馬炎被立為晉國世子其實並非一帆風順。他是司馬昭的嫡長子，按理說被立為世子本無可爭議，但事實並非如此。他有個胞弟叫司馬攸，排行老二，受封齊王。司馬攸聰明幹練，為人「清和平允，親賢好施，愛經籍，能屬文，善尺牘」，有著良好的名聲，「才望出武帝（司馬炎）之右」，司馬昭很喜歡他。當年，司馬師執掌大將軍印，膝下無子，司馬昭不知是出於何種心理，將司馬攸過繼給了長兄司馬師。可是沒過多久，司馬師亡，臨終前將權力移交給了司馬昭，不知其中是否有報答他過繼子嗣的原因。司馬昭掌大將軍印，受封晉公、晉王。按照規矩要立

世子，司馬昭則想立司馬攸，從名義上講是要將權力歸還給司馬師一支，以報答長兄的賦權之恩，可實際上司馬攸還是他的子嗣，關鍵是他的偏愛。司馬昭當時見到司馬攸，常拍打著自己的座位親暱地稱其小名：「桃符，這是你的座位啊。」史載司馬攸「幾為太子者數矣」。

但司馬昭的想法遭到了身邊大臣的強烈反對。他的親信何曾、賈充（被貶後又從政）等人冒死勸諫：「中撫軍（指在魏國擔任中撫軍、新昌鄉侯的司馬炎）聰明神武，有超世之才。髮委地，手過膝，此非人臣之相也。」司馬昭幾經堅持，但最終經不住大臣們的反覆規勸，況且司馬炎也是他的嫡長子，素質也不錯，於是便打消了捨長立幼的念頭。但經此波折，司馬炎與司馬攸兄弟之間便有了芥蒂，司馬炎對這位胞弟開始防範有加，最後竟置其於死地。當然這是後話。

司馬炎在被立為世子前曾任給事中、奉車都尉、中壘將軍、中護軍、中撫軍等職，咸熙二年（265年），司馬昭死，他接任了晉王及相國的官爵。此時，曹魏政權已經風雨飄搖，名存實亡，司馬氏取代曹氏家族已成為大勢所趨。而司馬炎則也像當年的曹丕，躍躍欲試、甚至有些急不可待。這裡要說的是，作為老一輩政治家，當年的曹操、後來的司馬懿父子，其實完全有能力或者有資質接管權力，稱帝加冕，但他們並沒有那麼做，而是深懷憂慮，或者說有一種敬畏感，其根源則在於他們所秉持的儒家正統文化。但作為下一代可就不同了，他們雖然沒有立國之功，更缺乏與長輩相比的膽識和才能，但卻急於加冕稱君，而且當得是那麼心安理得，理所當然。

司馬炎在執掌軍國大權後，便積極進行籌備，他授意手下的人勸魏帝曹奐早日讓位。曹奐見大勢已去，便下詔書道：「晉王，你家世代輔佐皇帝，功勳高過上天，四海蒙受司馬家族的恩澤，上天要我把皇帝之位讓給你，請順應天命，不要推辭！」司馬炎則假意地推讓多次，在其心腹大臣何曾、賈充等帶領滿朝文武的再三勸諫下，「被迫」接受魏帝的禪讓，封曹奐為陳留王，於咸熙二年（265年）十二月坐上御座，改國號晉，建元泰始。曹魏至此滅亡。

司馬炎
晉武帝

打造盛世
分封諸王

西晉建立的過程及所面臨的形勢與曹魏非常相似，但要比曹魏樂觀得多。曹魏當年只能稱雄北方而形成三足鼎立之勢，而就西晉而言，蜀漢在曹魏時期已滅，東吳苦苦支撐猶如俎上之肉，全國統一的曙光即在眼前。司馬炎應當說是一位很幸運的君主，祖輩們艱苦創業，前赴後繼，打下了良好的基礎，他只需乘勢而上，便可大展宏圖。而司馬炎也不辱使命，承擔起歷史的責任與重托，上任後採取了一系列措施，推動經濟社會的發展：

理順與前朝的關係。晉是從曹魏的母體中孕育而出，與前朝有著千絲萬縷的聯繫，許多曹魏的臣僚都成為了新政權的要員，只有處理好與前朝的關係，才能構築起相對穩定的環境。當年，司馬炎的祖父、父親為了贏取權力，曾對曹爽為首的三族及朋黨進行殺戮，在人們的心中留下了難以抹去的陰影。在現實中，蜀漢雖平，但孫吳仍在，其雖難與晉政權形成抗衡，但仍具有不小的威脅。司馬炎在建晉之初採取寬柔政策，下詔允許已成為陳留王的魏帝載天子旌旗，行魏正朔（即沿用魏朝的曆法），郊祀天地禮樂制度皆如舊制，上書不稱臣。同時，賜安樂公劉禪子弟一人為駙馬都尉。次年，解除了對漢室的禁錮。這些舉措不僅消除了原曹魏人士在心理上的恐懼，也安撫了原蜀漢地區的人心，進而贏得了吳人的好感。

奉行無為之法。魏末朝政混亂，戰事仍頻，百姓負擔繁重。為了盡早使國家從這種狀況中解脫，奠定統一的基礎，司馬炎將無為與寬鬆之策作為晉初的立國之本。泰始四年（268年），司馬炎在詔書中指出：「為永葆我大晉的江山，現以無為之法作為統領萬國的核心。」同年，又向各郡國頒發五條詔令：一曰正身，二曰勤百姓，三曰撫孤寡，四曰敦本息末，五曰去人事，實際上是對無為之法做出了具體的闡述和要求。鑒於曹魏末期為政嚴苛，風俗頹廢，生活豪奢，司馬炎乃「矯以仁儉」，

革除驕奢之風，提倡仁慈、節儉，賜予喪偶者、生活困難者五斛穀，並「免逋債宿負」，即免除長久以來拖欠的賦稅，詔郡國守相巡行屬縣，並傾聽接納百姓的直言。

推行「戶調式」土地之策。經濟是立國之基，安民之本，魏末皇室及權貴無限制地佔有土地，盤剝農民，長安附近藍田一個不起眼的「雜牌將軍」龐宗，竟然佔有良田幾百頃，其他達官貴人更可想而知。農民缺少土地，沒有生產積極性。司馬炎將解決土地問題作為發展經濟的重要環節，制定了「戶調式」的土地政策，包括占田、戶調和品官占田蔭客制。占田制即把占田與賦稅聯繫在一起，將人口按照年齡及性別分為丁男、次丁、女丁及老小等，分配不同面積的土地並徵收相應的賦稅。戶調制即按戶徵稅，不分貧富，規定「丁男之戶，歲輸絹三匹，棉三斤，女及次丁男為戶者半輸。」對於邊郡及少數民族地區亦作出具體規定。品官占田蔭客制即保障貴族、官僚的經濟特權，同時也對其進行了限制。「戶調式」的頒行雖遭到豪強的抵制，但使得大多數農民依法獲得了應有的田地，佃戶脫離主人而成為編戶，使大量流動、閒散的人口被安置到土地上從事生產，對於穩定社會秩序，促進經濟社會的恢復與發展，起到了積極作用。

增補中原地區人口，設立「常平倉」。由於數十年的戰亂，中原地區的經濟遭到嚴重破壞，人口大減。司馬炎採取措施，下令十七歲女孩要出嫁，否則由官府代找婆家。滅蜀及後來滅吳後，招募蜀人、吳人到中原，由官府供給其兩年的口糧，免二十年徭役。泰始四年（268 年），司馬炎設立「常平倉」，豐年按適當價格拋售布帛，收購糧食；荒年則按適當價格出售糧食，穩定糧價，維持百姓的正常生活。司馬炎責令郡縣官吏要「省徭務本」，打擊投機倒把（即買空賣空、囤積居奇）。

頒佈《泰始律》，依法治國。早在司馬昭輔佐魏政期間就開始著手制定新的法律，當時命賈充、羊祜、杜預等人參考漢律、魏律進行編撰，直至泰始三年（267 年）完成，並於次年頒佈實施，故稱為《泰始律》。律令由張斐、杜預作注，經司馬炎批准「詔頒天下」。注與律文具有同

等的法律效力，故又稱《張杜律》。這是中國史上第一部儒家化的法典，在法典中明確了「峻禮教之防，准五服以制罪」（五服指古人在喪禮中根據親疏關係，為逝者服喪的五種喪服），即將儒家「仁愛」的理念注入法律條文之中，在漢《九章律》和魏《新律》的基礎上，設定刑名、法例、盜律、賊律、詐偽、請賕、告劾、捕律、系訊、斷獄、雜律、戶律、擅興、毀亡、衛宮、水火、廄律、關市、違制與諸侯律等二十章，共六百二十條，較之前代律令在多方面都有所放寬，表述簡約，是法律由繁入簡的發端，對於緩解各種社會矛盾具有積極的意義。《晉書‧刑法志》稱其「蠲其苛穢，存其清約，事從中典，歸於益時」。

擊滅東吳，統一中國。早在三國時期，魏的勢力就已超過蜀。滅蜀之後，三足鼎立變成了南北對峙，魏的力量更為強大。而吳國卻在走下坡路，吳主孫皓荒淫、殘暴，上下離心離德、危機四起。但吳國據有長江天險，並善於水戰，取勝絕非易事。司馬炎開始精心準備，泰始五年（269年），派羊祜坐鎮軍事重鎮荊州，減輕賦稅，安定民心，對吳軍採取「以善取勝」的策略，向吳軍將士大施恩惠。同時，在長江上游的益州訓練水軍，建造戰船。

經過長達十年的準備，咸寧五年（279年），開始向吳展開攻勢，兵分五路沿長江北岸向吳地進發，第六路由巴東、益州推進，沿江東下，直指吳國都城建業。吳國守軍在巫峽打下無數鋒利無比、長十餘丈的鐵錐，在江面狹窄處用粗大的鐵鏈封鎖。晉軍用麻油澆灌丈餘長的大竹排，並將其放入江中，用熊熊烈火將封江的鐵鏈燒斷。為了分散、吸引建業的守軍，安東將軍王渾在江北假裝進攻，孫皓急忙命丞相張悌率主力渡江北上迎擊，結果沿江東下的晉軍乘機攻佔了建業。由於準備充分，時機得當，戰略正確，司馬炎前後僅用了四個多月便取得了滅吳的勝利。自此，中國近百年分裂的局面宣告結束，實現了全國的統一。

司馬炎在建晉之初所採取的一系列措施，有力地推進了經濟社會的發展，到太康年間，全國人口大增，編戶總數達到三百七十多萬戶，出現了「太康之治」的繁榮景象。但是（很多要說的話總在但是之後），他

秉承曹魏「九品中正」的選官、用官制度並加以強化，從而削弱了統治集團的社會基礎；而大舉分封同姓子弟為王，導致內亂，致使政權分崩離析，險象環生。

「九品中正制」形成於曹魏之初。到西晉時，此制度被進一步強化，九品中的二品（一品從未有人，形同虛設）擁有當官的優先權，被稱之為上品，其餘品級被視之為下品，出身微寒之士才會涉足。中正、大中正均掌握在官僚貴族手中，士人品評時，品行和才幹兩項形同虛設，看重的主要是家世和官爵，即所謂門第和閥閱，所以，它又被稱之為門閥士族政治。魏晉時期的名臣劉毅曾上疏陳述九品有八損：「今之中正，不精才實，務依黨利，不均稱尺，務隨愛憎。」「隨世興衰，不顧才實，衰則削下，興則扶上」，以致「上品無寒門，下品無勢族。」可謂一針見血。

與劉毅同時期的段灼亦言：「今台閣選舉，塗塞耳目，九品訪人，唯問中正。據上品者，非公侯之子孫，則當途之昆弟也。」官僚貴族子弟步入仕途輕而易舉，且升遷迅速，一旦入仕，即可擔任尚書郎、秘書郎、著作郎、散騎侍郎、黃門侍郎等職閒位重的官職，故這些官職又被稱之為清官、清職。司馬炎稱帝之初雖多次下詔徵用寒素，試圖對官員選拔有所干預，但由於他的出身以及皇族立場，也不可能對此進行根本性的改變。正如詩人左思在《詠史詩》中所歎：「鬱鬱澗底松，離離山上苗，以彼徑寸莖，蔭此百尺條。世冑躡高位，英俊沉下僚，地勢使之然，由來非一朝。」

顯貴們封官授爵，宗室子弟自然首當其衝。大舉分封同姓宗室為王，是西晉政權的一大特色，也是造成其毀滅性災難的重要原因。最初，司馬炎出於對曹魏政權滅亡的反思，認為宗室衰微，士族龐大，其實也就是他們司馬氏族的強大，成為導致曹魏滅亡的主因。那麼，怎樣才能對抗和削弱士族勢力，確保晉王朝的長治久安呢？司馬炎想到了收恤宗親。宗親即指以姓氏為區分的同宗親屬，包括血親和旁親（這裡指男性），也就是我們常說是親祖、父、子、孫和堂祖、叔伯、侄、侄孫等。這些

司馬炎
晉武帝

人因血脈而形成一個大的族群，是最為親近、也是最可靠的群體，賦予他們官爵與權力，便可以同心同德、護衛江山社稷了。但事實證明，司馬炎的想法太過於天真、也太不切合實際了，此種做法其實在西漢之初就已經驗證過，當時，漢高祖劉邦封了不少同姓宗室，意在讓他們同舟共濟，輔佐皇權，可事與願違，同姓王的野心及危害比之異姓王一點都不差，甚至還更大。

泰始元年（265年）十二月，司馬炎剛登上帝位，就將其祖父司馬懿以下宗室子弟均封為王，以郡為國，邑兩萬戶者為大國，置上、中、下三軍，兵五千人；邑萬戶者為次國，置上、下軍，兵三千人；邑五千戶者為小國，兵一千五百人。其叔父司馬幹、司馬倫、司馬亮分別被封為平原王、琅邪王和扶風王，弟司馬攸被封為齊王，均為大國。異姓功臣則封為公侯，驃騎將軍石苞、車騎將軍陳騫、尚書令裴秀、侍中荀勖、太保鄭沖、太尉王祥、丞相何曾、御史大夫王沈、司空荀顗、鎮北大將軍衛瓘等均封為公。

分封以後，多數王仍留居京城，以輔佐皇室。咸寧三年（277年），因齊王司馬攸聲望日重，司馬炎擔心其身後將出現皇位繼承之爭，便分遣諸王就國（即統治並管理其封地），都督掌管當地軍事。司馬炎其實也意識到了分封諸王可能出現的危害，他曾就此事詢問過中書監荀勖，荀勖答：諸王多擔任各地都督，若讓其各歸封國，朝廷控制地方的力量將被削弱；分割郡縣，充實封國，將使被迫移徙的百姓怨聲載道；郡國置軍，會削弱朝廷軍隊的數量。由此可見，司馬炎對分封諸王心裡也沒有底，或者說仍有所擔心。

分封制使得司馬家族掌控了從朝廷到地方幾乎所有的權力，這是司馬炎預先設計好並願意看到的。在專制條件下，家國一體，有時家（皇帝的家族）甚至要凌駕於國之上。但是（又是但是），分封後各郡國較之原有的郡縣享有了更多、更廣泛的權力，包括稅賦、司法、官員任免等，關鍵還擁有自己的軍隊。司馬炎平定江南後，為了收歸軍權，罷減了州郡所統領的軍隊，邊郡軍隊也大為削減，如此一來，各郡國的軍隊便成

為了地方的主要武裝。隨著權力的擴大，各郡王的慾望和野心也在隨之膨脹，不僅對朝廷構成威脅，彼此間也存在著矛盾，於是，一場內亂便不可避免地發生了。

荒淫無度
八王亂政

縱觀中國歷代的演繹史，似乎都在重複著一個規律，那就是從興盛、到維持、再到衰朽，最後歸於滅亡。有的周期較長，有的周期很短暫。究其原因，創業和守業在追求與付出上的不同是重要原因。創業者大都勤勉敬業、勵精圖治，繼任者有的能守業有成，有的則無心治政，沉於酒色。中國有句老話：自古雄才多磨難，從來紈絝少偉男。其實用在帝王身上也很合適，創業者和繼任者是兩種完全不同的政治角色。具體到司馬炎，他則是個很特殊的人物，雖說是開國君主，但他並不是王朝實際的開創者，前面經歷了其祖父、伯父、父親很長時間的不懈努力，所以，他更像是一個繼任者。他所處的司馬氏是一個很顯貴的家族，從小在優越的環境中成長，不可避免地會沾染了紈絝子弟的習氣，特權思想、享樂主義、玩世不恭，一遇到合適的氣候和土壤，便會自然而然表現出來，與其之前的敬業、勤奮、尚儉形成強烈的反差。

社稷一統，天下太平，經濟發展，百姓安康，司馬炎本應繼續努力，再創輝煌。但他並沒有那樣做，而是開始不思進取，惰於政務，沉於享樂，做出了許多十分荒唐的事情來。史上流傳著不少關於他的故事：

羊車望幸：司馬炎的後宮妃嬪如雲，原來就有佳麗五千多人，平定東吳時，又帶回了五千多美女，共有粉黛近萬人。每天晚上要臨幸哪個妃子，便成為讓他頗為頭疼的事情。於是，他想出了個辦法，讓手下人給他打造了一架羊拉的車，他每天坐著車在後宮閒逛，羊車停在哪裡他就在哪個妃子處過夜。妃嬪們為了爭寵，發現羊愛吃蘸了鹽水的竹葉，就想盡

辦法找來竹葉掛在自己的門口，並將鹽水灑在地上，以吸引羊來吃。司馬炎終日沉溺於燈紅酒綠而不能自拔，根本無心朝政。

炫富鬥富：司馬炎統一天下後，開始大肆營造豪華宮室，極盡奢侈。他喜歡富麗堂皇的裝飾和金玉珠寶，便授意手下人去四處攫取。官員們也紛紛仿效，一時間朝野大興奢靡之風，以炫富為樂。最為知名的是石崇與王愷鬥富，兩人為了顯示自己富有，用各種豔麗的珠寶裝飾自己的車馬、服裝，用蠟燭代替柴火燒飯，編織四十里長的錦幛，王愷在這期間經常處於下風。司馬炎是王愷的外甥，便想辦法幫助王愷。一次，他把一株二尺高的珊瑚樹送給王愷，其枝繁葉茂，世上罕見。王愷將樹拿給石崇看，石崇看到後竟用鐵如意（鐵製的爪杖）將其敲碎。王愷不悅，石崇說：「你別發怒，我現在就賠給你。」於是叫人搬出一棵三四尺高的珊瑚樹，光彩奪目，舉世無雙，王愷看了悵然若失。司馬炎以為這樣就能彰顯國家的富裕與強大，殊不知豪強們的錢財都是從百姓那裡搜刮而來的。

懸秤賣官：因玩物喪志，司馬炎變得十分貪婪，他開始大肆搜刮。他看到賣官鬻爵來錢最快，便仿效當年的漢靈帝，將官位明碼標價，只要交夠了錢就可以上任。一天，司馬炎跟大臣劉毅閒談，問：「朕可以跟古代哪位帝王相比？」劉毅答：「可以比漢靈帝。」司馬炎問緣由，劉毅答：「我看把陛下比成靈帝都是高抬您了。漢靈帝賣官，錢都充入國庫，可是您賣官，錢卻落入了自己的腰包。」司馬炎說：「朕身邊還有你這樣敢於直言的忠臣，漢靈帝卻沒有，看來我還是比他強的。」看來司馬炎還有一點自知之明。

圍棋定策：司馬炎嗜好圍棋，在宮中常與中書令張華、侍中王濟等對弈，以致怠誤政事。一次，朝臣杜預手捧討吳的奏摺入宮，請司馬炎審閱。這時司馬炎正在與張華下棋，杜預遞奏摺，陳述其中利害，司馬炎居然仍埋頭於棋局，不作答覆。棋盤對面的張華見狀起身拱手道：「陛下聖明神武，政治清明深得人心，國家富有兵力強大，號令一出莫不敢從。而吳國國主孫皓荒淫無度，濫殺賢能之才。兩相對比，滅吳必然取得勝

利。」司馬炎這才將思緒從棋局中收了回來，與臣僚們商討，定下了伐吳的計劃。

司馬炎以如此的理念和態度從政，朝間不免問題多多。加之他所構建規劃的政權體系，在執政期間便矛盾重重。而在他死後，矛盾被激化，終於爆發了中國史上著名的「八王之亂」。

「八王之亂」的起因是由分封於各地的郡王為爭奪皇權而引發的，因是由八個王發起，故稱之為「八王之亂」。其實並不止這八人，而是以他們為主。這是中國史上最為嚴重的皇族內亂之一，前後共持續了十六年，最終導致了西晉政權的解體，中國出現了近三百年「五胡亂華」的分裂局面。這次內亂實際上是在司馬炎死後發生的，按理說並不應該記在司馬炎的賬上，但內亂的佈局、導因等都是由他一手造成，所以，他要負主要的責任。

「八王之亂」的根源在於大封宗室、權力失衡，而直接的導因則是由外戚干政、擅權，在此其中穿插著幾個重要的人物，一是司馬炎的兒子、智力不健全的繼任者司馬衷；二是司馬炎的岳父、輔政大臣楊駿；三是司馬衷的妃子、後來成為皇后的賈南風，這一切都為內亂的發生作了鋪墊。

司馬炎稱帝後，立楊艷為皇后。楊艷先後為司馬炎生下三個兒子，老大司馬軌，早夭，老二司馬衷，老三司馬柬。泰始三年（267 年），司馬衷被立為皇太子，時年九歲。然而他生性魯鈍，世言更謂其為白癡，不堪繼承帝位。元老重臣知太子非才，多次諫言換繼承人。司馬炎對太子本來也有所憂慮。但他寵愛楊艷，擔心易儲後，死後的皇位將落於他系，再加上司馬衷有個兒子叫司馬遹，幼而聰敏，似有君主之資，司馬炎非常喜歡他。所以，司馬炎也就堅持沒有換太子。泰始八年（272 年），司馬衷奉司馬炎之命迎娶了賈南風為太子妃，賈當時十五歲，年長司馬衷兩歲。

泰始十年（274 年），楊艷去世。當時胡貴嬪得寵，楊艷怕自己死後胡會入主后位，對太子不利，便哀求司馬炎在她死後立其堂妹楊芷為皇后，

司馬炎答應了。楊芷入宮時剛滿十八歲，人長得美麗純情，溫順而有婦德，很快得到司馬炎的恩寵。不久，楊芷生下一子，但很快夭折。

楊芷的父親楊駿素無才幹，缺少名望，只做過縣令及驍騎將軍一類的從僚，後依仗女兒的關係，被封為臨晉侯，做了車騎將軍。朝中許多人瞧不起他，上書說此人器量狹小，承擔不了社稷重任。但司馬炎卻有自己的想法：他認為前朝弱主強臣，才造成了皇權的旁落，而楊駿平庸無能，不會生出異心，且「孤公無子」，反倒是輔佐朝政的最佳人選。

但司馬炎的想法遭到了事實的痛擊。楊駿輔政後排除異己，安插親信，大肆攫取權力。可見平庸者有時未必沒有野心。為了爭權，他除掉了老臣衛瓘。起草詔令時，他只是讓女兒送給司馬炎過目後便直接下發執行。太康十年（289 年），司馬炎的身體每況愈下，楊駿欺上瞞下，讓親信掌管了禁軍兵馬。太熙元年（290 年），司馬炎病重，經常處於昏迷狀態，清醒時見到身邊都是被楊駿撤換的陌生面孔，便命人起草詔書，召汝南王司馬亮火速入朝覲見。但他萬萬沒有想到，詔令竟被楊駿偷偷藏下，根本就沒有送出宮去。待他迴光返照之時，才知道事情已無可挽回，只能帶著無限的悔恨駕鶴西去。司馬炎享年五十四歲，謚號武皇帝，廟號世祖，葬於峻陽陵。

太熙元年（290 年）四月，司馬衷即帝位，大赦天下，改元永熙。尊楊芷為皇太后，立賈南風為皇后。增天下官位一級，參與司馬炎葬禮者增兩級，復租調一年，薪俸二千石以上官員均封為關中侯。以楊駿為太傅，輔佐朝政。立司馬遹為皇太子。以中書監何劭為太子太師，吏部尚書王戎為太子太傅，衛將軍楊濟為太子太保。派遣南中郎將石崇、射聲校尉胡奕、長水校尉趙俊、揚烈將軍趙歡將屯兵四出。

楊駿獨享了顧命大臣之職，春風得意，甚至有些忘乎所以。他住進司馬炎當年的太極殿，還煞有介事地批閱奏摺。他根本就沒有把智力低下的司馬衷放在眼裡，當然，也並未對司馬衷身邊的賈皇后有所防範。然而，就是這位相貌極其醜陋的女人，將他輔政的相位掀翻，置他於死地，同時製造了史上著名的「八王之亂」。所以，你可千萬別輕視身邊的任何

人，包括女人，可能他們會成為你的對手或殺手。

賈南風，小名昔，平陽襄陵（今山西襄汾東北）人，是曹魏末、西晉初朝中重臣賈充的女兒。她相貌奇醜，嫉妒心強，心黑手狠。早在作太子妃時，就拚命阻止司馬衷寵幸其他宮女，發現有哪個宮女懷孕，她竟然以戟擊打其腹部，令其流產。司馬炎知道後勃然大怒，欲廢掉其太子妃位，將其囚禁在金鏞城（今河南洛陽境內）。是皇后楊芷和老臣衛瓘為其說情，才保住了其性命。但賈南風卻認為是楊芷從中作梗，對楊芷充滿嫉恨。

永平元年（291 年），賈南風利用朝野對楊駿的不滿，謀劃宮廷政變。她秘密派人與汝南王司馬亮、楚王司馬瑋聯絡，要他們帶兵進京，討伐楊駿。司馬瑋素與楊駿不和，便立馬從荊州帶兵進入洛陽。有了司馬瑋的支持，賈南風便指使黨羽上書，斥楊駿謀反。隨即以司馬衷的名義宣佈京都戒嚴，撤銷楊駿的所有官職。司馬瑋率兵火燒楊府，楊駿逃到馬廄被殺。楊芷聞訊後萬分焦急，在帛書上寫下「救太傅者有賞」，用弓箭射到宮外。帛書被賈南風的人撿到，賈南風宣佈太后與楊駿共同謀反，下令幽禁楊芷，將其貶為庶人，楊駿被夷三族，株連者達數千人。

楊駿被殺後，朝政大權由汝南王司馬亮與老臣衛瓘共同執掌，司馬瑋因殺楊駿有功被委以衛將軍兼領北軍中侯，賈南風的親戚也擔任了要職。但賈南風對未能獨攬大權並不滿足，當年六月，她又以司馬衷的名義下密詔讓司馬瑋殺了司馬亮與衛瓘，其兇殘本性暴露得一覽無餘。

司馬瑋殺了司馬亮及衛瓘後，其友人岐盛勸其乘機擴展權力，但司馬瑋卻猶豫不決。賈南風則不甘於司馬瑋的權力過大，就在司馬亮被殺的第二天，採用張華的計謀，派中將軍王宮到司馬瑋駐地宣佈司馬瑋偽造詔書，其部下聽後多放下武器散去，司馬瑋束手就擒，以偽造詔書謀害司馬亮、衛瓘的罪名被處死。其友人岐盛被夷三族。

至此，賈南風大權獨攬，其黨羽族兄賈模、內侄賈謐、舅父郭彰等被委以重任，拜張華為司空，裴頠為尚書僕射，裴楷為中書令，王戎為司徒。

司馬炎
晉武帝

元康九年（299 年），賈南風迫害太子司馬遹，先廢其太子位，繼而將其殺害。此舉成為了諸皇族討伐賈南風專權的起點。趙王司馬倫假造詔書廢殺這個醜女人，同時斬殺了司空張華等，自領相國，恢復了原太子的地位，立故太子之子司馬臧為皇太孫。永康元年（300 年），淮南王司馬允又舉兵討伐司馬倫，兵敗被殺。益州刺史趙廞率領從中原逃到四川的流民在成都造反。

永寧元年（301 年），司馬倫自立為帝，司馬衷被奉為太上皇。齊王司馬冏又起兵討伐司馬倫，得到成都王司馬穎、河間王司馬顒、常山王司馬乂等王的支持，司馬倫兵敗。淮陵王司馬漼殺司馬倫的黨羽，驅逐司馬倫，引司馬衷復位。司馬倫被殺，立襄陽王司馬尚為皇太孫。東萊王司馬蕤欲推翻司馬冏的專權，事漏被廢。

太安元年（302 年），皇太孫司馬尚夭折，司馬覃被立為太子。司馬穎、司馬顒、新野王司馬歆和范陽王司馬虓在洛陽聚集，反對司馬冏專權。司馬乂乘機殺司馬冏，成為朝中的權臣。太安二年（303 年），司馬穎和司馬顒討伐司馬乂，兩軍在長安城外對壘，次年，司馬乂兵敗被殺，司馬顒專權。

永安元年（304 年），司馬顒廢皇太子司馬覃，立司馬穎為皇太弟，司馬穎和司馬顒專政。京城再發政變，司馬穎被逐，司馬覃復位為太子。司馬衷率軍討伐司馬穎，兵敗被俘，司馬覃再次被廢。司馬穎被安北將軍王浚戰敗，司馬衷被挾持至洛陽，又被司馬顒的將軍張方劫持至長安。司馬顒在長安攬權，司馬越為太傅。李雄在成都稱王，建立成漢。劉淵自稱漢王，建立前趙。雍州刺史劉沈和秦州刺史皇甫重討伐司馬顒。

永興二年（305 年），司馬顒和張方、司馬穎、司馬越和范陽王司馬虓的軍隊在中原混戰，朝廷已不復存在，邊緣地區紛紛獨立。年末，司馬越獲勝。光熙元年（306 年），司馬穎被殺。至此，八王之亂結束。這場內亂歷時長，危害大，情況錯綜複雜。司馬氏的子弟幾乎個個野心勃勃，兇暴殘忍。其目無綱紀，手足相殘的行徑，給後世帶來了極為惡劣的影響。此時距司馬炎駕崩已經過去了十六年。

德厚武輕的司馬睿

晉元帝 武昌 建武 永昌 大興

317-323

司馬睿是東晉王朝的首位帝王。東晉是西晉滅亡後在江東建立起來的偏安政權，其情況有點兒類似於後世的南宋。它與北方的五胡十六國並存，故這一時期又稱之為「東晉十六國」。期間國家分裂、戰爭頻仍，蒙昧和野蠻當道，文明與生靈塗炭，東晉在很大程度上只是保留住了中原文化的根脈，其作為乏善可陳。至於北伐和光復，無論司馬睿還是東晉王朝，都缺少必要的膽識和魄力，平息動盪，重歸強盛，只能有待於後人了。

晋元帝司马睿像

牛繼馬後
移鎮建鄴

司馬睿，字景文，於咸寧二年（276 年）生於洛陽（今河南洛陽）。說起他的身世，首先要從他的曾祖司馬懿說起。司馬懿是曹魏的重臣，西晉王朝的實際開創者。他心系天下，為司馬家族的興旺、發展殫精竭慮。當時，有本流傳很廣的讖書（記載預言的書籍）叫《玄石圖》，裡面有句「牛繼馬後」的話，使他憂心忡忡。他心想難道他及子孫們為之奮鬥的江山社稷，將會被牛姓之人奪走？他心煩意亂，於是暴露出其兇殘的本性。司馬懿手下有一位叫牛金的將領，對他忠心耿耿，披肝瀝膽，但他卻莫名地感到此人會對他的家族產生威脅，寧可錯殺也不能放過！於是他制定了一條非常狠毒的計劃，命人製作了一把內有玄關的酒壺，酒壺內可以同時放入兩種不同的酒而互不摻和，又能從壺嘴中分別倒出。他將毒酒和好酒分別倒入壺內，然後熱情地邀請牛金喝酒。牛金還誤以為得到主帥的賞識，心情激動，受寵若驚，哪知道死神正在向他步步逼近。司馬懿為了消除牛金的戒備，先將自己的酒樽斟滿，一飲而盡。接著又將毒酒給牛金倒上，牛金毫無戒心，端起酒來一口喝光，結果當場斃命。司馬懿頓時感到一陣輕鬆，今後再也不用擔心發生「牛繼馬後」的事情了。

但中國有句老話叫「人算不如天算」。司馬懿的三兒子叫司馬伷，受封琅邪恭王，伷死，其子司馬覲襲封。司馬覲娶了曹魏時期大將夏侯淵的女兒夏侯氏為妃。這個夏侯妃生性放蕩，司馬覲領兵在外，她竟與一個姓牛的小吏私通懷孕，生下來的孩子即是司馬睿。司馬睿實際上是牛氏的血統。想當初司馬懿費盡心機，斬殺忠良，最後卻依然沒有逃出命運的捉弄，有時候冥冥之中的某些東西真是不可抗拒。但這裡要說明的是，司馬睿為牛氏之後，以及「牛繼馬後」的預言並不只是民間傳說，而是史籍所載，這在中國古代帝王中並不多見。而且說法也有著不同的版本，一是有夏侯氏與牛金或牛氏小吏私通兩種說法；二是「牛」與「劉」諧音，說將有劉氏取代司馬氏，結果後來真是匈奴人劉淵滅了西晉，而東

司馬睿
晉元帝

晉則是被劉裕所建的宋朝取代。三是唐代史學家元行沖認為，「牛繼馬後」的應驗之處在於拓跋涉翼犍承繼了晉代之大統，「犍」即牛的意思。幾種說法以夏侯氏與牛氏小吏私通較為普遍。

不管是什麼樣的傳言，司馬睿最後成為東晉的天子是不爭的事實。天子自然與常人是不同的，所以，人們又對他出生時的情景作出了描繪，說他降生時有神異之光，將室內映得通明。他相貌奇特，額骨中央隆起，左邊生有白毛，目光如電，甚至有人說他有漢高祖劉邦之相。

司馬睿十五歲時承襲父親的爵位為琅邪王（治開陽，今山東臨沂北）。當時正值晉惠帝司馬衷當政，官場腐敗，賈后弄權，王室混亂。司馬睿出於對當時形勢的應對，也是他的性格使然，其恭儉謙讓、與世無爭、不露鋒芒、以避禍端。皇室上下似乎並沒有人對他特別看重。只有侍中嵇紹覺得他儀態不凡，常對人說：「琅邪王相貌不同尋常，前程無量，不會久居人臣之位。」

元康二年（292 年），司馬睿被朝廷授予員外散騎常侍，遷左將軍。這時他結識了東海王司馬越的參軍、世族大家王導，並與之成為了至交。王導見多識廣，擅長時局分析且很有見地。當時西晉諸王同室操戈、手足相殘，民眾起義此起彼伏，王朝處於風雨飄搖之中。他見司馬睿頗有政治才幹，便勸他早日離開京城，到自己的封國琅邪去，靜觀天下之變，以謀圖大業。

永興元年（304 年），東海王司馬越跟隨惠帝北征盤踞在鄴城的成都王司馬穎，司馬睿隨行。司馬穎召集眾將商議對策，司馬睿的叔父、東安王司馬繇勸道：「天子親征，我們應當放下武器，縞素出迎請罪，不能兵戎相見。」司馬穎不聽，派大將石超在蕩陰（今河南湯陰西南）大敗帝軍。惠帝面中三箭，丟失玉璽，司馬睿等朝官都作了俘虜，只有司馬越僥倖逃脫。司馬繇因勸降被殺。司馬睿感到大事不好，想伺機逃走，但夜空明月當頭，如同白晝，城池守備嚴密，插翅難逃。可吉人自有天佑，正當司馬睿焦慮萬分之際，忽然烏雲遮月，大霧瀰漫，一時間大雨

傾盆。司馬睿趁著守兵疏忽，急忙潛出城去。他連夜逃回洛陽，因惠帝被俘，城內一片混亂，司馬睿乘亂接上母親夏侯氏，匆匆回到了封國琅邪。

司馬睿在諸王的混戰中追隨司馬越，算是司馬越的同黨。他們兩家的封地相鄰，關係很好。司馬越出征時總是將自己的根據地下邳（今江蘇睢寧西北古邳）交與司馬睿鎮守，並封司馬睿為平東將軍、監徐州諸軍事等。隨著時局的進展，少數族裔大肆入侵，北方局勢惡化，下邳位於淮河一帶，不易防守，司馬睿聽取了王導的指教，請求司馬越允許他移鎮建鄴（今江蘇南京）。當時在洛陽執掌西晉政權的是司馬越和士族王衍，他們也希望在江南培植自己的勢力，以留後路，所以欣然允許。永嘉元年（307年），遷司馬睿為安東將軍，都督揚州江南諸軍事，鎮建鄴。這一步對於司馬睿來講可謂至為關鍵，幾乎決定了他前程和命運。永嘉五年（311年），司馬睿再遷為鎮東大將軍，成為江南地區的最高軍政長官。

另一方面，洛陽的局勢越加危急。永嘉四年（310年），司馬越率眾退出許昌，次年，司馬越在南下途中憂懼而死。眾人推舉王衍為帥，護送司馬越的靈柩還葬東海。當行至苦縣（今河南鹿邑）寧平城（今河南鄲城東北），被趙漢劉淵之子劉聰派大軍包圍，王衍等被殺，西晉軍隊的主力全部被殲，洛陽淪陷。晉懷帝司馬熾被劉曜掠至平陽（今河南信陽南）。永嘉六年（312年），晉軍在長安擁立秦王司馬鄴為皇太子，次年，聞知懷帝死，擁司馬鄴為帝，是為愍，為避其名諱，將建鄴改為了建康。

王馬共天
無意北伐

說回司馬睿的情況，他移鎮建康後，人生地不熟，在吳地基本上沒什麼人理睬他。他住了有一個多月，也無人前來拜見，表示歡迎和擁護，司

馬睿感到甚為尷尬和失望。身邊的王導也很著急，這時恰巧王導的堂兄王敦來到。王敦是西晉的將領，官至揚州刺史，在江南一帶頗有勢力。王導對王敦說：「琅邪王仁德雖厚，但名望尤輕。兄威名遠震，請你幫助他弘揚威德。」王敦表示願意，二人商定，在三月三民間修禊時為司馬睿營造聲勢。「修禊」即每年陰曆三月上旬（魏後定為三月初三）民眾在水邊舉行的一種消災驅邪的祭祀活動。這一天，活動場地人山人海，熱鬧非凡，人們聚集於水濱嬉戲、洗濯、宴飲，群賢畢至，少長咸集。王導和王敦召集了當地不少名流賢達，騎著高頭駿馬，畢恭畢敬地簇擁著乘坐肩輿的司馬睿來到現場。這一下子引起了轟動，司馬睿頓時成為眾人關注的焦點。江東世族大家的頭面人物紀瞻、顧榮等聽到下人稟報，急忙趕到通道邊迎拜。

回到駐地，司馬睿頗為興奮。王導進一步獻策：「現在天下喪亂，九州分裂。大王在江南剛剛創立基業，當務之急是網羅人才。顧榮、賀循等是江東大族，應羅致以結人心。只要他們傾心擁戴大王，其他人便會鼎力相助。」司馬睿十分讚賞王導的看法，便派王導出面恭請，二位大佬欣然而至，與司馬睿相談甚歡。在二人的帶動下，當地豪門士族紛紛表示支持司馬睿。

西晉末年，由於北方少數族入侵，中原有大批漢族人口南遷避亂。這是中國史上的第一次人口大遷移，其後還有南宋和明初。在遷移的人口中不乏仕宦和望族，他們擁有大量的資金和聲望，與新政權有著相同的遭遇和訴求，司馬睿聽從王導的勸諫，將這些人妥善安置，予以關照，並吸收賢能之士進入政權，成為政權重要的支柱。有了當地人及南下漢人兩股勢力的支持，同時仰仗江南豐厚的資源及長江屏障，使新政權的雛形得以形成。

當然，這與司馬睿的政治才幹也是分不開的。司馬睿與西陽王、汝南王、南頓王、彭城王幾乎同時渡江南下，他們幾個同屬西晉宗室，又同受封為王，但卻只有司馬睿創建了江南的政權。這與他四方迎納結交紳貴，禮賢下士贏取人心，審時度勢抓住時機是絕對分不開的。當時有句民謠：

「五馬浮渡江，一馬化為龍」，五馬即指司馬五王，一龍則指成為皇帝的司馬睿。

建興四年（316年），劉曜攻破長安，擄走愍帝，西晉亡。此即著名的「永嘉之亂」。當時，身為西晉丞相的司馬睿得知後，身披鎧甲，集結軍隊，義憤填膺，聲討寇賊。他發佈檄文，宣稱不日將揮師北進，以光復大晉山河。然而，沒過幾天卻以漕運失修，軍無糧草為由而不了了之，只是將督運令史淳于伯作為替罪羊斬首，以搪塞於世人耳目。

建武元年（317年），司馬睿再發檄文，宣稱「石虎敢率犬羊之兵，渡黃河荼毒百姓，今派遣琅邪王司馬裒等九軍、銳卒三萬前往討賊！」完全是一副同仇敵愾、誓與寇賊血戰到底的氣概。然而時過不久，卻悄悄地召回了司馬裒了事。

同年，司馬睿即晉王位，改元建武。建武二年（318年），愍帝被害的消息傳至建康，百官請上尊號，司馬睿堅辭不允。然而朝臣周嵩上疏：「臣謂今梓宮未反，舊京未清，義夫泣血，士女震動；宜深明周公之道，先雪社稷大恥，盡忠言嘉謀之助，以時濟弘仁之功，崇謙謙之美，推後己之誠；然後揖讓以謝天下，誰敢不應，誰敢不從！」意思是說現在當務之急是要廣納良謀，訓練軍隊，雪社稷大恥，安天下人心，何必急切於登上皇位呢？司馬睿看後卻非常不爽，竟將周嵩貶為新安太守。周嵩臨行前發了幾句牢騷，司馬睿又將他交予廷尉治罪。這下子群臣算是知道司馬睿的真實想法了，推讓是假，期待是真，於是再請上尊號，司馬睿就不再推讓了，於三月十日即皇帝位，改元大興，成為東晉的首位帝王。

在司馬睿創業江南的過程中，王氏兄弟起到了至關重要的作用。王敦為揚州刺史，加都督征討諸軍事，多立大功；王導錄尚書事，專掌機要大政。當時有句流行的話：「王與馬，共天下。」王即指王氏兄弟，馬則是司馬睿。司馬睿在即位大典上，誠心誠意地感激王氏兄弟，並提出要讓王導到御榻上與他共坐。王導則堅決推辭，說：「太陽高懸，才能光照天下。如果下同萬物，蒼生如何仰望？」說得司馬睿心花怒放，也就不再勉強王導。司馬睿也沒有忘記向他勸進的人，宣佈賞賜勸進官吏每

人加位一等。當時還有二十餘萬百姓在勸進書上簽名，他也都安排了吏職。散騎常侍熊遠進諫：「還是按漢朝的老規矩為好，皇帝即位，民賜爵一級，不要單單賞賜勸進之人。」司馬睿未允。

東晉是被迫南遷建立起來的政權，原西晉統治的黃河流域遭到北方少數族的踐踏，「五胡」政權像走馬燈一樣頻繁更迭，廣大民眾、特別漢族民眾飽受戰亂、欺凌與貧困之苦，民族矛盾尖銳。他們期盼著新建立的東晉政權能拯救他們於水火之中，推翻蒙昧、野蠻的統治，改變分裂、對峙局面，恢復國家的統一與安寧。所以，實施北伐與實現國家的統一，就成為東晉政權義不容辭的歷史責任和使命。但以司馬睿為首的東晉政權卻胸無大志，目光短淺，整日熱衷於內部的爭權奪利，沉湎於新政權帶來的安逸和享樂，苟安於江南的地理優勝之中，對於淪陷區人民的哀號與呼喚充耳不聞，視而不見。作為東晉的君主，司馬睿當然也想成就一番事業，但他懼怕北伐不利，將會動搖他苦心經營起來的基業，於是，萎縮、膽怯，以至消極、冷漠、敷衍和搪塞，就成為了他對於北伐的基本態度。

司馬睿不但自己不敢北伐，而且對於北方軍民反抗異寇的鬥爭也不予支持。在北方淪陷區，愛國志士邵續與後趙皇帝石勒進行著不屈的戰鬥，司馬睿封其為平原、樂安太守、右將軍、冀州刺史，後晉升為平北將軍。但當邵續被圍於厭次（今山東陵縣）、面臨危難之時，司馬睿卻不伸出援手。吏部郎劉胤建議：「北方藩鎮，俱已失敗，現在只剩下邵續，若他被石勒所滅，北方就沒有火種了。請趕快發兵救援。」司馬睿則沉默不語，只是待邵續兵敗被俘，才送出人情，下詔將邵續的官位轉授其子邵輯。

著名愛國將領祖逖的遭遇更令人扼腕歎息。祖逖，字士稚，范陽道縣（今河北淶水）人，軍事家。曾任司州主簿、大司馬掾（輔助大司馬）、驃騎祭酒（武官的一種）、太子中舍人等職，作戰勇猛，指揮若定，在世間擁有極高的威望，後世流傳有關於他「聞雞起舞」、「中流擊楫」等許多故事。他率親党避亂於江淮，痛心於山河破碎，社稷傾覆，胸懷光

復之志。他對司馬睿說：「晉室之亂，實由藩王爭權，自相誅滅。遂使戎狄乘釁，流毒中原，遺黎塗炭，人人有奮擊之志。大王如能命將出征，豪傑之士必踴躍響應。則失地可復，國恥可雪。」並一再請纓北伐。司馬睿不得不授予他奮威將軍、豫州刺史。但實際資助方面，只給他千人糧餉，布三千匹，不給兵器，不配軍隊，讓他自行招募。但祖逖並不氣餒，毅然帶領部曲（即軍隊）、親族百餘家，渡江北上。他自己鍛造兵器，招募士兵兩千餘人，多次大敗石勒的軍隊，很快收復了黃河以南的大部分疆土，使得石勒的軍隊不敢再冒犯河南。

大興三年（320年），司馬睿下詔晉升祖逖為鎮西將軍，但仍沒有給予其實質性的供給。與朝廷相反，廣大民眾則積極回應和支援祖逖抗敵。後趙統治地區多有堡主提供資訊，使祖逖連戰連勝。然而，正當祖逖準備北渡黃河、收復冀朔一帶疆土時，司馬睿卻忌憚祖逖實力日長，會對朝廷構成威脅，於大興四年（321年）七月，派尚書僕射戴淵為征西將軍，都督司、兗、豫、幽、並、雍、冀六州諸軍事，司州刺史，出鎮合肥。丹陽尹劉隗為鎮北將軍，都督青、徐、幽、平四州諸軍事，青州刺史，皆假節領兵。司馬睿此舉名為討胡，實則為牽制祖逖，並防備王敦。戴淵徒有虛名而無遠見卓識，不諳軍機卻傲慢自大，祖逖受他的統領，處處掣肘，鬱鬱不快。而王敦與劉隗、刁協（輔佐司馬睿建東晉，歷任左僕射、尚書令，參與制定朝廷的典章制度）矛盾尖銳，內亂將起。眼看著苦心經營起北伐的大好形勢將要葬送，祖逖憂憤成疾，於當年九月病逝於雍丘，享年五十六歲。豫州等地的百姓，聞其死訊如喪考妣，以各種形式表示哀悼和紀念。朝廷追贈其為車騎將軍，其部眾由其弟祖約接管。此時，後趙則大肆反撲回來，屢屢搶掠黃河以南地區。

受制王敦
抑鬱而死

王敦，字處仲，小名阿黑，出身名門世家，祖上為琅邪王氏。他娶晉武

司馬睿
晉元帝

帝之女襄城公主為妻，身為駙馬。曾任青州刺史、揚州刺史。永嘉之亂後消滅江州刺史華軼、鎮壓荊湘流民起義。他與王導在東晉建立的過程中立下汗馬功勳，任大將軍、江州牧，封漢安侯，掌控了長江中上游地區的軍政大權，統轄州郡，自收貢賦。此人狂妄自大，目中無人，對東晉政權形成很大的威脅。

司馬睿因念王敦有擁立之功，對其採取了容忍的態度。但王敦飛揚跋扈，野心勃勃，欲將長江下游地區也劃入自己的勢力範圍，司馬睿不得不對其進行遏制。加上祖逖之死，更讓王敦心中竊喜，感到再無人能與之抗衡，愈發肆無忌憚。遂於永昌元年（322 年）正月在武昌起兵，以聲討劉隗為名發動兵變，史稱「王敦之亂」。他聲稱：「奸臣劉隗必須斬首，其頭朝懸，諸軍夕退。」其黨羽沈充也於吳興起兵回應。王敦兵至蕪湖，上表陳述另一位權臣刁協的罪狀。

司馬睿聞之大怒，下詔曰：「王敦竟敢如此狂逆，把我比作太甲，欲加幽囚。是可忍，孰不可忍！我要親率六軍，以誅大逆。有殺王敦者，封五千戶侯。」司馬睿所說的太甲，即商湯的嫡長孫，是商朝的第五位君主。當年太甲繼位，由元老伊尹輔政，教導他要成為一位明君。太甲在執政的頭兩年尚可，其後則肆意妄為，沉於享樂，暴虐百姓，朝政昏亂。伊尹對他進行百般規勸無效，將其放逐，令其悔過自責，才又重還政於他。王敦將司馬睿比作太甲，將自己比喻為教誨太甲的伊尹。

司馬睿調兵遣將，召戴淵、劉隗回建康防衛。王敦的兄長、光祿勳王含因害怕株連，偷偷乘輕舟逃奔王敦。王導則忠於朝廷，率子侄二十餘人上殿請罪，對司馬睿說：「亂臣賊子，歷代都有。想不到今天竟出在臣族之中。」司馬睿並不怪罪王導，而是對其進行勸慰、勉勵。

同年三月，司馬睿以王導為前鋒大都督，戴淵為驃騎將軍，右將軍周札駐守石頭城（建康境內）。司馬睿戎裝鎧甲，親率官軍列陣於郊外。王敦率叛軍長驅直入，所向披靡，很快打到石頭城下。叛軍攻城，周札抵擋不住，打開城門投降，王敦則佔領了石頭城。司馬睿忙命戴淵、劉隗、刁協率軍反攻，但因軍力不濟，回天乏術。同時，王導、周顗、郭逸、

虞潭等三路出戰，均大敗。劉隗逃往後趙，刁協逃亡途中被殺。司馬睿只得接受慘痛的現實，讓百官低三下四地到石頭城去看望王敦。王敦春風得意，但不免也有些心虛，問：「天下人如何看待我的舉兵？」戴淵獻媚地說：「只看表面，認為是叛逆。如能體察誠意，當認為是忠於國家之舉。」王敦輕蔑地說：「你可真會說話。」

司馬睿面對王敦的叛軍只能忍氣吞聲，給諸首領加官進爵。拜王敦為丞相，都督中外諸軍，錄尚書事，江州牧，封武昌郡公。但王敦卻不買司馬睿的賬，辭而不就。王敦斬了周顗、戴淵，也不覲見司馬睿，便於四月又回到了武昌，遙控朝政。他與沈充、錢鳳狼狽為奸，為非作歹。四方貢賦多入其家，王侯將相皆出其門。不久，王敦自領寧、益兩州都督，以王邃都督青、徐、幽、平四州諸軍事，鎮守淮陰，以王含都督沔南諸軍事，領荊州刺史。軍政大權全部落入王氏兄弟之手。

司馬睿眼睜睜地看著王敦為所欲為、辱沒朝廷，卻無可奈何，想改變現狀而又無能為力，史籍講他「恭儉有餘而明斷不足，故大業未復而禍亂內興」，他既沒有北伐光復故土的雄心，又無平定內亂的才幹，所以，只能屈辱、隱忍、焦慮地活著，成為任人宰割的羔羊。永昌元年（322年）閏十一月，司馬睿抱恨西去，享年四十七歲，諡晉元帝，廟號中宗，葬於建平陵。

最後還要再說幾句王敦。王敦是西晉末東晉初舉足輕重的人物，他這個人很矛盾，也很有個性。有人講他志向遠大，行俠仗義，也有人說他充滿野心，圖謀篡位。想當年皇后賈南風擅權，廢黜太子司馬遹，將之送往許昌幽禁，並嚴禁官屬送行。王敦卻無視禁令，與同僚江統、潘滔、杜蕤、魯瑤等人在路側送行，與司馬遹痛哭拜送，受到時論的稱讚。結果他及同僚被捕入獄，後被人營救才得以釋放。

王敦視錢財為身外之物，為人豪爽。永嘉元年（307年），王敦在族兄王衍的安排下，外任廣武將軍、青州刺史，後又被拜為中書監。當時天下大亂，王敦將襄城公主陪嫁的侍婢百餘人全部許配給軍中將士，並散盡府中庫財，獨自返回洛陽。後來他曾沉迷於女色，有人規勸，於是他

司馬睿
晉元帝

將家中婢妾全部放出，任憑她們離去。

王敦助司馬睿建東晉政權鞍前馬後，不遺餘力。那麼，為什麼後來又發動叛亂，陰謀篡政呢？有人說祖逖的逝世、朝廷的迂腐，萌發了他的政治野心，但也不能不承認司馬睿忌憚他的強大，處處設防，是重要的原因。在這一點上，祖逖，甚至王導的遭遇同他都是一樣的。從此能看出司馬睿的胸懷，也能看出他的能力。

王敦擊敗帝師，佔領石頭城，擅政專權。他見皇太子司馬紹勇而有謀，欲以不孝之名將之廢黜，但由於士大夫的反對，未能如願。他返回武昌，遙控朝廷。司馬睿死，司馬紹繼位。他欲再攻建康，這時他身染重病。他對部將錢鳳說：「我死之後，不如放兵散夥，歸附朝廷，藉此保全門戶，這才是上計。退回武昌，保持朝貢，收兵自守，這是中計。趁我不在，率領全軍進攻都城，萬一僥倖成功，這是下計。」錢鳳以下計為上，最終身首異處。叛亂被司馬紹所平，王敦最終亦沒逃脫被剖棺戮屍的下場。

光復漢室的劉淵

劉淵是東晉十六國時期趙漢，亦稱前趙的首位皇帝，也是中國史上最早的少數民族帝王之一。說他是少數民族，很多人會感到詫異，因為無論他的姓氏、籍貫、國名，以及所提出「反晉復漢」的口號，都更像是一個漢人。但他卻實實在在是位少數民族，匈奴族。東晉十六國北方少數民族大舉入侵中原，奴役、欺凌中原民族，史稱「五胡亂華」；同時，也為中原民族與漢北民族提供了互相取長補短的機會。其中北方少數民族受益良多，而劉淵則是其中的先覺者和始作俑者。

漢光文帝劉淵是匈奴族。圖為《古今圖書集成》中的匈奴族人形像。

文武兼備
不受信任

劉淵，字元海，匈奴族。在講他之前要先介紹一下匈奴。匈奴對很多人來講是一個很遙遠的民族概念，它興起於今內蒙古陰山山麓，族人披髮左衽（即身穿前襟向左掩蓋的衣服）。先祖為夏后氏之苗裔，曰淳維。堯舜時期有山戎、獫狁、葷粥等部落，夏末商初被北遷的夏族淳維兼併成為匈奴族。他們世居於北方大漠，以遊牧、搶掠為生。秦末漢初曾稱雄於中原以北，經常寇犯中原邊境。秦代大將蒙恬將其逐出河套以及河西走廊地區。西漢時匈奴強大起來，對中原地區侵擾不斷，並控制西域。漢武帝時派衛青、霍去病率軍將之打敗，退居漠北。其首領呼韓邪單于率眾降漢，自請為婿，王昭君嫁與為妻，雙方保持了六十餘年的和平。東漢時分裂為南、北匈奴。北匈奴叛附不定，被朝廷打敗，向西遷移。南匈奴則依附於東漢稱臣，被安置於長城以南地區，在今山西晉陽的汾水和澗水一帶建立了定居地。漢末，曾協助朝廷討伐黃巾軍，它自身發生內訌，曹操將之劃分為左右南北中五部，左部居於太原的茲氏（今山西汾陽），統帥為劉豹，即劉淵的父親。

劉豹作為匈奴人，為什麼會姓劉呢？因為他們自詡為匈奴首領冒頓單于的後裔。冒頓單于是匈奴偉大的軍事家、戰略家，於秦二世元年（前209年）弒父自立，建立起龐大的匈奴帝國。他帶領匈奴征服了樓蘭、烏孫、呼揭等二十餘國，控制了西域大部分地區。向北征服了渾窳、屈射、丁零、鬲昆、薪犁等國，向南兼併了樓煩（今山西東北）及白羊河南王的轄地，重新佔領了河套以南地區，據有了南起陰山、北抵貝加爾湖、東達遼河、西逾蔥嶺的廣大地區，號稱將引弓之民眾聚為一家，有族眾三十餘萬，成為北方最強大的民族。

為了化解來自匈奴的威脅，漢高祖劉邦將一位宗室之女，作為和親公主嫁予了冒頓單于，並與之相約為兄弟。在匈奴人看來，與朝廷結為姻親是件很光榮的事情，於是，冒頓單于的子孫便以劉氏為姓。劉淵的叔祖

劉淵
漢光文帝

劉宣、父親劉豹便是其中的代表人物。這些人取漢名，生活在漢族地區，久而久之，從生產、生活到思維方式逐漸趨於漢族化，或者說是被漢化了的匈奴人。但不管怎麼說，他們內心所擁有的匈奴人的秉性及思想感情是不會泯滅的，一遇到機會，便會迸發出來，說到底他們還是匈奴人。

從匈奴被漢化的過程能看出中國民族演進的某些特點，當年在中國北方，曾先後有匈奴、契丹、女真、突厥、回紇、柔然、鮮卑、鐵勒以及羌、氏、羯等十多個強盛的民族，他們大都過著遊牧生活，馳騁疆域，逐水草而居，經常侵擾中原地區，甚至入主中原，但最終還是被中原政權所擊敗，或者說被同化，最後甚至都消失了。從現在中國五十六個民族中根本找不到這些民族的蹤影。所以，從戰鬥性或硬實力而言，他們無疑是強大的，可以拓疆越貨；但從文化及軟實力來講，他們又是欠缺的，難以對佔領地實施有效的管理。由此可見，在各種勢力的對峙與比拼中，較量的往往不僅僅是鐵騎和刀槍，還有文化，包括政治、經濟及文學藝術等等。

這下該講到劉淵了。劉淵的出生年份不可考，估計那時匈奴還沒有成熟的文字。他出生前曾有祥瑞出現，其母呼延氏，嫁給劉豹多年未孕，所以到龍門（今河南洛陽）求子。忽然有一條大魚，頂有兩角，軒鬐躍鱗進入了龍門祭所，過了很久才離去。當晚，呼延氏做夢，見魚變為人，左手把一物，大如半雞子，光景非常，授予呼延氏，道：「此是日精，服之生貴子。」呼延氏醒來將所夢告訴劉豹，劉豹高興地說：「這是吉祥的徵兆。從前有人給我看相，說我當有貴子孫，三世必有大昌盛。」十三個月後，呼延氏生下一男嬰，因其左手有「淵」的紋路，故起名為劉淵。

劉淵自幼聰明、懂事。七歲時母親呼延氏去世，他悲痛欲絕，捶胸頓足，周圍人都被他的真情所打動，稱讚其有孝敬之心。司空王昶對其讚賞有加，並派人前去弔唁。劉淵秉承著匈奴人強健的體魄，姿儀魁偉、相貌不俗，身高八尺四寸，鬚長三尺有餘，胸口上有三根紅色的毫毛。他手臂很長，靈活矯健，且擅長射箭，膂力（即體力）過人。當時，屯留人

崔懿之、襄陵人公師或長於看相，見到劉淵都非常驚奇：「此人形貌非常，吾所未見也。」對其格外尊重。太原人王渾對劉淵也非常友好，讓兒子王濟仰拜他。

劉淵不但善武，而且能文。他從小勤奮好學，曾拜上黨人崔遊為師，閱有大量文史典籍，包括《毛詩》、《京氏易》、《馬氏尚書》，尤為喜愛《春秋左氏傳》和《孫吳兵法》，「略皆誦之」，《史記》、《漢書》及諸子的著作，「無不綜覽」。漢文化給予了他養分，為他提供了觀察、分析事物的視角。劉淵曾對在一起學習的朱紀、范隆說：「我常恥隨陸無武，絳灌無文，隨陸遇漢高祖劉邦，不能立業封侯，絳灌遇漢文帝劉恆，不能興教勸學，這豈不是人生的一大可惜？」他所說的隨陸即隨何、陸賈，絳灌為周勃、灌嬰，意思是說一個人只有文武兼備，方能夠成就大業，特別強調了學習文化的重要性。

曹魏咸熙年間（264 至 265 年），劉淵被送至洛陽做侍子，即屬國之王或諸侯遣子入朝陪侍天子，學習文化。在此期間，他與朝中官宦、賢達廣泛結交，政治才能逐漸展現，連把持朝政的司馬昭對他都很看重。西晉建立，劉淵仍留於洛陽。征東大將軍王渾受命平定東吳，曾多次向晉武帝司馬炎舉薦劉淵，武帝破格召見劉淵，與之交談，也非常賞識。武帝對王渾之子、司馬昭之婿王濟說：「劉淵的容顏、儀表，即使是春秋的由余、漢代的金日磾也不會高於他。」王濟答：「劉淵的外在儀表、容顏，確實如陛下您所說。然而，他的文武才幹又超出由余、金日磾很多。陛下您若能委任他統領東南地區的事務，那麼，吳地便不愁不能安定。」武帝欣然讚許。但是大臣孔恂、楊珧進言道：「依臣觀察，劉淵的才幹現在恐怕無人能抵。陛下若是不重用他，便成不了大氣候。可若是授予他權力，樹立他威望，那麼，平定吳地之後，他恐怕就不會再向北渡江回師了。劉淵與我們不是一個民族，必然會有異心。現在，委任他治理本部事務，我們已經為陛下您感到擔心，若還要將天然險阻之地賜予他，恐怕是不行的。」武帝默然不語。

泰始六年（270 年）和咸寧四年（278 年），禿髮鮮卑部首領禿髮樹機

能分別擊敗並斬殺了秦州刺史胡烈和涼州刺史楊欣，西晉發兵平息叛亂。晉軍初戰不利，武帝召集諸將領徵詢收復失地的辦法，上黨人李憙說：「陛下您若能夠徵發匈奴五部的兵眾，並授予劉淵以將帥的封號，讓他們向西部進軍，那麼，平定秦、涼二州指日可待。」孔恂打斷李憙的話，說：「李公的話，難以實現消除禍患的目的。」李憙很生氣，說：「憑匈奴人的強悍和劉淵對兵法的熟悉，讓他們奉命去彰顯皇上的聖武，有什麼不能得到！」孔恂接著說：「劉淵若是能平定涼州，斬殺樹機能，恐怕涼州就更不會安定了。蛟龍得到雲雨，就不再是池塘中無法施展的小魚了。」武帝聽罷便放棄了任用劉淵的打算。

常言道：「士為知己者死，女為悅己者容」，劉淵屢屢得不到朝廷的信任，被棄而不用，報效無門，甚至還面臨兇險，內心感到非常失落和沮喪。一次，王彌（晉吏，後為叛將）回故鄉東萊，劉淵在九曲河濱為他餞別踐行。席間劉淵含淚道：「王渾、李憙作為同鄉對我了解，常常向皇上稱讚、舉薦我，可是有些人卻乘機大進讒言，這都不是我所希望的，相反，對我構成了很大的傷害。我本來並沒有做官的想法，這一點您是清楚的。恐怕我會客死他鄉，與您永遠訣別了。」他情緒激動，仰天長歎，使在座的人無不為之動容。當時齊王司馬攸正好在九曲，聽說此事後派人去察看，見到劉淵正在哭訴。於是，對武帝說：「陛下您如果不除掉劉淵，恐怕并州難以長治久安。」王渾聽罷進言道：「劉淵並無反對朝廷之意，我王渾敢替他擔保。況且大晉正需要向世人表明對少數民族寬宏的態度，用德政使四方人士歸附，怎麼能夠無端猜疑、殺戮別人送來的侍子，讓人感到晉朝恩德不廣呢？」武帝同意王渾的看法，沒有殺劉淵。

我們說其後劉淵代晉自立，完全是因為晉朝對他的猜疑、提防，嚴重傷害了他報效朝廷的感情，可能並不全面，但起碼有這方面的因素。我們對待任何人，尤其是少數民族，待人以誠、破除偏見、一視同仁是十分重要的。如果既對其將信將疑，又要求他對你有絕對的忠誠，實際上是不可能的。同樣是對待匈奴人，漢武帝對金日磾真誠相待、委以重任，與晉武帝對劉淵無端猜忌、棄而不用，反映出兩位君主及兩個朝代的差距。

代晉自立
建立漢國

時過不久，劉淵的父親、左部帥劉豹病逝，依照晉朝的規矩和制度，劉淵返回本部，繼任為匈奴左部帥。劉淵就職後，嚴明法紀，懲惡揚善，很快就贏得了族人的擁戴。加之他性格豪爽，待人以誠，樂善好施，引得匈奴五部的豪傑及各方賢能紛紛前來歸附。太康十年（289年），晉武帝封劉淵為匈奴北部都尉，晉惠帝時，輔政的外戚楊駿又任命他為建威將軍、五部大都督，封漢光鄉侯。元康末年（299年），因為部人叛逃出塞，劉淵被免官。

而「八王之亂」的爆發，給了劉淵改變人生的機會。成都王司馬穎將他調至鄴城，任命他為寧朔將軍、都督匈奴五部軍事。此時的劉淵，已經擁有了不俗的實力，他目睹了晉朝的衰朽與混亂，以及朝廷一直以來對他的態度，在思想感情及人生選擇上發生了重大的變化，他已經不再滿足於依附晉朝來實現自己的人生抱負，而是要依靠自己的實力來闖蕩天下。

公元304年可能是中國史上年號最為複雜的一年，它既是西晉永安元年、建武元年和永興元年，又是成漢建初二年、建興元年，還是前趙、即劉淵所建立漢國的元熙元年，同時還是從五胡十六國開始，歷時三百八十餘年戰亂、分裂歷史的開端之年。一場改朝換代的謀劃正在悄然醞釀。劉淵的堂祖、左賢王劉宣秘密召集匈奴部族首領商議反晉自立之事，得到了匈奴五部的擁護，當時劉淵遠在鄴城，並未在場，大家一致推舉他為大單于（即統領匈奴各部的君王），並派親信呼延攸去鄴城，請他回來率眾起事。劉淵本想立刻離開鄴城，但司馬穎因大敵當前未作批准。不久，并州刺史、東贏公司馬騰、安北將軍王浚起兵討伐司馬穎，劉淵抓住時機主動請求讓自己回并州（今山西）調集匈奴五部兵馬前來協助平定叛亂，司馬穎正在為討伐的事焦慮，立刻批准了劉淵的請求。為籠絡人心，司馬穎任命劉淵為北部單于、參丞相軍事。十月，劉淵終

於擺脫了司馬穎的控制，回到離石（今山西呂梁）。

劉淵的歸來，受到族人的熱烈歡迎並為他封上大單于稱號，在二十天之內聚集了五萬餘兵馬。劉淵離開鄴城後，王浚派將軍祁弘率領鮮卑兵圍攻鄴城，司馬穎損兵折將，見鄴城難以據守，便挾持晉惠帝司馬衷逃往洛陽。劉淵是個很講信用也非常重感情的人，他惦記著曾對司馬穎作出的承諾，便命右於陸王劉景、左獨鹿王劉延年等率步兵和騎兵兩萬人，準備攻打鮮卑。他說：「司馬穎不聽我的話，朝相反的方向潰逃，真是奴才。然而，我與他有言在先，不能不去救他。」劉宣見狀連忙上前勸阻，說：「西晉無道，一直把我們匈奴人當奴隸一樣對待。右賢王劉猛不甘忍受，想有所作為，結果被殺，這是單于的恥辱啊！如今他們互相殘殺，正是滅晉的大好時機。鮮卑和烏桓與我們處境相同，何不結為同盟，共同反晉呢？上天要借我們的手消滅晉朝，天意不可欺，望單于不要再遲疑！」劉淵的心情非常矛盾，他是朝廷的命官，反晉則是大逆不道。但晉朝的衰朽、混亂以及對外族人的歧視，使他痛下了決心，他說：「你說得對，應該做巍峨的高山，不做低矮的土丘。天下帝王不是固定不變的，大禹出自西戎，周文王出生在東夷，誰該做帝王，要按照德行的高低授予。現在，我們有兵眾數萬，且一人能頂晉朝十人，如果擊鼓進軍，推翻晉朝如摧枯拉朽。」他又說：「雖然結果將是這樣，但我們必須得到晉朝百姓的支持。漢朝之所以能長久統治天下，是由於恩澤於百姓。我是漢室劉氏的外甥，當年，我們的祖先曾與漢室相約為兄弟，兄長故亡，弟弟繼承，不是應該的嗎？」於是，劉淵打出「反晉復漢」的旗號，建立漢國。劉宣等請劉淵上尊號，劉淵道：「今四方未定，且可依高祖稱漢王。」於是自稱漢王，在南郊築壇設祭，赦免境內囚犯，建元元熙。追尊蜀漢後主劉禪為孝懷皇帝，建漢高祖以下三祖五宗神位。依照漢制設官，拜劉宣為丞相，崔遊為御史大夫，宗室劉宏為太尉。漢國至此建立，成為中原地區的第一個少數民族政權。

講到這兒讀者可能會有疑問，或者說有不是很清楚的地方：劉淵所建立的漢國，為何史界要稱其為趙漢或者前趙呢？這裡有必要解釋一下。這與他收養的兒子，即後來的第五任帝王、趙昭文帝劉曜有關。劉淵病逝，

其長子劉和繼位。但沒過幾天被其庶弟劉聰弒篡。劉聰攻佔洛陽，俘殺晉懷帝。大興元年（318年），劉聰死，其太子劉粲繼位。此時，漢國的形勢發生了重大變化，劉粲的岳丈靳準因其女兒而得寵，逐漸竊取國政，不久發動政變，將居於平陽的匈奴劉氏宗室，無論少長皆斬於東市，自號大將軍、漢天王，派遣使者向東晉稱藩。此時劉曜身為相國、都督中外諸軍事，鎮守長安。聽到靳準叛亂的消息，劉曜率領軍隊自長安赴平陽征討，行至赤壁（今山西河津西北赤石川），遇到了從平陽出逃的太保呼延晏與太傅朱紀等人，他們勸劉曜稱尊，劉曜遂即皇帝位，改元光初。

劉曜稱帝後認為，隨著五胡進入中原，稱漢國已經失去了當年的感召力；而靳準竊國，自稱漢天王，漢在某種程度上對匈奴人有了不好的影響，因此，應當進行更改。那麼，改成什麼呢？劉曜自幼生活在古中山國一帶，這裡古稱趙國，據此，劉曜就將國號改為了趙。這樣，漢國就有了劉淵的「漢」和劉曜的「趙」兩個不同的國名。但從二者的本質上講，並非叛逆，而是一種傳承關係；而且兩人同屬匈奴族，又是養父子關係，所以，史界將其視為同一個朝代，將之稱為「趙漢」或「漢趙」。至於「前趙」的說法則放在講石勒時再述。

將漢國稱之為趙漢，還有一層含義，就是將中國史上眾多的漢朝加以區分。中國史上同名的朝代很多，比如魏、燕、趙，其中以「漢」最多，有十幾個，最著名的當屬西漢和東漢，也稱前漢和後漢，分別由劉邦和劉秀所建，是中國史上最為強盛的時期之一，也是中華民族確立民族意識的朝代；接下來便是劉淵所建的趙漢，亦稱前趙；與前趙同時的還有氐族人李雄所建的成漢，定都成都（今四川成都），後被東晉所破；唐代之後的五代十國有沙陀人劉知遠建立的後漢，定都汴京（今河南開封），被後周取代；沙陀人劉崇建立的北漢，定都晉陽（今山西太原南），被北宋所滅；劉龑建立的南漢，定都番禺（今廣東廣州）。另外，還有三國時期劉備建立的蜀漢，定都成都，被曹魏所滅。在王莽的新朝與東漢之間有劉玄的更始朝，也稱漢朝，史稱玄漢。還有義軍和叛軍所建的漢國，如元末陳友諒的陳漢和南北朝時期羯人侯景所建的漢國等等。

劉淵
漢光文帝

關於劉淵起事，或者說外族入侵的原因，前面說過一些，這裡再做些補充。其起事最核心的原因是晉朝的體制及內亂。它家國一體，國即家，家即國，大肆分封同宗子弟為王，以為這樣便可以天下太平，長治久安。誰想到自家人反而更靠不住，很快便兄弟反目，手足相殘，一場觸目驚心的內亂遍及全國。可見「家天下」的模式及構想只是當權者的一廂情願。接下來則是外族人染指政權，外族強悍而蒙昧，蔑視朝廷而又敬慕中華文化，多年來他們常被作為抵禦外侵及內部爭鬥的借用力量。內亂給了他們機會，這些外侵者與內亂者一樣，爭奪起權力來恣意妄為、絲毫不講情面。他們中的佼佼者往往受過華夏文化的洗禮，但從總體上講文化水準的低下是他們的短板。這又決定了他們的政權規模小且周期短。文化水準低往往又伴隨著體制的落後及性格的缺陷，江湖排位、情緒及非理性化的思維、荒謬及殘忍的行為方式等等。還有很重要的一點，即民族的對立，民族問題是一個非常複雜的問題，異族之間無論通過什麼方式捏合，無論怎麼相待，稍遇風浪便可能頃刻瓦解。而民族內部無論有多少矛盾，在對外時則很容易激發起民族情緒，不管其成員在本族中處於什麼樣的地位。

聲威大振
病逝而亡

聽到劉淵建漢的消息，東嬴公、并州刺史司馬騰即派遣將軍聶玄前去討伐。兩軍交戰於大陵（今山西文水），聶玄軍大敗，司馬騰落魄，很快率領并州兩萬多戶百姓逃到山東，到處侵擾、遊蕩。劉淵則乘勝進軍，派遣建武將軍劉曜接連攻下太原、泫氏、屯留、長子、中都。元熙二年（305 年），司馬騰又派司馬瑜、周良、石鮮等人率軍討伐劉淵，駐紮在離石的汾城。劉淵則派遣武牙將軍劉欽等六軍迎戰，四次交戰，司馬瑜均被擊敗，劉欽休整軍隊，勝利凱旋。同年，離石發生大飢荒，劉淵遷居黎亭（今山西壺關），以便食用那裡屯積的糧食。劉淵留下太尉劉

宏、護軍馬景留守離石，派大司農卜豫運送糧食供給他們。接著，任命前將軍劉景為使持節、征討大都督、大將軍，在版橋截擊劉琨（西晉政治家、軍事家），結果被劉琨所敗，劉琨進駐晉陽。侍中劉殷、王育勸諫劉淵：「殿下自起兵以來，漸已一周，而顓守偏方，王威未震。誠能命將四出，決機一擲，梟劉琨，定河東，建帝號，鼓行而南，剋長安而都之，以關中之眾席卷洛陽，如指掌耳。此高皇帝之所以創啟鴻基，剋殄彊楚者也。」劉淵高興地說：「這正是我所想的啊！」於是進據河東，攻佔蒲阪（今山西永濟）、平陽（今山西臨汾）。接著，劉淵進入蒲子（又名隰川，今山西隰縣）將其作為都城。河東、平陽各屬縣的壘壁（小型軍事組織）紛紛投降，在趙魏起兵的汲桑、上郡四部鮮卑陸逐延、氐族酋長單征、在山東起兵的東萊人王彌以及在河北起兵的羯人石勒等人都相繼歸附劉淵，劉淵實力大增。

永嘉二年（308 年），劉淵正式稱帝，改元永鳳。大赦境內，分封宗室諸侯。以大將軍劉和為大司馬，封梁王，尚書令劉歡樂為大司徒，封陳留王，御史大夫呼延翼為大司空，封雁州郡公。宗室以親疏為等，悉封郡縣王，異姓以勳謀為差，皆封郡縣公侯。堂子劉聰為車騎大將軍，族子劉曜為龍驤大將軍。太史令宣于修之對劉淵進言道：「陛下您雖如龍騰起，如鳳翔翔，擔當大任。然而，晉朝餘部尚在，我們宮室狹陋，紫宮星座仍指向晉氏，不出三年，我們必將攻克洛陽。但蒲子地域崎嶇狹小，不可長久安身。平陽有天子之氣，又兼為陶唐（上古堯帝）之舊都，望陛下上合天象，下合地理。」於是，劉淵遷都平陽。有人從汾水中得玉璽，上書「有新保之」，是王莽時期的玉璽，得者順便增加了「泉海光」三字，劉淵認為是天降祥瑞，自己受命於天，於是大赦境內囚犯，改年號為河瑞。又封他的兒子劉裕為齊王，劉隆為魯王。

不久，劉淵命其子劉聰和王彌進攻洛陽，劉曜和趙固等人作為後繼。司馬越派平北將軍曹武、將軍宋抽、彭默等人迎戰，晉軍大敗。劉聰等長驅直入，到宜陽。平昌公司馬模派將軍淳于定、呂毅等率軍從長安討伐，在宜陽與劉聰決戰，淳于定等大敗。劉聰被接連而來的勝利衝昏頭腦，疏於設防，弘農太守垣延詐降，夜晚偷襲，聰軍大敗而還，劉淵很生氣，

著素服迎師。

同年冬，劉淵再次徵發士卒，派劉聰、王彌與劉曜、劉景等人率領精銳騎兵五萬餘進攻洛陽，派呼延翼率步兵接應，在河南打敗晉軍。劉聰駐紮在洛陽西明門，西晉護軍賈胤乘夜偷襲，戰於大夏門，斬殺劉聰部將呼延顥，其軍潰敗。劉聰向南撤退，在洛水修築壁壘。不久，屯兵於宣陽門，劉曜屯兵於上東門，王彌駐紮在廣陽門，劉景攻擊大夏門。劉聰到中嶽嵩山求神，命將領劉厲、呼延朗等帶領留守士兵。司馬越命參軍孫詢、將軍丘光、樓裒等人率領精兵三千，從宣陽門攻擊並斬殺呼延朗。劉聰得到消息後立刻返回，劉厲怕劉聰怪罪，投水而死。王彌勸劉聰說：「現在既然失利，洛陽城不可破，殿下您不如回師，以從長計議。我當在兗州、豫州之間招募士兵，收聚糧食，聽候您進攻的召喚。」宣于修之又對劉淵說：「辛未年，當攻取洛陽。現在晉的氣勢還盛，大軍不撤回，必定失敗。」劉淵派黃門郎傅詢召劉聰等班師回朝。王彌從轘轅（今河南偃師東南）撤回，司馬越派薄盛等人率兵追擊，雙方在新汲大戰，王彌軍大敗。劉淵取消了在蒲阪的防務，回到平陽。

永嘉四年（310 年）七月，由於多年征戰，劉淵病倒，託付後事。任命劉歡樂為太宰，劉洋為太傅，劉延年為太保，劉聰為大司馬、大單于，並錄尚書事務，在平陽西部建造了單于台。任命其子劉裕為大司徒。不久，劉淵病情加重，召劉歡樂和劉洋等人到宮禁中受遺詔，輔佐朝政。八月，劉淵在光極殿去世，在位六年。其子劉和繼位。不久，劉聰自西明門攻入光極西室，殺劉和自立。同年九月，劉聰葬劉淵於永光陵，諡光文皇帝，廟號高祖。

奴隸出身的石勒

趙明帝｜太和建平

319-333

石勒是五胡十六國時期後趙的帝王。在中國漫長的封建歷史進程中，曾先後有四百餘位皇帝（由於統計方法不同，數字不盡一致）加冕，他是其中唯一一位奴隸出身的帝王，同時又是一位少數民族皇帝。這就決定了他的登極之路格外艱辛、曲折，極富傳奇色彩。

圖為《石勒聽講圖》局部。描繪的是趙明帝石勒禮拜西域高僧佛圖澄進宮說法的場景。這也是佛教僧侶在中國第一次被尊為皇帝之師，也使佛教在中國首次成為最高統治者所尊崇的信仰，成為「國教」，這是佛教在中國傳播的里程碑式的突破。

相貌奇偉
貴人相助

石勒，本名匍，字世龍，上黨武鄉（今山西榆社）人，羯族。羯是中國史上又一個古老的民族，從字面上理解，即公羊或好鬥之羊的意思；《魏書》稱，羯族的名稱來自於其聚居地，上黨武鄉羯室；另外，漢人對異族稱羯，有戎羯、胡羯等。羯族存在的時間不太長，它曾是匈奴族貴族的奴隸軍隊。匈奴發展晚期，羯人逐漸強大，最後消滅了匈奴政權，建立起後趙，並一度稱雄北方地區。它在某種意義上來講並不是一個真正的民族，而是匈奴族的一個旁支或部族，源自晉代入塞匈奴十九種之一的羌渠。其種族的根源，史界眾說紛紜，多不足以為實，一般認為是漢代時匈奴從西域所掠月氏人、雜胡形成的族群。對於羯族的記載最早出現於晉朝，第一個被記載下來的人物便是石勒。可見石勒在羯族中佔有至高無上的地位，而羯族又因石勒而名聲鵲起。

西晉泰始十年（274年），石勒生於上黨武鄉。祖父叫耶奕于，父親叫周曷朱（又名乞翼加），都曾任部落的小頭目。說石勒是奴隸出身是因為他後來曾淪為過奴隸。石勒出生時有奇異的瑞兆，室內紅光映照，一股白氣從天上連接至庭中，見此情景者都感到非常驚奇。家人給他起名匍，石勒是他後來投奔汲桑後改的名。他十四歲時，曾隨同鄉到洛陽行販，賣些土特產，在洛陽上東門他曾倚著城門發出長長的呼嘯聲，聲音高亢激越，恰巧晉尚書左僕射王衍從此經過，見到後感到驚異，回過頭對左右的人說：「向者胡雛，吾觀其聲視有奇志，恐將為天下之患。」馬上派人快馬去抓，結果石勒已經溜掉了。

石勒長大後「壯健有膽力，雄武好騎射」。他的父親周曷朱性格兇狠粗暴，胡人們對他都敬而遠之，於是，他常常讓石勒代替自己監督治理群胡。石勒待人親善、誠懇、樂於助人，在族群中很有威信，各部胡人都很尊重和信任他，甚至把他傳得有些神乎其神。說石勒居住的武鄉北原山下的樹木看上去就像列陣的騎兵，而他家中園子裡竟然還長出了人

石勒
趙明帝

參，花繁葉茂，都長成了人形。族群中的老者及懂相術的人都說：「此胡狀貌奇異，志度非常，其終不可量也。」都勸說鄉人要尊重他。當然，多數人只是聽聽而已，甚至加以嘲笑，但鄔人郭敬、陽曲人寧驅卻堅信不疑，並給予石勒資助。石勒非常感激人們對他的信任和幫助，於是更加努力耕作。他說常常能聽到刀槍、鈴鐺的聲音，回家後告訴母親，母親說：「這是因勞累而產生的耳鳴，不是什麼不吉祥的徵兆。」

西晉太安年間（302 至 303 年），并州（今山西大部分地區及鄰近的河北、內蒙古部分地區）發生飢荒，社會動盪不已。石勒同一起做佃客的胡人逃亡時走散，從雁門回到家鄉投奔寧驅。北澤都尉劉監想把他捆綁起來賣掉，多得寧驅把石勒藏起來才使他倖免於難。其後，石勒又跑去投奔都尉李川，在途中遇到郭敬，便哭訴起飢寒之苦。郭敬以淚相對，將所攜貨物賣掉，給他買來食物和衣物。石勒對郭敬說：「現在鬧飢荒，我們不能坐等受窮。那麼多胡人沒飯吃，應該引誘他們到冀州（河北中、南部及山東西部與河南北部）尋找食物，乘機把他們抓起來賣掉，這樣，豈不兩全其美。」郭敬深以為然，但議而未行。

當時并州刺史、東贏公司馬騰正與石勒的想法不謀而合，他聽從建威將軍閻粹的建議，令將軍郭陽、張隆等，抓了一批胡人，將每兩人共鎖於一枷，押解到山東（太行山以東一帶）出售以增加軍餉。石勒當時二十多歲，也在被抓的胡人當中。幸虧郭陽是郭敬的族兄，郭敬託付郭陽和他侄子郭時關照石勒，石勒一路上倒沒有吃太大的苦。到山東後，石勒被賣到茌平（今山東茌平）人師懽家為奴。注意：這次經歷便是石勒奴隸身份的由來，實際上他是先想著拐賣他人，結果自己反而被賣了。

一天，石勒在師懽的田裡耕作，有位老者來到他面前，說：「君魚龍髮際上四道已成，當貴為人主。甲戌之歲，王彭祖可圖。」意思是說你額頭上長有龍骨，有帝王之相，將來肯定能大富大貴。石勒興奮地答：「若是真像您所說，我一定不會忘記您的大恩大德。」說話間，老者已不見了。石勒在田裡勞動，經常能聽到鼓角的聲音，問其他奴隸，大家說也聽到了，石勒說：「吾幼來在家恆聞如是。」奴隸們將此事告訴師懽，

師懽感到石勒相貌非凡，於是免除了他奴隸的身份。

被販賣為奴的經歷使石勒的思想發生了深刻的變化，他意識到與其任人宰割，不如招募兵馬，組成隊伍，打拚天下。師懽家緊鄰西晉的一個牧馬場，師懽與牧場首領、魏郡人汲桑素有往來，石勒希望與汲桑結交，因此以會鑒賞馬匹為由自薦於汲桑。

另外，石勒還曾在武安臨水做過傭工，當時他被散軍抓住，危難之際剛好有一群麋鹿從身邊跑過，散兵競相逐鹿，石勒有幸逃脫。一會兒出現一名老者，對石勒說：「剛才是我化為鹿群，君應為中州主，所以，我要救你。」從此石勒開始招攬人才，最初召集到王陽、夔安、支雄、冀保、吳豫、劉膺、桃豹、逯明等八騎，後來又有郭敖、劉征、劉寶、張曀僕、呼延莫、郭黑略、張越、孔豚、趙鹿、支屈六等十人來歸附，號稱十八騎。石勒以此為基本力量，向東到赤龍、驃騏等馬苑奪得苑馬（指園地裡的馬匹），去遠方掠奪絲綢珍寶等物，用以賄賂汲桑。

此時正為「八王之亂」的晚期，司馬氏叔伯、兄弟之間打得不可開交，匈奴人劉淵乘亂於左國城（今山西離石東北）建漢國，李雄於成都（今四川成都）稱蜀帝。當時鎮守鄴城的成都王司馬穎西入長安，造成鄴城空虛，其舊將公師藩自稱將軍，於趙、魏起兵反晉，眾達數萬。石勒與汲桑便投奔到公師藩麾下，此時，「桑始命勒以石為姓，勒為名焉」，石勒一名就此而來。公師藩連克郡縣，命石勒為前隊督，攻打鄴城。晉范陽王司馬虓派將領苟晞救援，與廣平太守丁紹合擊，公師藩敗退。次年八月，公師藩率軍自白馬（今河南滑縣東）南渡黃河時遭苟晞軍突襲，被斬。而汲桑、石勒則逃跑並藏匿於茌平牧苑中。

初戰失利，石勒並未氣餒。他率領苑中牧人，劫掠獄中囚徒，招納山澤流民，許多人前來歸附，他帶領隊伍再和汲桑聯手。永嘉元年（307 年）三月，汲桑再次起兵反晉，自稱大將軍，以石勒為掃虜將軍，任前鋒，稱要為成都王司馬穎報仇，討伐司馬越及司馬騰。司馬騰此時進爵新蔡王，鎮鄴城。鄴城經歷戰亂，府庫空虛，司馬騰自并州東下，盡攜府藏，資財甚豐。但他為人吝嗇，不肯接濟他人，因而「人不為用」。五月，

汲桑大破魏郡太守馮嵩，與石勒一舉攻下鄴城（今河北臨漳西南），司馬騰嘗試出逃，被汲桑部將李豐所殺。汲桑軍殺戮萬餘人，掠婦女、珍寶後離去。

汲桑自延津（今河南汲縣東）南渡黃河，攻克州（今山東鄆城西北）。司馬越命苟晞及將軍王贊迎擊，雙方在平原（今山東平原西南）、陽平（今山東莘縣）間相持數月，交戰三十餘次，互有勝負。八月，苟晞大敗汲桑於東武陽（今山東朝城西），破其營壘，斬殺萬餘人。汲桑、石勒無奈之下欲投奔劉淵，於赤橋（今山東聊城西北）遭冀州刺史丁紹的截擊，再敗。汲桑逃向茌平，被乞活軍（戰亂中乞求活命的難民武裝）的田蘭、薄盛等擊殺，石勒則逃至樂平（今山西和順西北）。

借漢聚力
所向披靡

當時，胡部大（少數民族首領）張䧹督、馮莫突等人率兵數千，駐紮在上黨（今山西襄垣東），石勒前往投奔，得到他們的喜愛和器重。石勒對張䧹督說：「劉單于舉兵誅晉，部大拒而不從，豈能獨立乎？」張䧹督說：「不能。」石勒說：「如其不能者，兵馬當有所屬。今部落皆已被單于賞募，往往聚議欲叛部大而歸單于矣，宜早為之計。」張䧹督等人素無智略，於是接受了石勒的建議，隨石勒歸順了劉淵。石勒帶來眾多人馬，劉淵很高興，任命張䧹督為親漢王，馮莫突為都督部大，石勒為輔漢將軍、平晉王，以統率張䧹督等。石勒稱張䧹督為兄長，改其名為石會，意為遇到了知己。

烏桓人伏利度有兵眾兩千，駐於樂平，劉淵屢次招募，他都不歸順。於是石勒假裝得罪了劉淵，投奔伏利度。伏利度很高興，與之結為兄弟，並派石勒率諸胡四處攻掠，所向無敵，深為胡人所畏服。石勒見已樹立聲望，便乘機抓住伏利度，問眾胡兵：「今起大事，我與伏利度孰堪為

主？」眾胡人皆推舉石勒。石勒當場釋放了伏利度，率其部眾歸附了劉淵。劉淵加封石勒督山東征討諸軍事，將伏利度手下的部眾交予石勒指揮。石勒說來是投奔劉淵，實際上對所帶來的兵馬擁有指揮權，這與當初依附汲桑、公師藩是不同的。

晉永嘉二年（漢元熙五年，308 年），劉淵為擴展疆土、攻滅西晉，遣其子撫軍將軍劉聰等十將向南佔據太行，派石勒等十將向東攻佔趙、魏地區。以「聞雞起舞」聞名的晉并州刺史劉琨派護軍黃秀等人救援壺關（今山西長治北），石勒將其擊敗。十月，劉淵即皇帝位。封石勒為平東大將軍，持節（古代使臣奉命出行，必執符節以為憑證）。其後，命石勒、劉靈等將領率兵三萬人攻魏郡（治所位於鄴城）、汲郡（治所位於今河南汲縣）、頓丘（治所位於今河南濮陽北），各地武裝紛紛叛晉歸漢。石勒從中選出強壯者以充實軍隊，其實力驟增。

晉永嘉三年（309 年），石勒率軍攻鄴，其守軍潰散，征北將軍和郁逃到了衛國，石勒俘斬魏郡太守王粹。再攻趙郡，斬殺冀州西部都尉馮沖，攻殺乞活武裝赦亭、田禋等。劉淵又授石勒為安東大將軍、開府，並安排左右長史、司馬、從事中郎等僚屬。石勒再攻鉅鹿（今河北寧晉縣南）、常山（今河北正定西），殺死二郡守將。攻陷冀州（今河北冀縣）郡縣的壁壘百餘座，其部眾增至十餘萬。石勒將在此一帶所羅致的「衣冠人物，集為君子營，乃引張賓為謀主。」

這裡要說一下張賓，字孟孫，趙郡南和（河北邢台南和）人，父親為中山太守張瑤。他博涉經史，胸懷大志，謀略過人。永嘉之亂後，他慧眼識人，投奔於石勒帳下。開始並不受重用，後逐漸被石勒所賞識。他分析時局、出謀劃策，對石勒取勝中原、建立後趙起到了至關重要的作用。他為官清廉，謙虛謹慎，任人唯賢，深受群臣的敬重，石勒後來對他簡直可以稱作言聽計從。

不久，劉淵命征東大將軍王彌與劉聰合攻壺關，以石勒為前鋒。劉琨遣部將韓述、黃肅分兵兩路阻擊，被劉聰、石勒所敗，二將皆戰死。晉太

傅司馬越又遣淮南內史王曠、將軍施融、曹超等率軍數萬迎擊，也被劉聰、石勒等打敗，陣亡一萬九千餘人，上黨太守龐淳獻壺關降漢。漢軍在并州、冀州連戰皆捷，為攻打洛陽創造了條件。

九月，晉驃騎大將軍、幽州刺史王浚遣部將祁弘，率鮮卑段務塵部十餘萬人起兵討伐，在飛龍山（今河北元氏西北）大敗石勒，石勒軍死傷萬餘人，退守黎陽（今河南浚縣東）。十一月，石勒重整旗鼓，北上攻取信都（今河北冀縣），斬晉冀州刺史王斌，晉魏郡太守劉矩投降。石勒被授予鎮東大將軍，封汲郡公，持節，其餘如故，石勒堅辭不受。

晉永嘉四年（漢河瑞二年，310 年）正月，石勒率軍南渡黃河，攻克白馬（今河南滑縣東），王彌率部三萬人與石勒合攻晉兗、徐、豫各州。二月，石勒襲鄄城（今山東鄄城北），殺晉兗州刺史袁孚，攻佔倉垣（今河南開封西北），斬晉車騎將軍王堪。又轉兵北上再渡黃河，進攻冀州廣宗、清河、平原、陽平各郡縣，當地民眾九萬餘人歸附。

七月，石勒與劉聰、始安王劉曜及安北大將軍趙固等在懷縣（今河南武陟西南）圍攻晉河內太守裴整於，以控制河內地區。晉廷命征虜將軍宋抽率部北上救援，石勒、王桑等率部逆擊，宋抽兵敗戰死，河內民眾執裴整投降。

八月，劉淵去世，劉聰繼位。加封石勒為征東大將軍、并州刺史、汲郡公，持節，其他如故，石勒仍不受。劉聰為實現父親的遺願，十月，派河內王劉粲、劉曜、王彌等率軍四萬攻洛陽，石勒率騎兩萬與劉粲會合，在澠池（今河南洛寧西）大敗晉監軍裴邈，但洛陽城固未破。

而在先前，關中流民徙至宛城（今河南南陽），在京兆人王如領導下舉行起義，嚴嶷、侯脫等人回應，進攻城鎮，殺晉官吏，旋即發展至四、五萬人。王如自稱大將軍、領司、雍二州牧。他害怕石勒來攻，遣萬人在襄城（今屬河南）抵禦，但最終被石勒擊敗，石勒兼併了侯脫、嚴嶷的部眾，積累了軍事實力。

司馬越率洛陽兵眾二十餘萬討伐石勒，於途中病死。眾人推舉王衍為主帥，率兵東下。石勒率輕騎追趕至苦縣寧平城（河南鄲城東北），包圍晉軍命士兵萬箭齊發，十萬餘晉軍無統一號令，四顧逃命，死傷不計其數。王衍以及襄陽王司馬范、任城王司馬濟、西河王司馬喜、梁王司馬禧、齊王司馬超、吏部尚書劉望、豫州刺史劉喬、太傅長史庾顗等人被俘。王衍與諸王怕死，爭著為自己辯解。王衍說他本無宦情，不豫世事（指參與政治），勸石勒稱帝，以圖免死。石勒大怒：「君名蓋四海，身居重任，少壯登朝，至於白首，何得言不豫世事邪！破壞天下，正是君罪！」唯襄陽王司馬范神態自若，斥眾人說：「今日之事，何復紛紜！」石勒甚以為奇，於是將諸王殺於外，而「重王衍清辨，奇範神氣，不能加之兵刃，夜使人排牆填殺之。」寧平城一戰消滅了晉的核心勢力。石勒率精騎三萬，入成皋關與劉曜、王彌會合，進攻洛陽，終於將城攻破，石勒將功勞歸於王彌、劉曜，自己出軒轅，駐紮許昌。

說到石勒與王彌的關係，兩人雖然表面親近，但內心互相猜忌。王彌的謀士劉暾勸其徵召佔據青州的安東將軍曹嶷以除掉石勒，王彌寫信讓劉暾去聯絡曹嶷，並邀請石勒同會青州。劉暾在途中被石勒的騎兵抓獲，搜出信件，石勒將其秘密處死，王彌計謀敗露而不知。當時，石勒活捉苟晞後又將其釋放，王彌寫信給石勒，說：「公獲苟晞而赦之，何其神也！使晞為公左，彌為公右，天下不足定。」石勒見信後很高興，對張賓說：「王彌位重言卑，恐其遂成前狗意也。」意思是說王彌這麼尊重我，是想為我效犬馬之勞。張賓反駁道：「我看王彌有雄據青州之心。家鄉是人心嚮往的地方，難道您就不思念并州嗎？王彌之所以遲遲未發難，只因為沒有合適的機會。若現在不收拾他，等曹嶷到後成為他的羽翼，到那時後悔都來不及了。」石勒認為言之有理。

當時，王彌與晉鎮守壽春（今安徽壽縣）的將軍劉瑞對峙，石勒則兵攻蓬關（今河南開封縣南），和「乞活」陳午僵持不下。王彌向石勒求援，石勒沒有答應。張賓進言：「您總認為沒有除掉王彌的機會，這不是天賜良機嗎？陳午勢弱，成不了大氣候。王彌是人傑，將來會成為禍患。」石勒聽從張賓的話，攻擊並斬殺了劉瑞。王彌大喜，認為石勒對他是真

心相待。不久，石勒邀王彌在己吾（今河南寧陵）會宴，王彌的長史張嵩恐有其詐，勸其不要去，王彌不聽。王彌入席，酒至歡時，石勒一刀結束了王彌的性命，吞併其部眾。之後上報劉聰，說王彌叛逆。劉聰很不高興，但懾於石勒兵盛，只得又加封石勒為鎮東大將軍，督并、幽二州諸軍事，領并州刺史。這樣，石勒就清除了他逐鹿中原的一大對手。

當初，石勒被販至茌平，與母親王氏失散。劉琨為了爭取讓石勒歸附，遣張儒將王氏送予石勒，並附書信一封，大意是稱讚石勒大智大勇之餘，講一定要跟對其主，誠心勸石勒歸附晉廷。石勒回覆道：「事業與功名殊途同歸，並非如儒士所講。您當效忠晉廷，我是異族，難為之盡力。」於是，贈送劉琨名馬、珍寶，厚待前來的使者，謝絕了劉琨的好意。

石勒對人的不信任，可從他對部下的態度中看出。苟晞等雖降於石勒，並被委以重任，但石勒怕其叛走，以謀反罪將之斬首。

進據襄國
稱雄北方

苟晞死後，石勒任命將軍左伏蕭為前鋒都尉，攻掠豫州諸郡，至長江而還，駐紮在葛陂（今河南新蔡縣西北）。收降了一些夷族、楚族，安排其兩千石以下官職，讓他們繳納義穀，供給士卒食用。

石勒在葛陂的日子，應當說是他征戰生涯的重要拐點。在走向上，他從江漢地區返回到他所熟悉的黃河以北地區，而且從征戰方式上，也由流動、殺戮、搶掠變為攻心、懷柔和建立根據地。這是一種思維方式及民族習性的改變，而張賓在其中又起到了舉足輕重的作用。

石勒屯軍葛陂，修繕屋宇，勸課農桑，製造船隻，準備南攻建鄴（今江蘇南京）。早在兩年前石勒就有了雄踞江漢的志向。此時，鎮守於建鄴

的司馬睿會集江南兵力於壽春（今安徽壽縣），以鎮東長史紀瞻任揚威將軍，都督諸軍以防禦石勒。但江漢地區連降三月大雨不停，石勒軍中因飢餓、瘟疫而死亡大半，討伐檄書朝夕不斷，石勒召集諸將商議。右長史刁膺諫：「先寫信給琅邪王，請求他掃平黃河以北，等晉軍撤退再行謀劃。」石勒「愀然長嘯」。中堅將軍夔安勸石勒撤到高處躲避積水，石勒曰：「將軍何其怯乎！」孔萇、支雄等三十餘將進言：「趁吳軍還未聚集，我等請求各率三百步兵，從三十餘處乘船渡江，趁夜登上城頭，斬殺東吳將領，奪取城池，吃其倉米。今年定能攻破丹陽，平定江南，抓住司馬家族諸兒輩。」石勒笑曰：「是勇將之計也。」於是，各賜鎧馬一匹。再轉而問張賓：「於君計何如？」張賓答：「將軍攻陷帝都，囚禁天子，殺害王侯，搶掠嬪妃、公主，即使拔下您的頭髮也難數您的罪過，怎麼能再當臣子侍奉司馬氏？去年誅殺王彌後，不應在此安營。天降霖雨是告訴將軍不要留於此地。鄴城西連平陽，四塞山河，有喉結之勢，應該北撤而據之。」石勒「攘袂鼓髯」，曰：「賓之計是也。」於是責備刁膺：「你輔佐我，本應勸我成就功業，怎能勸我投降呢？此計本該斬，但看你秉性怯懦，所以寬恕。」降刁膺為將軍，命張賓為右長史，加封中壘將軍，被時人稱之「右侯」。

石勒率軍長驅至鄴城，攻北中郎將劉演於三台。劉演部將臨深、牟穆等率眾數萬人降於石勒。但鄴城守衛猶固，一時難於攻下，徒耗兵力。張賓進言：「劉演眾猶數千，三台險固，攻守未可卒下，舍之則能自潰。」「夫得地者昌，失地者亡。邯鄲、襄國，趙之舊都，依山憑險，形勝之國，可擇此二邑而都之，然後命將四出，授以奇略，推亡固存，兼弱攻昧，則群凶可除，王業可圖矣。」石勒聽從其計，進駐襄國（今河北邢台襄都），以為據點。張賓又說：「今我都此，越石（劉琨）、彭祖（王浚）深所忌也，恐及吾城池未固，資儲未廣，送死於我。聞廣平諸縣秋稼大成，可分遣諸將收掠野穀。遣使平陽，陳宜鎮此之意。」石勒遂命諸將攻掠附近冀州郡縣壁壘，徵集糧食物資送往襄國。並上表漢帝劉聰，劉聰加封石勒都督冀、幽、并、營四州諸軍事、冀州牧、上黨郡公。從此，石勒佔據襄國，改變了以往流動作戰、駐無定所的征戰方式，建立起根據地，為統一北方、建立政權奠定了基礎。

石勒據有襄國，與幽州刺史王浚正面相對。王浚野心極強，永嘉之亂後，他假立太子，設立行台（即政務機構），自置百官，更打算自立為帝，驕奢淫虐。當時廣平（今河北雞澤東南）人張豺、游綸擁眾數萬，佔據苑鄉（今河北邢台東北），聽命於王浚。永嘉五年（311 年）十二月，石勒遣夔安、支雄等七將進攻苑鄉，破其外壘。王浚急派督護王昌率軍與遼西鮮卑段疾六眷、段匹磾、段文鴦、段末柸等五萬人進攻襄國。段氏軍素以勇悍著稱，石勒遣將與之交戰，皆敗。段疾六眷打造戰具，準備攻城，石勒部眾皆懼。石勒對部下說：「現在敵人不斷進逼，敵眾我寡，恐怕到時難以突圍，外援不到，城內糧絕，即使是孫武、吳起再生，也難固守。我打算挑選將士，在野外列陣與敵軍決戰，你們認為如何？」諸將皆不讚同，說：「我們應該固守，以拖垮敵軍，敵人疲憊自然會撤退，到時我們乘勢追殺，定能取勝。」石勒又問張賓和孔萇，二人則同意石勒的想法，說：「聽說段疾六眷約定在下月上旬在北城決戰，他們大軍遠來，連日戰守，認為我軍勢弱，不敢出戰，精神上必定懈怠。段氏諸路兵馬以段末柸最強，精勇的兵卒都在其軍內。我們先不要出戰，以示弱小。抓緊在北壘挖二十餘條暗道，待敵軍列陣防禦未穩，出其不意衝擊段末柸營帳，敵軍必定慌亂潰散。捉到段末柸後，彭祖指日可定。」石勒笑納其計，以孔萇為攻戰都督，於北城開突門（即暗門）二十餘道，鮮卑軍攻城時，待其隊伍鬆懈，命孔萇率精銳自突門而出，猛襲段末柸部，不克而退。段末柸追至壘門，被石勒伏兵所俘。

王浚軍見悍將被俘，紛紛敗退，孔萇乘勝追擊，鮮卑橫屍三十餘里，繳獲鎧馬五千餘匹。段疾六眷收集餘眾，退屯渚陽。石勒抓住段末柸，並未殺他，而是要將他放還，諸將有反對者，石勒說：「遼西鮮卑，健國也，與我素無怨讎（即仇恨），為王浚所使耳。今殺一人，結怨一國，非計也。放之必悅，不復為王浚用矣。」遂釋放了段末柸，並送其厚禮重金，遣石虎赴渚陽與之結盟，段氏收兵遼西，與石勒相安無事。王昌返回薊縣，游綸、張豺則向石勒投降。石勒轉攻信都，殺晉冀州刺史王象。王浚勢力從此衰落。

石勒打算一舉消滅王浚勢力，張賓提出應當智取。於是，石勒便先假意

歸降王浚，派舍人王子春、董肇等人向王浚獻厚禮，表示擁戴其稱帝，以取得王浚的信任。又利用王浚與劉琨的不和，進行離間，使劉琨不予營救。

建興二年（314年），石勒出兵攻打王浚，連夜行軍至柏人（今河北隆堯西南），再進軍至薊縣，先以送禮為名驅趕數千頭牛羊入城，阻塞道路，然後乘亂抓住王浚，列舉出他的罪狀，押解到襄國處斬，殺其手下精兵萬人，焚毀其宮殿，留劉翰守城而返。

石勒將王浚首級送予劉聰，劉聰任命石勒為大都督，督陝東諸軍事、驃騎大將軍、東單于，增封十二郡。建興三年（315年），劉聰更賜予石勒弓矢，加封為陝東伯，專掌征伐，而對他所授予的刺史、將軍、守宰、列侯等，每年只將姓名及官職上呈即可，封石勒長子石興為上黨國世子。

王浚既滅，石勒在北方的對手就只剩下劉琨了。自從東贏公司馬騰離開并州，劉琨繼任刺史，雖有一定聲望，但力量有限，曾幾次求援於鮮卑拓拔猗盧。晉建興四年（漢建元二年，316年）十一月，劉曜攻克長安，西晉亡。石勒抓住時機，率兵西越太行，圍攻樂平太守韓據鎮守的坫城（今山西和順西北），韓據向劉琨求援。劉琨用鮮卑拓跋部兵馬攻打石勒，命部將箕澹率步騎兩萬為前鋒，自領大軍進駐廣牧（今山西壽陽西北）為援。石勒迎擊，有人勸：「澹兵馬精盛，其鋒不可發，宜深溝高壘以挫其銳，攻守勢異，必獲萬全。」石勒說：「澹大眾遠來，體疲力竭，犬羊烏合，號令不齊，可一戰而擒之，何強之有！」遂斬諫者，以孔萇為前鋒都督，佔據險要地勢，暗設伏兵，派出輕騎接戰，佯裝敗退，引誘箕澹等進入伏擊圈，石勒率軍前後夾擊，大敗晉軍，繳獲鎧馬數以萬計。箕澹僅帶千餘騎兵逃奔代郡（治今河北蔚縣東北），劉琨逃至薊縣，投靠鮮卑首領、晉幽州刺史段匹磾，後為段氏所殺。

次年，司馬睿於建康稱晉王，改建武元年（317年），翌年稱帝。同年，劉聰患病，徵石勒為大將軍、錄尚書事，並受詔輔政，石勒不受。劉聰又拜石勒為大將軍、持節鉞，都督等如故，並增封十郡，石勒仍不受。劉聰死，其子劉粲繼位。不久，權臣靳準殺劉粲，自號大將軍、漢天王、

置百官，稱藩於東晉。劉曜發兵討逆，於赤壁（今山西河津西北）即皇帝位，改國號趙，建元光初，以石勒為大司馬、大將軍，加九錫，增封十郡，爵趙公。

其後，石勒進攻平陽，各族十萬餘眾歸附。十一月，靳準派卜泰向石勒請和，石勒將使者囚禁並交與劉曜。劉曜卻暗中與靳準謀和，靳準猶豫未決，被靳康等人所殺，推其堂弟靳明為主，遣卜泰奉六顆傳國玉璽向劉曜請降。石勒見靳氏不向自己歸降，大怒，領兵進攻靳明，靳明戰敗，向劉曜求救，劉曜竟派兵迎靳明出城。石勒進平陽城，焚毀宮室，將城內渾儀、樂器等帶回襄國。石勒與劉曜矛盾激化。

太興二年（319年）二月，石勒遣左長史王脩獻捷報於劉曜。劉曜派郭汜封石勒為太宰、領大將軍，進爵趙王，增封七郡，前後共二十郡，出入警蹕（即出入時，在沿途安排侍衛，清道止行），冕十有二旒（即冕冠上前後懸掛十二條玉串），乘金根車，駕六馬，如同當年曹操輔佐漢室，榮耀至極。王脩返回襄國。留仕於劉曜、原本是石勒的舍人曹平樂進言：「大司馬遣王脩等來，外表至虔，內覘大駕強弱，謀待脩之返，將輕襲乘輿。」劉曜聽了曹平樂的話遂即召回了郭汜，將授封一事擱置，追殺王脩。王脩的副手劉茂有幸逃脫，向石勒稟報了王脩的死訊，石勒大怒：「我侍奉劉氏，極盡人臣之道。若沒有我，他們怎麼能在南面稱朕。如今漢基業即立，得志了竟想謀算於我。趙王、趙帝，我自己也能給予，哪用得著他們相賜！」至此，石勒與劉曜徹底撕破了臉，同時也讓石勒找到了與劉曜反目的理由。

此年十一月，石勒自稱大將軍、大單于、領冀州牧，建趙國，即趙王位，定都襄國，「後趙」政權由此誕生。所謂「後趙」，即相對於「前趙」而言，當年，劉淵建漢國，滅西晉，稱雄北方。劉曜繼任，改國號「趙」，二者一脈相承，史界將其統稱為「漢趙」。石勒建國，因其原封爵趙王，故也稱趙國。為了區分二者，史界將「漢趙」又稱為「前趙」，將石勒的趙國稱之為「後趙」。

石勒建國，特赦死刑以下囚犯，減免百姓一半田租，賜帛予孝悌、力田和戰死士兵的遺孤，孤寡老人每人分三石穀子，慶賀七天。按照春秋列國、漢初侯王設置年號的規制，改稱趙王元年。始建社稷，立宗廟，營建東西宮。

接下來設置百官。任命從事中郎裴憲、參軍傅暢、杜嘏兼任經學祭酒（官職，意為主管），參軍續咸、庾景為律學祭酒，任播、崔濬為史學祭酒。中壘支雄、遊擊王陽兼任門臣祭酒，專管胡人的訴訟。讓張離、張良、劉群、劉謨等為門生主書，管理胡人出入，使胡人重視禁令法律，不得侮辱有身份的漢人。號稱胡人為國人。派使者巡視各州郡，鼓勵農桑。加封張賓為大執法，專總朝政，位居諸臣之上。任命石虎為單于元輔、都督禁衛諸軍事，任命前將軍李寒為司兵勳，教練胡人武藝騎射。命令佐明楷、程機撰寫《上黨國記》，中大夫傅彪、賈蒲、江軌撰寫《大將軍起居注》，參軍石泰、石同、石謙、孔隆撰寫《大單于志》。從此按照天子禮儀御待群臣。

群臣向石勒請功，石勒說：「自孤起事從軍，現已十六年了。文武將士跟著我征伐，都是迎著飛石弓矢而上，經歷了艱難險阻，特別是葛陂之戰，功勳卓著，應當首先獎賞。現在還活著的，按功勞大小封官進爵，戰死將士的孩子，賞加一等，這才能對得起死者和生者，以表達我的心願。」石勒下書禁止胡人續娶戰死兄長的妻子（此為匈奴的習俗），不許在喪事期間婚娶，胡人死後仍可按以前風俗火葬。遷徙大臣等上等士族三百戶居於襄國崇仁里，置公族大夫統領，實行胡漢分治。

由於石勒是少數民族，他忌說「胡」字，但並非一概而論。一次，一醉酒胡人騎馬闖進止車門，石勒大怒，問宮門執法馮翥：「國君制定法令，尚且希望能通行天下，何況這宮闕之間呢？剛才騎馬闖入的是何人，為何不制止並稟報？」馮翥惶恐之際竟忘了忌諱，答：「剛才有『醉胡』騎馬闖進，我們只能呵斥、阻擋他，但是胡人不通漢語。」石勒無奈地笑道：「胡人正自難與言。」於是，寬恕了馮翥。

因參軍樊垣清廉，石勒提拔其做了章武內史。樊垣入宮拜謝，石勒見其衣衫破爛，大驚道：「樊參軍為何如此窮困！」樊垣性格誠樸，坦然答道：「頃遭羯賊無道，資財蕩盡。」石勒笑曰：「羯賊乃爾暴掠邪？今當相償耳。」樊垣察覺到失言，忙叩頭泣謝。石勒說：「孤律自防俗士，不關卿輩老書生也。」不但沒有處置樊垣，反而賞賜其車馬衣裝錢三百萬。

晉征北將軍祖逖佔據譙城，胸懷北伐收復中原之志。他善於安撫召喚，黃河以南很多地方紛紛脫離石勒而歸順他。石勒怯之，不敢再打，對他的將士們下書曰：「祖逖乃北方望族，有懷念祖宗之情。你們去幽州，修繕他祖墳，並安排人家為之守墓。我希望祖逖能像趙人一樣感恩於我，要停止對祖逖的傷害。」祖逖聽後很感動，派參軍王愉前去拜見，石勒熱情款待使者，贈馬百匹、金五十斤答謝，從此兗州、豫州偃旗息戰。祖逖死後，其弟祖約起兵被打敗，投降石勒，石勒派王波指責：「你到窮途末路之時才來歸順，我朝難道是你逃命的地方？你還敢腆著臉來！」並讓祖約看了他討伐石勒的檄書，但還是把祖約放了。

在石勒稱趙王的第三年，召來老家上黨武鄉的父老到襄國敘舊承歡。有個叫李陽的，原是石勒的鄰居，兩人常為爭漚麻（麻纖維的製作工序）的池坑發生爭吵，如今石勒稱王，不敢來。石勒說自己能取信天下，豈計個人恩怨，於是派人找來李陽，與之酣飲歡謔，石勒說，「孤往日厭卿老拳，卿亦飽孤毒手。」賜予李陽上等宅院一處，封為參軍都尉。並下命說武鄉是自己老家，死後將魂歸故里，故免去家鄉三世課役。

一次，石勒準備到襄國近郊狩獵，主簿程琅勸諫他不要去，舉孫策行獵遇刺為戒，即使是枯木朽株，也能為害。石勒不以為然，認為是書生之言，不聽。及至獵時，所騎之馬觸木而斃，自己也幾乎喪命。石勒悔不聽忠臣之言，險些釀成大禍，即封程琅為關內侯，並賜以朝服錦絹等物。由此，「朝臣謁見，忠言競進」。此後，到太和二年（329 年），石勒巡行州郡時，引見高年、孝悌、力田、文學之士，賜予穀帛。並令刺史太守宣告：「凡有意見要說的，不要隱諱不言，朝廷如飢似渴地希望能聽到忠言讜論（正直之言）啊！」

建平二年（331 年）三月，石勒將營建鄴宮，準備遷都於此。廷尉續咸上書切諫，石勒大怒，欲殺之。中書令徐光進諫：「陛下天資聰慧，超過唐虞，卻不願聽忠臣的話，豈不成了夏桀、商紂之類的國君？他的話可用就用，不可用也應該寬容，怎能一旦有直言就斬大臣呢！」石勒歎息道：「為人君，不得自專如是！豈不識此言之忠乎，向戲之耳！」石勒雖然生氣，但還是賜續咸絹百匹、稻百斛，以作為獎賞。並藉此下令公卿百僚，每歲推薦賢良方正、直言秀異、至孝廉等各一人，考試的答策為上第者拜官為議郎，中第者為中郎，下第者為郎中，令「其舉人得遞相薦引，廣招賢之路」。

石勒重視招攬人才、選賢任能。早在征戰之初就組建了「君子營」，招募賢能，為其出謀劃策。他認識到張賓才華出眾，加以重用，可惜張賓早死，石勒悲痛萬分，說：「是老天不讓我成就大業嗎？為什麼讓右侯這麼快離開我？」張賓死後，石勒與程遐等議事，有所不合，不禁感慨：「右侯捨我而去，讓我和這些人共謀大事，這不是太殘酷了嗎！」在石勒臨終的一年，還選拔了太學生五人，擔任佐著作郎。

石勒戎馬倥傯一生，沒讀過書，在很多人眼中是個「大老粗」，僅有匹夫之勇，實際上他很有頭腦，懂政治，對文化有一種特殊的喜好和悟性。多年來他總結出一套對敵鬥爭的法則：在混戰割據之際，難於自立時，要依附強者，以圖發展；要重視根據地建設，安境息民，課農造舟，廣儲軍備，擴充兵員；要廣泛徵集有識之士，認真聽取意見；注重軍事教育，培養軍事人才；要借鑒歷史經驗，指導行動。在戰爭指導上，要利用矛盾，分化敵人，擊其要害，詭道取勝；反對過早稱王而四方樹敵，不要因殺一人而結怨一國。在作戰指揮上，要探敵虛實，集勁旅擊其精銳；要卑辭驕敵，偽示怯弱，乘敵鬆懈而攻其不備；要誘敵輕進，設伏夾擊；必要時知難而退，保存實力。劉琨十分推崇石勒：「攻城野戰，合於機神，雖不視兵書，暗與孫、吳同契。」當然，必須指出石勒的弊病，那就是對生命的無視，在作戰中對俘虜和圍困之敵進行坑殺，成千上萬，一點不留情面。

石勒
趙明帝

石勒自己不識字，但經常採取「聽讀」的形式，讓儒生讀史書給他聽，他對古人的評判，往往切中時弊。他聽《漢書》時，得知酈食其勸劉邦立六國後人為王侯，大驚道：「這辦法不行，這怎麼能得到天下！」又聽到張良勸阻劉邦，說：「幸虧有張良啊！」石勒對文史的認知天分很高。

石勒非常重視教育。他在掌控司州、冀州等地期間，就在當地設立太學，以明經善書的官吏作文學掾，挑選部下子弟三百人入學。後來，在襄國又增置宣文、宣教、崇儒、崇訓等十多間小學，選擇部下和豪族子弟入學。石勒曾親臨學校考察學習的情況，對成績優異者按名次給予獎賞。他首創考試機制，初定五品，由張賓領選舉事。後又定為九品，命左右執法郎典定士族，並且制定選舉職能。令僚佐及州郡每年舉秀才、至孝、廉清、賢良、直言、武勇之士各一人。後來更以王波為記室參軍，典定九流，始立秀、孝試經之制。他稱帝後又命各郡國設立學官，每郡置博士祭酒二人，學生一百五十人，經過三次考試後方可畢業入仕。此制度對隋代實行科舉產生了很重要的影響。

一次，石勒在款待高句麗和宇文屋孤的使者，喝到興奮時，問徐光：「朕像自古以來哪位開國皇帝？」徐光答：「陛下神武籌略超越高皇劉邦，雄藝卓犖超越魏祖曹操，自三王以來無人能比，也就在軒轅皇帝之下吧！」石勒笑道：「人豈能沒有自知之明，你說的太過了。我若逢高皇帝劉邦，當奉之為君主，北面而事之，與韓信、彭越一樣馳騁而爭先啊。若遇漢光武帝，當共同逐鹿中原，不知鹿死誰手。大丈夫行事當磊落，如日月一樣光明，終不能像曹孟德、司馬仲達父子，欺負孤兒寡婦，靠巴結討好來取天下也。我當在二劉之間，軒轅皇帝可不敢比呀！」群臣聽罷均叩頭齊呼萬歲。

太寧二年（324 年），後趙司州刺史石生進攻前趙河內太守尹平，斬殺，掠奪新安縣五千餘戶人。自此，前、後趙兩國間正式交戰。西夷中郎將王騰殺并州刺史崔琨歸降前趙，屢敗於石生的晉司州刺史李矩、潁川太守郭默等亦遣使依附前趙。前趙大舉進攻後趙，被石虎所敗，大量部眾歸降，後趙盡佔司、豫、徐、兗四州之地。

太和元年（328年），石虎攻蒲阪，劉曜親率精兵救援，大敗石虎，並乘勢進攻石生鎮守的洛陽。石勒不顧程遐等人的勸阻，親往救援，十二月，與後趙諸軍會合於成皋。劉曜傲慢輕敵，在得知石勒率軍前來時才列陣於洛西。石勒在進攻前說：「劉曜設大軍于成皋關防禦，是上策；列兵於洛水阻截則次之；坐守洛陽，就會讓我生擒了。」當他見到劉曜列陣於洛陽城西，非常高興，認為必勝無疑，結果與石虎及石堪、石聰分三道夾擊劉曜，大敗前趙，生擒劉曜將之押送到襄國。

次年，留守長安的前趙太子劉熙得悉劉曜被擒，逃奔上邽，各征鎮棄防地跟隨，關中大亂，有將領甚至以長安城歸降後趙。八月，劉曜之子、南陽王劉胤率大軍反攻，被石虎擊敗。石勒殺劉曜，前趙亡。

太和三年（330年）二月，石勒稱趙天王，行皇帝事，設立百官，分封眾宗室。九月，正式稱帝。立兒子石弘為皇太子。石弘雅好文章，性格懦弱，缺少治國之才。而石虎生性彪悍，因戰功卓著握有重兵和實權。朝臣徐光和程遐認為一旦石勒去世，石弘將不能駕馭石虎，建議石勒除去石虎，石勒未予採納。

建平四年（333年）石勒患病。石虎入侍不准其他親戚大臣入見，無人知曉石勒的病情。石虎假託石勒的名義下詔書，用以防備他的兒子秦王石宏和彭城王石堪到襄國，將其軟禁，石勒得知後命其立刻回到駐地，石虎則騙說二人正在歸途。石勒自感來日無多，下遺詔：「死後三天就埋葬，內外百官葬後就除掉喪服，在此期間不要禁止婚娶、祭祀、飲酒、吃肉，征伐，鎮守的牧守不得擅自離位前來奔喪，用平時穿過的衣服裝殮，用平時坐過的車子運載棺槨，墓中不要藏金銀財寶，不要放珍玩器物。石弘兄弟要互相幫助，司馬氏是你們這一輩人的鏡子，最緊要的是厚道、和睦。中山王（石虎）可多想想周公、霍光，不要成為將來的話柄。」不久，石勒駕崩，享年六十歲，在位十四年。石虎趁夜色將其埋入山谷，沒人知曉入葬的具體位置。隨後又準備了一些文物虛葬，稱高平陵。石勒謚明皇帝，廟號高祖。

石勒
趙明帝

濫發慈悲的苻堅

357-385

苻堅是東晉十六國前秦的第三位帝王，氐族。其經歷和後趙的石勒頗有幾分相像，都發跡於少數民族，都志向高遠，都倚重漢臣，都統一了中國廣大北方地區。但苻堅的名望似乎要高，有的學者甚至將他與秦始皇、漢武帝、唐太宗、清康熙帝比肩。但二者又有很大不同，石勒恃勇，東征西戰，消滅頑敵，靠的是威猛；苻堅摯義，拓疆擴土，攻滅敵國，行的是懷柔。

苻堅尊儒重教，弘揚仁義，慈悲為懷，但善心過濫，結果導致了前秦及他人生的悲劇。

前秦時期，蘇蕙之夫竇滔因拒不服從軍令，被苻堅左遷至甘肅敦煌，竇滔在這段時光中
結識了善於歌舞的趙陽台，並納其為妾，冷落了蘇蕙。蘇蕙將對丈夫的思念之情寄託在
詩詞歌賦上，並寫出幾百篇詩篇，還將其進行了絕妙的編排，創作出璇璣圖。璇璣圖以
五色絲線在錦緞上繡下了句句回文的兩百餘首詩詞，無論正讀、反讀、縱橫反覆都可以
是一篇詩篇，堪稱是一篇巧奪天工的名作。圖為《蘇蕙與璇璣圖》。

生有貴相
政變登位

符堅字永固，又字文玉，小名堅頭，略陽臨渭（今甘肅秦安）人，氐族。氐是中國一個古老的民族，最先活動於四川西北，後逐步向附近的青海、甘肅隴南及四川東北地區擴展。有人說氐、羌同源異流，也有的說二者自始就是兩個不同的民族。西晉末，氐族首領李特起事，其子李雄於成都稱帝，建立了「成漢」。隨後氐族人又先後建立過仇池、前秦、後涼等政權。其中前秦的規模最大，奠基人即符堅的祖父符洪。

符洪是氐族首領，他率領氐部族在晉末異常混亂的形勢下左右逢源，在夾縫中求生存。後趙石虎進攻關中時，符洪曾率族歸附，並率秦州、雍州士族以及氐、羌十多萬戶遷於今河北鄴城一帶，受封龍驤將軍、流人都督，駐於枋頭（今河南浚縣）。至於符洪為什麼要離開世居的關中地區而遷徙到關東一帶，史書並未做出恰當的解釋，似乎不太合乎常理。與符洪一起歸降石虎，並遷到關東的還有羌族首領姚弋仲，受封奮武將軍、西羌大都督，駐於清河的灄頭（今河北棗強縣）。注意：這個姚弋仲的兩個兒子——姚襄和姚萇，正是後來促使符堅逆篡和斷送符堅生命的禍首。

符洪和姚弋仲率領部眾內遷後跟隨石虎東征西討，屢立戰功，成為後趙的兩支重要的軍事力量。可符洪雖任官受爵，實際上並沒有得到石虎真正的信任，只是被利用，再加上有人挑撥，符洪面臨被清洗的危險。於是，符洪又轉投東晉，被任命為征北大將軍。當然這只是張空頭支票，因為東晉自身還難保，符洪也沒有太在意，不久，他自稱秦王。就在符洪實力日盛、意在稱主之際，卻遭到原後趙樂平王石苞的部下、降將麻秋的暗算，將其毒死。符洪死後，其子符健繼位。符健率部眾重回關中，佔領長安，並於次年稱帝，建立前秦政權。符健是符堅的伯父，符堅的父親符雄因輔佐長兄創業有功，被封為東海王。

為什麼史界將苻氏所建的政權稱為「前秦」呢？這裡要說明一下。中國史上共有四個「秦朝」，最為著名的當屬秦始皇所建的大秦王朝。「前秦」並不是在大秦之前，而是在其五百年之後，而且二者沒有任何傳承關係。它之所以被稱為「前秦」，是相對於「後秦」而言。「前秦」後來是被姚弋仲的兒子姚萇所滅，姚萇建國，也稱「秦」，史界為了區分二者，將之分別稱為「前秦」和「後秦」。另外還有一個「西秦」，為鮮卑人乞伏國仁所建，與「前秦」同時代，後來也被「後秦」所滅。它們之所以都稱「秦」，主要因為均位於三秦之地。還有在隋末唐初，地方豪強薛舉聚眾起事，佔據隴西一帶，自稱西秦霸王，史上將之也稱為「西秦」，但其存活的時間很短，被時任秦王的李世民所滅。

這下兒該說到苻堅了。史籍講苻堅生有貴相，傳說其母苟氏遊歷漳水，到西門豹祠求子。西門豹是戰國時的鄴令，因整治借「河伯娶親」搜刮百姓的邪惡勢力、治理漳河、使百姓富足安康而聞名，在當地有很高的威望。苟氏夜夢與神相交，因而有孕，十二月後生下苻堅。其降臨時，有一束神光自天映照庭院，生下後其背後有一組赤紅的文字隱約可見，曰「草付臣又土王咸陽」，「草付」即「苻」字，「臣又土」即「堅」字，意為將來他要在咸陽稱王，後來果真應驗。史籍講他「臂垂過膝，目有紫光。洪奇而愛之，名曰堅頭」。苻堅年少早成，樂於幫助身邊的小夥伴，說話、做事很得體。他在祖父苻洪身邊，非常懂事，言談舉止猶如大人，深受苻洪的寵愛，苻洪說：「此兒姿貌瑰偉，質性過人，非常相也。」

後趙的司隸校尉徐統長於相面，一日，在路上遇到苻堅，非常驚異，拉著他的手說：「苻郎，此官之御街，小兒敢戲於此，不畏司隸縛邪？」苻堅答：「司隸縛罪人，不縛小兒戲也。」徐統對左右的人說：「此兒有霸王之相。」見他們不解，說：「非爾所及也。」後又遇到苻堅，徐統避開眾人對他說：「苻郎骨相不恒，後當大貴，但僕不見，如何！」苻堅曰：「誠如公言，不敢忘德。」

苻堅八歲時，要求找老師教他讀書，苻洪說：「汝戎狄異類，世知飲酒，

今乃求學邪！」欣而許之。苻堅學習非常刻苦，潛心研讀儒學典籍。其叔父苻健返回關中後，一日，夢見天神遣使者朱衣赤冠（即朱衣神），命拜苻堅為龍驤將軍，苻健設壇授之，含淚言道：「汝祖昔受此號，今汝復為神明所命，可不勉之！」苻堅「揮劍捶馬，志氣感屬，士卒莫不憚服焉」，苻堅隨著學識的不斷增長，逐漸在內心立下了經世濟民、統一天下之大志，結交了許多當世豪傑，很快成為了朝野中享有盛譽的佼佼者。苻雄去世，苻堅襲父爵東海王。

皇始四年（354 年），苻健病故，其子苻生繼位。苻生生有缺陷，是個「獨眼龍」、自幼很自卑，性格嚴重扭曲。據說苻健在其長子苻萇戰死後，聽信當時流行的一句「三羊五眼」的讖語而選立了他。苻生生性殘暴，草菅人命，殺人如麻。朝堂之上，刀、斧、鉗、鋸等各種刑具齊備，稍不隨意，便開殺戒，搞得朝中人人自危。壽光三年（357 年），與苻氏反目的姚弋仲父子謀圖關中，聯絡前秦境內的羌人，攻打前秦。苻堅與苻黃眉、鄧羌等率兵抵抗，將其擊敗，擒殺姚襄，逼令其弟姚萇率部眾歸降。然而，苻生賞罰失當，苻黃眉立大功不但未受褒賞，反而受辱，因此謀反。

苻黃眉的謀反雖然失敗，但苻生的暴虐失察、苻堅的英武寬厚在人們的心目中形成了強烈的反差。姚襄的舊將薛贊和權翼敬慕苻堅的才能，私下對苻堅說：「今主上昏虐，天下離心。有德者昌，無德受殃，天之道也。神器業重，不可令他人取之，願君王行湯、武之事，以順天人之心。」梁平老等人亦勸苻堅謀反。

苻堅則猶豫不決，未敢輕舉妄動，因為畢竟是叛逆之舉。苻生有所察覺，一天酒後失言，說：「苻法和苻堅兄弟靠不住，要盡快除掉他們。」一位飽受欺凌的侍女聞訊後秘密報告給了苻堅。苻堅兄弟立即採取行動·召集親兵，分兩路衝進王宮，把睡夢中的苻生幽禁，廢為越王。苻堅讓苻法稱位，苻法因庶出而不敢受。苻堅則在群臣的勸進下登基，降號天王，稱「大秦天王」，改年號永興，大赦天下。後遣使殺了苻生，謚其為厲王。

符堅稱王後追諡父符雄為文桓皇帝，尊母苟氏為皇太后，妻苟氏為皇后，子宏為皇太子。拜諸位兄弟、子嗣以高官厚爵，封李威、梁平老、強汪、仇騰、席寶、呂婆樓、王猛、薛贊等為朝中重臣。符堅的母親、皇太后苟氏擔心「法（符堅的兄長）年長而賢，又得眾心，懼終為變，遣殺之。」符堅「性仁友，與法決於東堂，慟哭嘔血，贈以本官，諡曰哀。」封其子陽為東海公，敷為清河公。

關於符堅的謀逆篡位，史界似乎並不願意多言，大概主要源於中國「成王敗寇」的理念，更何況符生殘暴、符堅英賢是非常充分的理由，至於謀反中的具體細節，其實並不重要，事情已然發生，就如同後代的李世民，誰還會去計較其上位的合理性呢？那樣就太不識大體了。要追究只能去詛咒封建的專制制度，是它使人們變得殘忍、險惡和無情。

整頓內亂
統一北方

符堅即位時，前秦社會可以說是一片混亂。關中是各民族雜居的地區，民族關係錯綜複雜，各種衝突及鬥爭持續不斷。氐族是一個尚處於進化和成長階段的民族，生產水準和文化積澱落後。前秦於動亂之際建國，很多法律規章還沒來得及確立，矛盾和問題叢生，很快符生又行暴政，水旱等自然災害頻發，戰亂相繼，老百姓苦不堪言。

符堅在做東海王時，就體察到朝政的弊端和百姓的疾苦，並有心加以整治和改變。他上位後即下決心要除惡揚善，開創清明的政治局面。他首先從清算符生的殘暴統治入手，果斷地斬殺了縱容並協助符生作惡的佞臣董榮、趙韶等二十餘人。接下來整飭吏治，廣納賢才，選用、提拔了一批包括漢人在內的賢能之士參與朝政，使朝間風氣為之一振。恢復已絕多日的宗祀，上禮神祇。褒揚和稱頌有特殊才能、品行優良、孝友忠義、有德望的人。下令各地官員都要上舉孝悌、廉直、文學、政事四項

才德之人，賞賜賢者，裁撤無能。

安民是立國之本，恤民是穩國之策。符堅針對多年來百姓顛沛流離、生活困苦的現狀，採取與民休息的政策，發展生產，勸課農耕。將無主荒地分配給無地或少地的農民耕種，取消山林、漁業開發的禁令，資源由國家和百姓共用。扶助鰥寡孤獨，使得老有所依。永興二年（358年），前秦廣大地區遭受旱災，為了同百姓一起渡過難關，符堅下令減少宮廷開支，撤銷歌樂，後宮皇妃以下的宮女改穿布衣，不再穿著綾羅綢緞，文武百官也相應減少俸祿。為了緩解關中地區少雨易旱的問題，符堅下令徵調豪富童僕三萬人，開發涇水上游，鑿山起堤，疏通溝渠，灌溉梯田和鹽城地，使荒蕪多年的田地重新長出了五穀。符堅親臨農耕，讓夫人苟皇后飼養桑蠶，以示對於農業生產的重視，獎勵努力耕作的農民。

符堅力求避免各種軍事行動，自永興二年（358年）征討并州叛變的張平，至甘露七年（365年）平定劉衛辰及曹轂的叛亂，期間基本上沒有大的軍事行動。在朝野上下的一致努力下，前秦經濟恢復得很快，出現了「關隴清晏，百姓豐樂」的可喜局面。史載，從長安到各州郡都修通了驛道，商販、行人沿途取給（人力物力的提供）方便。百姓有歌謠曰：「長安大街，夾樹楊槐。下走硃輪，上有鸞棲。英彥雲集，誨我萌黎。」

符堅尊崇儒學，重視教育。因為從小接受漢文化的教育，符堅對於漢文化、特別是儒學的思想理念有著很深的感情和喜好。在他的宣導下，前秦大力宣揚儒學，禁止老莊以及圖讖學說，這在中國歷史上，包括那些漢族政權，都是非常突出的。符堅在消滅前燕後更開始在長安祭祀孔子。與此相對應，符堅狠抓教育，旨在提高民族的文化素質，培養治國人才。恢復了太學和地方各級學校，下令廣收學官，招聘有學識的教師執教，規定郡國學生只要通曉一經或以上者便可入職為官。符堅每月都要親臨太學，對於學習優異者進行考拔。符堅不僅要求太子、公侯和官員之子要入校學習，中外、四禁、二衛、四軍長（皆為官職）以上的將士也必須受學，後宮亦設有典學，教授宦官及宮婢經學。

符堅提出的一系列政治、經濟主張和做法之所以能夠得以實施，得益於一個很重要的人物，即漢人王猛。王猛，字景略，東晉北海郡劇縣（今山東壽光）人，後移居魏郡。他家境貧寒，隱居山中，博學好讀，善於謀略。東晉桓溫曾許以厚祿高官，但他認為東晉氣數已盡，推辭不就。後經呂婆樓認識了符堅，二人一見如故，論廢興大事，異常契合。符堅即位後拜他為中書侍郎，一年中擢升五次，官至丞相、中書監、尚書令，封清河郡侯。

王猛上任伊始，面臨最嚴重的問題是氐、羌兩族權貴橫行於世，目無綱紀，巧取豪奪。王猛即從整治不法權貴入手。當時，京師的西北門戶始平縣豪強橫行，百姓叫苦不迭，王猛作為始平縣令前往治理，他執法嚴明，作風硬朗，剛一到當地就把一個作惡多端的奸吏當眾處斬，引起轟動。奸吏的狐朋狗黨聯名上告，勾結法官將王猛逮捕，押送到長安獄中。

符堅聞訊大驚，急忙親自前往獄中看望並責問王猛：「為官理政要把仁義道德放在首位，怎能一上任就殺人？」王猛從容對答：「治理安定的國家要用禮，治理亂世則要用法。我一心為陛下剷除奸暴不法之徒，現在才殺掉一人，還有不少奸吏在擾亂社會，如果陛下認為我不能消滅奸吏，安定社會治安，我甘願受懲罰，若說我太殘酷，實在不敢接受。」一席話說得符堅茅塞頓開，認定王猛是治理亂世的賢才，向在場的文武大臣說：「王猛是管仲、子產一類的人物啊！」隨之當即赦免了王猛。

王猛嚴於執法，整頓了朝野秩序，但也觸犯到一些人的利益，加之他接連受到符堅的重用和提拔，引起一些顯貴們的嫉恨。姑臧侯樊世是隨符堅入定關中的氐族勳貴，居功自傲，目中無人，當眾羞辱王猛：「我們與先帝共興大業，辛苦耕耘；你無汗馬之勞，憑什麼坐享其成？」王猛冷笑道：「讓你耕種還算便宜了你，還想讓你去當屠夫作廚子呢！」樊世勃然大怒：「姓王的，走著瞧，若不把你的腦袋割下來掛在長安城門上，我就不活在世上。」符堅得知後說：「如果放任樊世之流囂張跋扈，朝綱就無法整肅。」不久，樊世進宮，與王猛發生爭吵，不僅破口大罵，還欲飽以老拳。符堅見樊世如此放肆，當即下令拉出去斬首。

樊世被殺，在氐族貴族中引起軒然大波，紛紛到苻堅面前詆毀王猛。苻堅則態度鮮明，堅決支持王猛整飭朝廷，對詆毀者進行責罵、甚至鞭打，才平息了事態。但仍有人自恃皇親國戚，恣意妄為，特進、光祿大夫強德依仗自己是太后（苻健皇后）之弟，酗酒鬧事，欺男霸女，無法無天。王猛早有所聞。一天，又見其在光天化日之下胡作非為，當即將其逮捕，斬首示眾，並陳屍街頭。隨後又「與鄧羌同志，疾惡糾案，無所顧忌，數旬之間，權豪、貴戚，殺戮、刑免者二十餘人，朝廷震栗，奸猾屏氣，路不拾遺。」苻堅歎曰：「吾始今知天下之有法也！」

甘露六年（364 年），前秦爆發了「五公之亂」。所謂「五公」即先帝苻健的五個子嗣，苻生的五個弟弟。苻堅謀逆上位，權位從苻健一系轉至苻雄一支，引起了他們的極度不滿，密謀反叛。先是汝南公苻騰謀反被殺。王猛知其危害，建議除掉五人，否則終將為患，苻堅未予採納。次年，劉衛辰及曹轂叛亂，苻堅親征平叛，並北巡朔方以撫諸胡。淮南公苻幼趁機領兵攻打太子苻宏、王猛及李威留守的長安，李威將其擊斬。苻幼起事時曾暗結晉公苻柳和趙公苻雙，苻堅以二人為伯父愛子為由而沒有問罪，也未公佈此事。然而二者卻執迷不悟，與魏公苻廋、燕王苻武共謀作亂。苻堅勸其罷兵，並承諾不作追究，但四人一意孤行，苻堅只得遣軍平叛，楊世成、毛嵩敗於叛軍，苻堅再派王鑒、呂光及王猛等先後擊敗並斬殺四公，平定亂事。苻廋獻陝城（今河南陝州）歸降前燕，請兵接應。苻堅大怒，派大軍至華陰（今陝西華陰）禦敵，前燕太傅慕容評見狀拒絕迎降，才避免了更大的危機。

安定了國內，苻堅開始向周邊拓展。他的遠大抱負絕不僅限於氐族的棲息地，而是整個北方地區乃至全國。首先鎖定的是前燕。建元五年（369年），前燕的吳王慕容垂在擊退東晉桓溫的北伐軍後，因受到慕容評的排擠，投奔前秦。苻堅早於兩年前得知前燕大將慕容恪死訊時，就有吞併其的打算，並派使者前去打探虛實，但因懾於慕容垂的威名而未敢出兵。如今慕容垂負氣而來，苻堅則滿心歡喜，親自出郊迎接，優遇有加，拜為冠軍將軍，而不顧王猛讓他要提防慕容垂的諫言。

苻堅
秦宣昭帝

同年十二月，苻堅以前燕違背諾言，未割讓虎牢（今河南榮陽氾水西北）以西的土地給前秦為藉口出兵攻燕，遣王猛、梁成和鄧羌率軍，圍攻洛陽（今河南洛陽），於次年初攻陷。六月，苻堅再命王猛等出兵，在潞川（今山西東南部濁漳河）擊潰統兵三十萬的前燕太傅慕容評，此為前秦滅燕的最重要一戰，並乘勝攻取了燕國的首都鄴城（今河北臨漳西南）。苻堅親往助戰。前燕帝慕容暐在逃奔遼東途中被俘，前燕亡。

仇池國是魏晉時氐族楊氏建立的政權，有前仇池和後仇池之分。它原臣服於前秦，仇池公楊世死，其子楊纂襲位後受命於東晉，斷絕了與前秦的臣屬關係。建元七年（371 年），苻堅進攻仇池。當時，楊纂的叔父楊統正與楊纂為王權兵戎相見，東晉梁州刺史楊亮得知前秦攻仇池後，即派郭寶等領兵協助楊纂，但楊纂軍大敗，被迫出降。苻堅命參與攻仇的將領楊安鎮守仇池。前仇池滅亡。

苻堅為在河西樹立威望，釋放了早先俘獲的前涼將領陰據及五千兵士，前涼君主張天錫畏懼，向前秦稱藩。吐谷渾君主碎奚亦向前秦進貢。苻堅均授予其官職爵位。苻堅再攻隴西鮮卑首領乞伏司繁，盡降其眾，將乞伏司繁留於長安，讓其堂叔乞伏吐雷統眾。

建元九年（373 年），東晉梁州刺史楊亮派其子楊廣進攻仇池（後仇池），敗於守將楊安，東晉駐守於沮水（黃河渭河支流）一帶防備前秦的軍隊潰散，楊亮退守磬險（今陝西洋縣北）。楊安趁機進攻東晉的漢川，苻堅則命王統、毛當等進攻東晉梁、益二州。楊亮在青谷率巴獠（巴蜀之地少數民族）抵抗失敗，退至保西（今陝西安康西北），結果漢中（今陝西漢中）、劍閣（今四川劍閣）、梓潼（今四川梓潼）等地先後失守。前秦佔有了益、梁二州。

建元十二年（376 年），苻堅以張天錫「雖稱藩受位，然臣道未純」為由欲攻打前涼。他先派閻負和梁殊為使者，徵召張天錫到長安，張天錫不降，決意與前秦決一死戰，下令斬殺二人，派馬建抵禦前秦。前秦軍西渡黃河，攻下纏縮（今甘肅永登縣南），張天錫又派掌據到洪池（今甘肅天祝西北烏鞘嶺）馳援，自己率兵到金昌助戰。前秦軍進攻，馬建

投降、掌據戰死，張天錫退至都城姑臧（今甘肅武威）。前秦軍圍攻，張天錫被迫出降，前涼滅亡。

隨著前燕、前仇池和前涼滅亡，北方的割據政權僅剩下拓跋氏建立的代國。在滅涼的同年，苻堅以應劉衛辰求救為由，命幽州刺史苻洛率兵十萬，鄧羌等率兵二十萬征代。代王拓跋涉翼犍先後命白部、獨孤部及南部抵禦，均敗。涉翼犍北走陰山，遇高車部叛變，又回到漠南，返回雲中郡盛樂（今內蒙古和林格爾北）的都城。拓跋斤（代國宗室，承襲高涼郡王）挑撥涉翼犍之子拓跋寔君弒父及弟，前秦軍攻雲中，代國滅亡。

苻堅整頓內政、統一中國北方，展現出其大智大勇、心系天下的胸懷與膽識，但同時也暴露出他性格中的弱點。比如他對待「五公」，說好聽點兒是心慈手軟，說難聽的則是姑息養奸、養虎為患。這恐怕與他篤信儒學有關，他認為只要宣導仁義道德，便可讓人心向善，天下太平，這實在只是一廂情願。從本質上講，儒學是一門倫理學說而非政治學說，它可以改善社會但並不能改變社會，想用理想化的東西去解決複雜而嚴酷的政治問題，顯然是不足取的。苻堅攻伐割據政權，實際上只是軍事上的佔領，而非政治上的掌控，他收納降將，不計前嫌，雖讓人心生感動，但卻很難遂人願，那些降將並非像他所期待的那樣感恩戴德，相反一遇風浪便會立即倒戈，翻臉不認人，他所厚待的姚萇最後甚至要了他的性命。在政治取捨和巨大的利益面前，理念有時候是很蒼白的。

兵敗淝水
命遜新平

但不管怎麼說，苻堅統一了中國廣大北方地區。這在當時是件非常了不起的事情。自西晉末「五胡亂華」以來，北方地區連年混戰，幾個少數民族政權「你方唱罷我登場」，爭相品嘗權力的滋味。戰亂給人民帶來無窮的災難和沉重的負擔，政治環境及自然生態遭到前所未有的毀壞，

社會及民眾都期盼有一個安定的環境。而符堅正是順應了這種要求，完成了統一北方大業，並積極推行與民休息、發展生產的策略，使動盪不安的社會得以喘息和發展，貢獻是巨大的，所以，後世給予了他很高的評價。但是（又是但是），征戰的接連勝利使符堅變得頭腦有些發熱，佔領地區的不斷擴大更激發了他好戰的雄心和慾望，他已經不再滿足於對於北方的一統，而是要更進一步，攻取南方，成為整個華夏的霸主。

關於南征東晉，丞相王猛曾極力反對，指出當前前秦的國力雖比東晉強，但由於剛剛統一北方，需要調整和休息，政權也需要鞏固和完善，所以，時機尚未成熟。而東晉雖國力不濟，但憑藉長江天塹和東南地區豐沛的物產，有著很好的生存和發展條件，與前秦所滅的幾個割據國在實力等各方面是不同的。而且東晉雖偏安一隅，但仍有正朔之名。但符堅卻始終堅持自己的想法，認為東晉雖為正統，但形同危卵，只要前秦大軍一到，便可像攻滅燕、涼、代等國一樣，摧枯拉朽，勢如破竹。於是，在王猛去世後的第七年，符堅認為時機已經成熟，決意要南下攻晉。

反觀東晉，也在積極備戰，一方面防備北方崛起的前秦，另一方面則並未泯滅北伐光復的意願。太元元年（376 年），晉孝武帝司馬曜開始親政，拜謝安為中書監、錄尚書事，總攬朝政。謝安出身高門望族，父親謝裒官至太常，堂兄謝尚為鎮西將軍。他性情溫和閒雅，處事公允明斷，不專權樹私，不居功自傲。當時，長江中下游分別由以桓溫為首的桓氏家族，和謝安為領的謝氏家族掌控，謝安以大局為重，盡力調和兩大家族的關係，為即將爆發的戰事作準備。

太元二年（377 年），東晉任命桓溫的弟弟桓沖之子桓嗣為江州刺史，外戚王蘊為徐州刺史，都督江南諸軍事，任命謝安的侄子謝玄為兗州刺史，兼廣陵相，監長江以北諸軍事，謝安則都督揚、豫、徐、兗、青五州諸軍事，總管長江下游。桓沖為荊州刺史，防禦荊襄地區。為了加強中央軍力，晉孝武帝令謝玄招募淮南江北百姓，在廣陵挑選良將，訓練精兵，選拔了劉牢之等軍事人才，成立了北府軍。

太元三年（378 年）二月，符堅開始了他聲勢浩大的伐晉行動，很多人

認為此次行動即「淝水之戰」，實際上「淝水之戰」只是此次行動最後也是最為關鍵的一役。前秦南征前後共分為三個階段。第一階段始於建元九年（東晉寧康元年，373年），當時前秦滅燕、代，征服前涼，完成北方的統一，苻堅開始放眼於位於南方的東晉。首先從其最薄弱的地方入手，命王統、毛當為帥，攻佔了東晉的益州和梁州，即現在的陝西南部與四川等地。這個我們前面提到過。

此次出征實際上是第二階段，亦稱為「淮南之戰」或「洛澗之戰」。西部戰事結束後，苻堅開始謀劃對於中部的進攻，首先瞄準東晉的軍事重鎮襄陽（位於今湖北荊州），苻堅派其子、征南大將軍、長樂公苻丕、武衛將軍苟萇等領兵十七萬攻打。襄陽自古以來為兵家必爭之地，東晉據重兵把守，前秦圍攻一年多才攻破，俘獲守將朱序。注意：這個朱序後來是影響「淝水之戰」走勢很重要的人物，還將提到。襄陽失守後，秦晉圍繞該地又進行過多次小範圍的戰鬥，互有勝負，前秦雖然始終未攻破荊州，但襄陽一直控制在前秦的手中。

在進攻襄陽的同時，苻堅還著手東線的部署，命將領俱難、毛當、彭超領兵七萬，分別攻下東晉的彭城（今江蘇徐州）、淮陰和盱眙。後又集中兵力圍攻三阿（今江蘇寶應）。此時，前秦軍隊距東晉重鎮江陵（今江蘇揚州）只有百里之遙。東晉發動反擊，又收復盱眙、淮陰等地。東線戰事主要僵持於彭城以南、淮水以北的方寸之地。

上述三線的戰爭，可以說是「淝水之戰」的預演，就整體而言，前秦佔有優勢，獲取了梁、益二州與襄陽等地，這給予了苻堅以很大的信心，同時也助長了他輕敵的思想。

建元十八年（382年），苻堅準備率部親征。關於伐晉，朝廷內部意見並不統一，有主戰與主和兩派。主戰派主要有秘書監朱彤，還有唯恐天下不亂的鮮卑族的慕容垂與羌族的姚萇。朱彤曾經率軍攻取梁州，認為東晉不堪一擊，而慕容垂和姚萇則希望趁亂脫離苻堅，建立起自己的「山頭」。主和派勢力強大，有苻堅的弟弟苻融、太子苻宏、和尚道安、大將石越、苻堅心愛的張夫人等，當然還有已經過世的丞相王猛。石越曾

勸符堅，說：「雖然我們現在兵多將廣，但晉軍有長江天險可守，我們未必能取勝。」符堅一笑：「以吾之眾旅，投鞭於江，足斷其流！」意為我們這麼多的兵馬，把馬鞭子投入江中，就能使江水斷流，此即「投鞭斷流」的典故。符堅堅決站在主戰派一邊，所以，左右著雙方的意見。

在此期間，前秦宗室發生的兩起叛亂給符堅的南征蒙上了一層陰影。鎮守洛陽的北海公符重謀反，因其長史呂光效忠於符堅則很快被平定，符重獲釋返回府第。建元十六年（380 年），符堅再度任命符重為鎮北大將軍，駐鎮薊城（今北京），這又暴露出他性格上的弱點。同年，符堅授行唐公符洛為征南大將軍，鎮守成都，命其由襄陽循漢水西上赴任。符洛在滅代國時立下大功但並未委以重任，仍以僅任邊境州牧而深感不滿，他懷疑符堅命他到襄陽是有陰謀，於是決定反叛。當時雖只獲符重支持，但符洛自和龍（今遼寧錦州）率兵七萬直指長安。符堅勸降，許以永封幽州請其罷兵，遭拒，符洛竟揚言「還王咸陽，以承高祖之業」，甚至說符堅若在潼關候駕，會以他為上公，爵東海。符堅大怒，出兵討伐，在中山斬殺符重，生擒符洛，平定了亂事。有人提議殺掉符洛，符堅又刀下留情。

前秦出徵兵分為四路，八月初，由前鋒都督符融領兵二十五萬人，從長安出發。西部軍隊由姚萇率領，從四川沿長江而下。北部軍隊從河北出發，西北部軍隊從甘肅出發，中軍由符堅親自坐鎮，統步兵六十萬，騎兵二十七萬，號稱百萬之師，從長安進發。出征的大軍浩浩蕩蕩，戰線拉的很長，前後千里，旌旗相望，行動緩慢，且號令不統一。九月，符融的前鋒部隊到達潁口（今安徽壽縣西北），符堅率領的中軍到達項城（今河南沈丘），而河北的軍隊才到徐州，甘肅的軍隊更慢，剛到咸陽，姚萇率領的西部軍拖拖拉拉，漫不經心。十月，只有符融的軍隊投入了戰鬥，首先攻破壽陽（今安徽壽縣），擒獲了守將徐元喜。隨後，派梁成率五萬軍隊駐紮在大澗溝，沿淮河佈防，阻擋東來的東晉援軍。

大軍壓境，東晉任命尚書僕射謝石為征虜將軍、征討大都督，謝玄為前鋒都督，與輔國將軍謝琰、西中郎將桓伊等人，統八萬兵眾禦秦主力；

桓沖傾十萬荊州兵進行牽制，以減輕下游的壓力；龍驤將軍胡彬帶領五千水軍援助壽陽，但還未趕到，壽陽已被前秦攻破，胡彬的軍隊駐紮於陝石（禹王山旁邊），謝玄的軍隊距離大澗溝二十五里安營紮寨。

此時，苻融俘獲了一名胡彬派去向謝玄求救的密使，苻融認為東晉軍隊已經彈盡糧絕，馬上派人稟報苻堅，苻堅則離開大部隊，僅率八千騎兵趕到壽陽與苻融會合。

苻堅大概是出於速戰速決的考慮，派擒獲的襄陽守將朱序去遊說謝石。這實在是一步昏招。朱序雖被前秦授以尚書，但內心仍然向著晉廷，他不僅沒有勸降，反而道出了前秦的虛實，並出謀道：「秦軍雖有百萬之眾，但還在進軍之中，如果兵力集中，晉軍將難以抵擋。現應抓住機會迅速出擊，攻其前鋒部隊，挫其銳氣，秦百萬大軍可破。」謝石原認為秦軍強大，打算堅守不戰，待敵疲憊再伺機反攻。聽了朱序的話後改變計劃，決定轉守為攻，主動出擊。

謝石將計劃告知謝玄，謝玄其實心裡並不是很有把握。因為他所面對的雖只是前秦的前鋒部隊，但亦有五萬之眾，而他只有區區幾千人。可是他擁有的是訓練有素的北府軍和赫赫戰將劉牢之，所以，決定一搏。他派劉牢之率五千精兵出擊，劉將軍不負重托，夜襲成功，以五千人馬戰勝了梁成的五萬人，斬殺主將梁成與副將王詠。「洛澗之戰」雙方的兵力對比為十比一，可謂中國軍事史上的奇跡。

「洛澗之戰」的勝利極大的鼓舞了東晉將士，同時也削弱了前秦軍隊的士氣。戰後，東晉分水陸兩軍向西進發，駐紮於淝河以東，前秦的軍隊則退守壽陽，駐紮在淝河以西，大戰一觸即發。苻堅登上壽陽城視察敵情，只見晉軍列陣嚴整，精神煥發，並未像手下通報的那樣士氣低落、山窮水盡，又看到八公山（在今安徽淮南西）上的草木，以為皆為晉兵，始有懼色，此即「草木皆兵」的故事。

這就到了前秦伐晉的第三階段，也即達到最高潮、也是最富有文學性、戲劇性的一役——「淝水之戰」。這次戰役，與周朝武王伐紂的「牧野

秦宣昭帝
苻堅

之戰」、三國曹操與袁紹的「官渡之戰」、明朝與後金的「薩爾滸之戰」堪稱中國古代軍事史上以少勝多的典型戰例，其諸多的成語典故令人耳熟能詳，傳誦至今，成為中華文化寶庫中的珍品。同時它也是符堅人生起落的標誌性拐點，從輝煌到隕落、從英主到敗寇，其政治及征戰生涯就此而收官。

淝水位於今安徽壽縣的東南部，源自肥西和壽縣之間的將軍嶺，分為兩支，一支向西北出壽縣匯入淮河，一支向東南流入巢湖，淝水之戰的古戰場就位於向東南流淌的東淝河。交戰的雙方駐紮於河流的兩邊。此時謝玄派使者向秦提議，讓前秦的軍隊稍向後退，待東晉的軍隊渡河，雙方再一決雌雄。這在古代交戰時是常有的事。秦眾將皆曰不可，認為秦軍駐紮於河邊，可防備晉軍的突然襲擊，等待尚未到達的部隊集結後，再與晉軍交戰，方能取勝。但符堅與符融則求功心切，認為後撤可行，待晉軍渡河時發起進攻，符合兵法中的「半渡而擊之」的戰術。於是，開始指揮秦軍後撤。

前秦大軍綿延數里，命令一下難以送達，絕大多數將士都不明就裡，而正在此時，降將朱序、徐元喜等人在陣中大喊：「秦軍敗了、秦軍失敗啦！」秦軍頓時陣腳大亂，以為前面的軍隊已經失利，便紛紛奪路而逃，謝玄則趁機引兵渡河發動攻擊。秦軍在潰逃中曳兵棄甲，自相踩踏，死者不計其數。逃脫者聽到呼呼的風聲和鶴的哀鳴聲，以為晉軍又追上來了，拚命奔逃，符融入亂軍中試圖阻止潰敗，結果墮馬被殺，晉軍取得了大勝。此即「風聲鶴唳」的典故。

「淝水之戰」簡直是一場令人不可思議，甚至啼笑皆非的戰役，前秦經過曠日持久的準備，以百萬之眾、大軍壓境之勢，前去討伐流亡於江南一隅、只有區區八萬兵馬的東晉，結果卻輸得一塌糊塗，幾乎喪失了全部兵馬以及一個大國的尊嚴。那麼，前秦為什麼會輸得那麼慘呢？

究其緣由，大概有這麼幾點：一是心理失衡。很多人認為是符堅輕敵，其實並沒有說到重點。符堅在戰前確實很自信或者自大，但這種自信和自大顯得很盲目、甚至茫然。他講「投鞭斷流」便是那種心境的集中體

現。無論戰爭還是做其他事情，對陣雙方只根據牌面上的實力來判定勝負的結果，是不足取的，還需要依照天時、地利、人和等多方面的因素，如果只憑藉人多勢眾、兵多將廣，不做深入的研判、嚴密的部署以及對於困難充足的準備，就認為能取得勝利，只能是一種幻想，甚至是遐想。俗話說「哀兵必勝」，把對方想得強大一些，把困難和問題想得多一些，獲勝的概率才會高。盲目的自信、樂觀，一旦遇到困難，便可能產生思想上的波動，動搖、怯懦、悲觀甚至恐懼，那樣離勝利就更遠了。符堅在視察敵情時「草木皆兵」的觀感，便是這種波動的流露。因為戰前根本就沒有做好打硬仗、拚死一搏的思想準備，結果降將的幾句詐喊，便使得士兵落荒而逃、潰不成軍、一發而不可收拾，成為戰爭史上的千古笑談。

二是錯誤地估計敵我雙方的實力。前秦伐晉號稱有一百一十二萬大軍，先不說他連年征戰，一個氐族小國不可能有那麼多的軍力，有的史料甚至說他連三十萬軍隊都不到。但即便如此，如果是兵強馬壯、氣勢如虹，打贏這場戰爭也還是有很大把握的。問題就在於他的軍隊結構鬆散，屬於臨時拼湊，不能說是烏合之眾，起碼也是魚龍混雜，心思各異。主力是其氐族軍隊，其中主戰的只佔很小的一部分，而且這些人好大喜功，並不做紮實的準備，其他將士則普遍存有一種厭戰的情緒。剩下則都是從各佔領區徵集來的軍隊，戰鬥力自然要大打折扣。至於慕容垂、姚萇所率的鮮卑、羌的軍隊，更是離心離德，出工不出力。反觀東晉的軍隊，數量雖少，遠不及前秦，但訓練有素，士氣高漲，特別是他的北府軍。在此役中北府軍發揮了舉足輕重的作用。因為他們都明白，如果戰爭失利，他們苦心經營起的家園以及自己和家人的生命財產安全都將毀於一旦。所以，必須拚死相爭，進行鄉土保衛戰。如此實力的對比，勝負的天平其實早已有所傾斜了。

三是用人不當。這對於符堅來講可能是致命性的。符堅在統一北方的過程中，基本上都是留用俘獲的降將，繼續讓他們掌管原有的軍隊。宗室叛亂，平叛後也繼續讓他們當權。當然還有此次伐晉中俘獲的朱序、徐元喜等人。符堅這樣做看上去寬宏大量、不計前嫌，實際上埋下了極為

符堅
秦宣昭帝

嚴重的隱患，這些人受制於人時都表現得服服帖帖，背後其實是在積蓄力量、等待時機，一旦有了機會便將迅速倒戈，一點兒不念舊情，恩將仇報。有位偉人說過：「對敵人的仁慈就是對自己的殘忍。」苻堅濫發慈悲，是導致他失敗的重要原因，尤其是在那種戰亂年代，特別是那些武夫胡人，他們崇尚的信條是量小非君子，無毒不丈夫，在自己家族及國內的爭鬥中都出手兇狠，更何況去對待他人！苻堅失意後的遭遇讓他充分地看到了這一點，但為時晚矣。

苻堅在潰敗中流矢受傷，單騎逃到了淮北。飢餓中有平民送來飯食，苻堅賞賜，平民不受，稱苻堅自取危困，子民不圖回報，苻堅深感慚愧。及後與慕容垂部會合，沿途收容殘兵，到洛陽時聚集了十餘萬人。百官、儀物和軍容重整，返回長安，悼苻融、告罪宗廟後下令大赦，鍛煉兵器、監督農務、撫順孤老及陣亡士兵的家屬，試圖重建國家秩序。

但前秦已元氣大傷，苻堅一統華夏的希望徹底破滅，北方統一的局面也隨之瓦解。先是慕容垂回到前燕故地復國稱王，建後燕；涉翼犍之孫拓跋珪在牛川復立代國，改稱魏，即北魏；羌族姚萇建後秦；丁零、烏桓等也相繼起兵反叛，北方重陷四分五裂。

虎落平陽被犬欺。苻堅困守於長安，前燕慕容貴族背信棄義，披甲躍馬，遍地狼煙。苻堅把當年俘獲的前燕末帝慕容暐叫來大罵：「你們家族兄弟子侄布列上將，當時雖稱滅國，其實我待你們像歸家一樣。現在慕容垂、慕容沖、慕容泓各個稱兵，真是人面獸心，枉虧我以國士相待。」儘管如此，苻堅對慕容暐等人仍不忍誅殺。

長安城外，慕容暐之弟慕容沖率部殲滅秦軍數萬，佔據阿房城，步步逼近。慕容沖十二歲時前燕滅亡，苻堅將他與十四歲的姐姐清河公主一同納入後宮，作為孌童（與男人發生性行為的男童）侍奉自己，姐弟專寵。經王猛切諫，才將其外任做了大州刺史。慕容沖遠道來伐，苻堅還念其冷暖，派人送一錦袍予他，慕容沖道：「孤家以天下為任，怎能看這一袍小惠。如果你束手來降，我們慕容家對你不會比你從前待我們差。」苻堅氣得幾乎吐血，大叫：「後悔不用景略（王猛）和陽平公（苻融）

之言，使白虜敢倡狂如此（鮮卑人皮膚白皙，故稱之白虜）！」長安城內，猶有數千鮮卑人住在深宅大院，慕容暐秘密招集族人欲襲殺苻堅，消息洩露，苻堅才誅殺了慕容暐父子及族人，不論長幼、婦女全部殺光。

慕容沖在城外圍城日久，城中乏糧，出現「人相食」的慘相。苻堅傾最後家底設宴群臣，連將軍也分不到幾片肉，塞進嘴裡不敢嚥下，回到家「吐肉以飴妻子」。數月後城破，當天，苻堅身束甲冑，親自督戰，飛矢滿身，血流遍體。最後，他聽信「帝出五將久長得」的讖言，從長安出奔，只留太子苻宏守城。慕容沖縱兵大掠長安，死者不可勝數。

苻堅逃奔到五將山（今陝西岐山東北），姚萇聞訊派大將吳忠將其抓獲，送到新平（今陝西彬縣水口鎮）。姚萇派人向他索要傳國玉璽，苻堅怒喝：「小小羌胡竟敢逼迫天子，歷數五胡，沒你這個羌人的名字。玉璽已送到晉朝，你得不到了！」姚萇又派人提出讓苻堅禪位予他，苻堅大罵：「禪代，是聖賢的事，姚萇是叛賊，有何資格！」苻堅自以為待姚萇不薄，在淝水之戰前甚至將當年先帝授予己的「龍驤將軍」封予他，現在姚萇竟反叛逼他，於是多次責罵姚萇以求死。八月，姚萇命人將苻堅絞死於新平佛寺（今陝西彬縣南靜光寺）內。苻堅享年四十八歲，在位二十八年，葬於陝西彬縣南原水口鄉苻堅陵。

姚萇為掩蓋殺害苻堅的事實，諡苻堅為壯烈天王。苻丕得知其死訊，遂即位為帝，諡苻堅為宣昭皇帝，廟號世祖。征西域回到涼州的呂光得知苻堅去世，亦諡其為文昭皇帝。當地人後尊他為神，稱「苻王爺」和「苻家神」。

南北朝

420-589

負重前行的拓跋宏

471-499

拓跋宏是南北朝時期北魏的第七任帝王，鮮卑族。

關於他遷都洛陽，實施講漢語、著漢裝、改漢姓等一系列改革，可謂廣為人知，令人耳熟能詳。此舉有力地促進了當時北方經濟、文化的快速發展和民族間的融合，被稱為少數民族的政治家和改革家。但改革在中國是一件異常艱難且不被眾人理解和支持的事情，有志者舉起改革的旗幟，且不說冒天下之大不韙，起碼也要背負巨大的風險和壓力，當然，還有失敗的打擊，「負重前行」是他們鮮明的寫照。

魏孝文帝拓跋宏像

年少垂拱
馮后專權

講拓跋宏要先介紹一下鮮卑族。鮮卑是繼匈奴之後在蒙古高原崛起的又一個古老民族，屬阿勒泰語系蒙古語族，興起於大興安嶺。是魏晉南北朝對中原地區影響最大的遊牧民族，源於東胡，分佈在中國北方地區。秦漢之際，東胡被匈奴冒頓單于打敗，分為兩部，分別退至烏桓山和鮮卑山，以山為名形成了烏桓族和鮮卑族，受匈奴奴役。因此，鮮卑的風俗習慣與烏桓、匈奴大致相似。

匈奴分裂成為南北匈奴後，鮮卑逐漸擺脫其控制。北匈奴受東漢王朝和南匈奴的打擊被迫遷往中亞，鮮卑趁機佔據了蒙古草原。公元二世紀中葉以後，鮮卑經歷了幾次內部的統一和分裂，與中原王朝時戰時和。東晉十六國期間，鮮卑各部落趁中原地區混亂，相繼建立了慕容氏諸燕、西秦、南涼、代等政權。東晉太元十一年（386年），鮮卑的拓跋部建立魏國，史稱北魏。

北魏的首任帝王叫拓跋珪，是前秦時期代國君主拓跋涉翼犍的孫子，他趁前秦四分五裂之際在牛川自稱代王，重建代國，定都盛樂（今內蒙古呼和浩特和林格爾）。同年四月，他改稱魏王。兩年後定國號為魏，遷都至平城（今山西大同），稱帝。為什麼拓跋珪要稱自己所建政權為「魏」呢？因為「魏」是「大」的意思。《史記》講：「魏，大名也。」東漢時經學家服虔說：「魏，喻巍巍高大也。」所以，拓跋氏喜歡稱自己的國家為大魏。另外，當年華夏文明的始祖黃帝是在後來戰國七雄之一魏國的疆土上建國，而拓跋氏自詡為黃帝的後裔，稱「魏」有標榜是正統王朝的意思，同時也為日後拓跋宏推行漢化，找到了理論上的根據。當然，這是後話。

那麼，為什麼史家又稱拓跋政權為北魏呢？那是為了區分幾個魏國。中國史上有好幾個魏國，春秋戰國時的就不說了。三國時有曹魏，從時間

上區分，有的史家將曹魏稱之為前魏或先魏，而把北魏稱之為後魏。但一般都習慣於從地域上區分，曹魏定都洛陽，而拓跋魏一開始定都平城，位於北疆，所以稱北魏。再者，北魏後來又分裂成為東魏和西魏，稱它為後魏顯得很不好理解，所以，還是稱北魏為好。

到了北魏的第三任帝王，即拓跋珪的孫子拓跋燾，是一位很有作為的君主，他率領魏軍攻滅了胡夏、北燕、北涼，征伐山胡，降伏鄯善、龜茲、粟特等西域諸國，驅逐吐谷渾，攻取了南朝劉宋的河南重鎮，統一了中國北方地區。並進一步向北遠逐柔然，向南「飲馬長江」。這時，北魏成為了中國北方乃至全國最強大的國家。

又經歷了兩任帝王，到第六任皇帝叫拓跋弘，讀音跟我們要講的拓跋宏一樣，但字不相同，他是拓跋宏的父親。父子倆讀起來一樣的名字，似乎並不多見。拓跋弘是個很有故事的帝王，在歷代帝王中佔了好幾個「之最」，比如他是生孩子最早的皇帝，十四歲時即生下拓跋宏，也是禪位最早、當太上皇最早的皇帝，當時只有十八歲，也是出家為僧的帝王，死時才二十三歲，而這都要涉及到一位重要的人物，即拓跋弘的母親、拓跋宏的奶奶馮太后。

馮太后名馮淑儀，祖籍長樂郡信都（今河北冀州），生於京兆長安（今陝西西安），漢族。她出身於北燕王室長樂馮氏，是遼西郡公馮朗的女兒。北燕滅亡後，她沒入北魏太武帝拓跋燾的掖庭，充為奴婢。幸得她的姑母、北魏宮中馮昭儀的關照，十二歲時被選為文成帝拓跋濬的貴人，十五歲時又被冊封為皇后。按照拓跋的傳統，選皇后要經過一個「手鑄金人」的儀式，鑄得方可當選。所謂「手鑄金人」，其實指的並非是黃金，而是黃銅，競選者要在工匠的協助下，將融化的銅液倒入事先做好的模具，結果馮太后一次成功。她小小年紀，人生就經歷了如此的跌宕起伏，其中不知隱含有多少難以想像的艱辛和努力。

馮太后是個漢人，她有著與生俱來對本民族的情感和難以割捨的習俗，這對於她孫兒拓跋宏的影響是巨大的，以致成為其日後進行漢化改革的

思想基礎之一。但馮太后及家族又是被鮮卑化了的漢人，北燕是鮮卑族的政權，他的堂祖馮跋、祖父馮弘身為北燕的君王，必然要融入到鮮卑文化之中。她出身王室貴族，在北燕和北魏都身居高位，思考問題和處理事務有著很寬的視野和高度。但她又曾淪為奴婢，以及在後宮的角逐中要用盡心機、忍辱負重，因此，她越發感到權力的重要性。這裡面還有一位人物需要提及，在馮太后的家鄉，即當今河北冀州一帶，當年還出現過一位聞名於世的皇太后，即掌控西漢文、景、武三朝前後達五十餘載的竇漪房，她當年也是起於代郡，不知與馮太后是否有著某種傳感和承繼。

客觀地說，史界對馮太后的評價褒貶不一，甚至反差很大，或者說她本身就是一個充滿爭議的矛盾體。按照普遍的說法，她是一位偉大的女政治家，獻文帝拓跋弘即位，她被尊為皇太后。當時政局動盪，她臨朝稱制，定策誅殺權臣乙渾，依據祖制歸政於獻文帝；獻文帝暴崩，她擁立孫兒拓跋宏即位，二度臨朝聽政。扶持拓跋宏十四年，成為北魏中期全面改革的實際主持者。

另一種說法是，馮太后是一個對權力極渴望的女人，掌控北魏朝政達二十餘年。她為了權力可以不顧一切，包括親情。順我者昌，逆我者亡，獻文帝行使皇權，與她產生了難以調和的矛盾。她的私生活很放蕩，淫亂後宮，與多名男子有染，朝臣為此議論紛紛。至於她是否為北魏改革的主導者，難以定論，但有一點是肯定的，北魏遷都洛陽，進行大規模的改革，是在她死後、拓跋宏得以親政後才開始實施的。

這下兒該說到拓跋宏了。拓跋宏於北魏皇興元年（467年）生於當時的首都平城紫宮。他出生時「神光照於室內，天地氛氳，和氣充塞。帝生而潔白，有異姿，繦褓岐嶷，長而淵裕仁孝，綽然有君人之表，顯祖尤愛異之。」顯祖即獻文帝拓跋弘。拓跋宏是拓跋弘的長子，母親為李夫人，中山大族李惠之女。在他三歲那年，被立為皇太子。按照北魏的規矩，為避免后黨專權，實行子貴母死的制度，拓跋宏的生母李夫人被賜死，拓跋宏從小就成了沒娘的孩子，是馮太后將他撫養成人。

拓跋宏自幼聰明、善良，「帝幼有至性，年四歲，顯祖曾患癰，帝親自吮膿。」馮太后在撫養拓跋宏期間，歸政於獻文帝拓跋弘。獻文帝「聰睿機悟，幼而有濟民神武之規，仁孝純至，禮敬師友。」主政後本想實現遠大的抱負，但卻處處受到馮太后的干預，不免心灰意冷，加上從小喜玄好佛，遂動了出家的念頭。他提出要禪位於叔父、京兆尹拓跋子推，其實是想換個成年人以應對馮太后。馮太后早就恨獻文帝不聽擺佈，本想換掉他，這一來正中下懷，立即同意了獻文帝的請求。但眾臣皆認為禪位於長不合乎禮制，子承父業，兄終弟及，是祖宗之法，馮太后正好認為立年幼的拓跋宏便於掌控，事情就這麼定了下來。

皇興五年（471年）八月，拓跋宏於太華前殿即皇帝位，大赦天下，改元延興。接受父親禪位，拓跋宏「悲泣不能自勝。顯祖問帝，帝曰：『代親之感，內切於心。』顯祖甚歎異之。」這年拓跋宏只有五歲。馮太后被尊為太皇太后，再次臨朝聽政。群臣上奏以新帝年幼為由，仍讓獻文帝理政，並為其上尊號為太上皇帝，以區別於漢高祖之父，雖為皇帝之父卻不統治天下的「太上皇」。獻文帝遷居崇光宮，條件甚為簡陋。

馮太后在丈夫文成帝去世時只有二十四歲，年輕守寡，難免會感到寂寞，她仰仗太后的身份，與朝中三位俊男過往甚密，有吏部尚書王睿、南部尚書李沖和宿衛監李奕。她常以奏事為由，召他們入宮，輪流陪侍她。太后有男寵，幾乎成為朝野盡人皆知的秘密，獻文帝覺得很沒面子，而這三人倚仗太后權勢，不把皇帝放在眼裡，更引得獻文帝憎恨。

不久，有大臣彈劾李奕的族人李欣貪贓，獻文帝讓岳父李惠找到李欣，要他告發李奕與他同謀，可免其死罪。李惠幫李欣收集資料。過幾天，獻文帝親審李欣，李欣告發了李奕兄弟的三十條罪狀，獻文帝將李奕兄弟當庭問斬。馮太后營救不成，惱羞成怒。承明元年（476年），馮太后在王睿、李沖等人的挑撥下，用毒酒害死了獻文帝，殺其黨羽。這年拓跋宏十歲。

本節標題中有「垂拱」二字，需要解釋一下。「垂拱」是唐代睿宗李旦的年號，當時是武則天操控朝政，一般又算作武則天的年號，於是，「垂

拱」便成為了一種隱喻。而此種狀況正好成為拓跋宏稱帝之初的寫照。

迎來親政
遷都洛陽

按照普遍的說法，馮太后在養育拓跋宏期間極盡溫柔、體貼，扶持他登上帝位，成功地助他實施改革，完全是一副親善祖母的形象。當然，這肯定也是事實，一個聰明可愛的孩子，受到祖母的呵護和喜愛是很正常的事情，這也體現出馮氏作為一個女人、一位隔輩摯親的天性。但是，她同時又是一個野心及慾望非常強的女人，為了獲取和維護權力可以不顧一切，又是她的本能。她長期生活在角逐和爭鬥異常激烈的皇室，鐵石心腸、手段殘忍，而這在對待拓跋宏，特別是在關鍵問題上便流露出來。

拓跋宏聰明、沉穩，從小有君人之風，馮太后就像看待獻文帝一樣，又感到了一種威脅，唯恐將來會對自己專權不利，於是，在寒冬臘月的一天，大雪紛飛，氣溫驟降，她將小拓跋宏放到一間冰冷潮濕的房子裡，只穿單衣，三天不給飯吃。幸虧拓跋宏命大，硬是挺了過來。她一度想廢掉拓跋宏，改立咸陽王拓跋禧為嗣，但在幾位大臣的苦苦勸諫下，才沒有得逞。「初，太后忌帝英敏，恐不利於己，欲廢之，盛寒，閉於空室，絕其食三日；召咸陽王禧，將立之。太尉東陽王丕、尚書右僕射穆泰、尚書李沖固諫，乃止。」從此能看出馮太后的本性和對待拓跋宏的態度。

面對馮太后的排斥和迫害，拓跋宏並沒有像他父親那樣選擇對抗或者逃避，而是採取隱忍和避讓的態度，不與馮太后發生正面衝突，看上去軟弱可欺、逆來順受，實際上是著眼於長遠，忍辱含垢。因為他知道，馮太后在實力上與他相比要強大得多，他只能積蓄力量，等待時機，否則只能是以卵擊石、葬送前程。同時，他還要考慮到朝廷及整個社會的穩定，這對於一位帝王來講是至關重要的。所以，即使在馮太后死後，他

也沒有對馮太后進行大規模的詆毀和清算，以致使他贏得了改革的大好時機，同時也維護了馮太后的一世名聲。應當說這是心理和做法更為強大的表現。史籍講：「帝初不有憾，唯深德丕等。撫念諸弟，始終曾無纖介，惇睦九族，禮敬俱深。雖於大臣持法不縱，然性寬慈，每垂矜捨。進食者曾以熱羹傷帝手，又曾於食中得蟲穢之物，並笑而恕之。宦者先有譖帝於太后，太后大怒，杖帝數十。帝默然而受，不自申明。太后崩後，亦不以介意。聽覽政事，莫不從善如流。」當然，拓跋宏也並非一味地退讓，事後對於太后餘黨的處理，循序漸進，了無生息，無傷大局。

拓跋宏之所以這樣做還有一層原因，即他的學識和教養，也就是文化。他自幼飽讀詩書，對漢文化、特別是儒家文化有著很深的體悟。鮮卑，包括另幾個被稱為「五胡」的少數民族，習慣於打打殺殺，兇悍無比，但所建的政權都比較短命，皇位更迭更是「強者」甚至「暴者」為王，弒父逆篡、手足相殘，對經濟及社會發展視而不見。拓跋宏在成長的過程中充分地認識到了這一點，他不能再像祖輩那樣互相仇視，以暴取勝，而是要建綱立制，弘揚仁義，這也成為他立志要改革的內在動力。

拓跋宏在即位之初，仍由太上皇帝獻文帝執掌朝政。當時，北魏連年發生水災和乾旱，租調繁重，官吏貪暴，百姓流離，各族民眾反抗連綿不斷。自延興元年（471年），北魏相繼爆發了青州高陽、沃野、統萬二鎮、平陵、東部敕勒與連川敕勒、光州、河西等地的聚眾反叛。延興三年（473年），朝廷發佈詔令，規定凡縣令能肅清一縣「劫盜」的，便可兼治兩縣，享受等同於二個縣令的待遇；能肅清三縣「劫盜」的，三年後升遷為郡太守；二千石官吏三年後升為刺史，並先後採取了獎勵廉吏、嚴懲貪污、減輕租賦、勸課農桑等措施，但成效並不顯著。

為改變社會動盪的局面，朝廷開始實施一系列改革，它可以看作是拓跋宏整個改革的開端，也可以看作是日後拓跋宏全面改革的預演和實驗，自太和元年（477年）開始，朝廷在社會風俗、政治、經濟等多領域先後下令，禁絕「一族之婚，同姓之娶」，從婚姻上改革鮮卑舊俗；下詔頒班祿制；實施均田制和三長制等。在這之中，馮太后應當說發揮了重

要作用，她雖手握權柄，但在政治傾向上是積極的，對各項改革給予支持，在這一點上應當充分肯定。

太和十四年（490年），馮太后死，謚文明太皇太后。拓跋宏很悲痛，對臣下說：「朕自幼承蒙太后撫育，慈嚴兼至，臣子之情，君父之道，無不諄諄教誨。」又下詔曰：「朕幼年即帝位，仰恃太后安緝全國。朕的祖宗只專意武略，未修文教，又是她老人家教導朕學習古道。一想起太后的功德，朕怎能不哀傷？內外大臣，誰又不哽咽悲切？」表現出對於長輩的孝敬與做人的大度。

從此，拓跋宏開始親政。他經過在位十幾年的磨煉，研讀儒學、經史百家，懂得了諸多的道理，積累了豐富的治朝理政的經驗，增長了解決實際問題的能力。現實使他深刻地認識到，要使國家強大，改變民族相對愚昧、落後的狀況，必須大量吸收、借鑒中原文化的精華。於是，他在堅持前段改革措施的基礎上，逐漸萌生出一個大膽的設想，將都城遷至中原文化的中心區域洛陽，使鮮卑人盡快地融入到中原文化的沃土之中，以結出文明的果實。

北魏長期都於平城，緯度偏北，地處高寒，六月飛雪，風沙瀰漫，有詩曰：「悲平城，驅馬入雲中，陰山常晦雪，荒松無罷風。」定都後隨著人口的大量增加，糧食供應等方面都成了問題，如此的地理條件不利於對中原地區的統治。但是，鮮卑父老世代居於北方大漠，適應了這裡的氣候和條件，要想讓皇室、王公貴族以及眾多軍隊、百姓搬離故土，到一個不熟悉的環境中去工作、生活，其難度是可想而知的。但拓跋宏想出了策略，太和十七年（493年）五月，他召集百官，宣佈要舉兵伐齊，打算在南伐途中促成遷都的既成事實。這恐怕是歷代改革者多用的手法，在此不作商議和爭論，用事實和成果說話。

在朝堂之上，任城王拓跋澄站出來反對，列舉伐齊的種種不宜。退朝後，拓跋宏找來拓跋澄，摒退左右，說：「這次舉動，的確不易。但國家興自塞外，徙居平城，這裡是用武之地，不能實行文治，今將移風易俗，

實在難啊！崤函帝宅，河洛王里，朕想趁此南伐大舉而遷居中原，不知任城王意下如何？」拓跋澄茅塞頓開，立即表示讚同。六月，拓跋宏下令修造河橋，以備大軍通渡；他親自講武，命尚書李沖精選才勇兼備之士。七月，立長子拓跋恂為太子，發佈文告，宣稱南伐；下詔在揚、徐二州徵集民丁、召募軍隊；使廣陵王拓跋羽持節安撫北方六鎮，調發精騎。至此，南遷準備工作基本就緒。

八月，拓跋宏拜辭馮太后的永固陵，率領文武百官，步騎百餘萬從平城出發南下。命太尉拓跋丕與廣陵王拓跋羽留守平城，以河南王拓跋幹為車騎大將軍，負責關右一帶的軍事，與司空穆亮、安南將軍盧淵、平南將軍薛胤等共同鎮守關中。臨行之際，拓跋丕奏請以宮人相從，拓跋宏屬聲斥責說：「臨戎不談內事，不得妄請。」大軍列隊出城，一路之上，陣容整齊，浩浩蕩蕩，所過之處，秋毫無犯，經恆州、肆州，於九月底抵達洛陽。正值深秋，陰雨連綿，大軍就地休息待命。不少鮮卑貴胄雖不願內遷，但更懼怕南伐，所以，當得知要遷都的消息，也不敢再提出異議。

太和十八年（494 年），拓跋宏正式宣佈遷都洛陽。

革俗平叛
感情蒙羞

隨著遷都的正式實施，大批鮮卑人源源不斷地湧入內地，北魏面臨著諸多的問題：鮮卑人編發左衽，男子穿袴褶，女子衣夾領小袖，多數人不會說漢語，與中原的習俗格格不入。新遷之民初來乍到，居無室，食無粟，且不擅農業，人心戀舊。這些問題如不及時解決，將會嚴重影響到經濟社會的發展和各民族間的和睦相處，也不利於北魏政權的穩固。拓跋宏在王肅、李沖、李彪、高閭等漢族士人的支持下，從改革鮮卑舊俗入手，全面推行漢化，主要實行以下幾項措施：

禁講鮮卑語。北魏初定中原，以征服者自居，軍中號令都使用鮮卑語，漢族官員也要講鮮卑語或設翻譯。但鮮卑人在經濟、文化，包括語言方面的落後是顯而易見的。拓跋宏下令禁用鮮卑語，將漢語作為北魏唯一通行的語言。他對群臣說：「現在要禁北方各種語言，一從正音（漢語），年齡三十以上者無法馬上改，可容緩一些時日。三十歲以下者在朝任官，不准說鮮卑語。有明知故犯者，要降爵貶官。」

禁穿胡服。拓跋氏發展自塞外，服飾「編髮左衽」。拓跋宏在遷都前就命李沖等議定衣冠，基本仿照漢官的朝服，婦女的服飾則大抵仿照南朝。一次，拓跋宏從前方回到洛陽，見婦女戴帽而身穿小襦襖，便責備留守官員禁胡服不力，可見他對此事關切的程度。

改鮮卑人姓氏。鮮卑人多用複姓，拓跋宏下令將複姓改成漢字單姓，下詔：「北人謂土為拓，後為跋，魏的先祖出於黃帝，以土德王，所以稱為拓跋氏，土是黃中之色，萬物之元，應改姓元氏。」他帶頭改名為元宏。此外，北魏皇族九氏以及所統部落一百八十多個姓氏，都改為單姓。還命令鮮卑貴族死後要葬於當地，不得還葬平城，改籍貫為河南洛陽。

修建學校，尊儒祭孔。拓跋宏遷都洛陽後，發展教育，建造學堂，講授儒學；下令修建孔廟祭孔，給予孔子後裔土地、資金，讓他們祭祀祖先。

改革舊俗有力地促進了民族間的融合，緩解了因遷都而引發的民族間的仇視與對立，加速了鮮卑漢化和封建化的進程。但是，這些改革應當說主要是形式上的，或曰外在的，它固然非常重要，在很多時候形式決定內容。但僅僅於此是遠遠不夠的，還必須進行生產方式、社會關係及管理體制方面的調整。拓跋宏採取了如下措施：

繼續推行均田制、三長制和俸祿制。均田制即朝廷按人口授田，有露田、桑田之分，露田種植穀物，不得買賣，七十歲時交還國家；桑田種植桑、榆、棗樹，不須交還國家，可以出售多餘的部分，買進不足；授田時對老少殘疾鰥寡給予適當照顧。三長制即採用鄰、里、黨的鄉官組織，取

代宗主督護制，抑制地方豪強蔭庇大量人口。班祿制即官員按職級領取俸祿，俸外貪贓滿一匹絹布的處死；地方守宰（即長官）按官職給予一定數量的俸田，不准賣買，離職時移交下任。

實施新的租調制度。以一夫一婦為徵收單位，每年交納帛一匹，粟兩石，十五歲以上未婚男女，從事耕織的奴婢每八人、耕牛每二十頭分別相當於一夫一婦的數量。改變過去州、郡、縣各級爭相收取租調的混亂局面，規定只能由縣一級徵收，徵收時禁止使用大斗、長尺、重秤。

整頓吏治和官制。政以久任，滿一年升遷一級，治績不好的即使就任不久，也要受到處罰，甚至降級。議定百官秩品，分九品，每品又分正、從。從品為北魏之首創。同時，按照家世、官爵等標準，頒佈十二大姓為一等貴族，有鮮卑族八大姓和漢族四大姓，在這一點上，北魏與魏晉以來所實行的門閥士族政治是一脈相承的。鮮卑有穆、陸、賀、劉、樓、于、嵇、尉八姓，「皆太祖已降，勳著當世，位盡王公，灼然可知者，且下司州、吏部，勿充猥言，一同四姓。」所謂四姓，一般是指中原漢族范陽盧氏、清河崔氏、滎陽鄭氏和太原王氏。這裡值得注意的是，馮姓並未列於十二大姓之中。在選官制度外設考課制度，通過考察監督官員的行政行為，作為其升黜（升遷或降免）的參考標準。

改革取得了豐碩的成果，經濟發展，糧食產量增加，商貿繁榮，社會安定，史稱「孝文帝中興」。但也受到了保守派的激烈反對。太子元恂從小受馮太后的溺愛，素不好學，任性偏執。他身材高大，不喜歡洛陽炎熱的氣候，常思北歸。他堅持不講漢語，將所賜漢服盡皆撕毀，仍保持鮮卑舊俗。中庶子高道悅多次苦言相勸，他非但毫無悔改之意，反而懷恨在心。太和二十年（496 年）八月，他乘拓跋宏巡幸嵩嶽之機，與左右合謀，選取宮中禦馬三千匹，陰謀出奔平城，並親手殺害了高道悅。結果領軍元儼得悉後派兵嚴守宮禁，才阻止了事態的發展。拓跋宏聞訊急忙返回京都，怒不可遏，列舉其罪，親加杖責，並廢其太子位，後又逼令其自盡，這年元恂十五歲。

在元恂被廢的當月，恆州刺史穆泰、定州刺史陸睿暗中勾結鎮北大將軍元思譽、安樂侯元隆、撫冥鎮將魯郡侯元業、驍騎將軍元超及陽平侯賀頭、射聲校尉元樂平、前彭城鎮將元拔、代郡太守元珍等人，密謀推舉朔州刺史、陽平王元頤為首領，起兵叛亂。這些人都是北魏的勳貴及後裔，對於遷都變俗、改官易服、禁絕舊語等持堅決反對的態度。

元頤表面上應允，私下裡秘密地報告給了朝廷。元澄受命，日夜兼程經雁門直趨平城（恆州治所）。先派遣侍御史李煥單騎入城，出其不意，向穆泰同黨陳明利害，叛黨頃刻瓦解。穆泰率麾下數百人攻打李煥，失敗後束手就擒。元澄將穆泰同黨全部革職，將陸睿等百餘人下獄，把平叛的過程寫成奏章上報朝廷。

拓跋宏早在即位之初就有統一華夏的雄心，曾作詩曰：「白日光天兮無不曜，江左一隅獨未照」，表達了他的志向。遷都洛陽，給了他征伐江南的條件。太和二十二年（498 年），他親率二十萬大軍，從洛陽出發南下，攻伐南齊。次年，他親率大軍在鄧城與南齊交戰，齊軍大敗南逃，魏軍乘勝追擊，抵達樊城，雙方戰鬥至天黑，齊軍乘船逃至襄城。此時，齊明帝蕭鸞憂懼而亡，魏軍士氣正旺，本來是一舉滅齊的大好時機，但北魏的後宮卻出現醜聞，拓跋宏的皇后馮氏紅杏出牆，拓跋宏聽後如五雷轟頂，遂以「他國有喪，不加討伐」為由，下令北還。

這裡要說一下拓跋宏的感情生活。這個出軌的皇后叫馮潤，也叫馮妙蓮，是馮太后哥哥馮熙的女兒。馮熙在馮太后在世時被封為太師，位高權重，其妾常氏生有一雙女兒，即馮妙蓮和馮姍。姊妹倆長得美豔動人，風情萬種，馮太后為了控制拓跋宏，將二人一起送進宮，成為拓跋宏的嬪妃。當年姐妹倆十三四，把拓跋宏迷得神魂顛倒，尤其是馮妙蓮「有姿媚，偏見愛幸」，拓跋宏整天與之黏在一起。

但過了三年，事態突變，馮姍難產身亡，馮妙蓮則得了一種怪病，全身無力，據說叫「素疹」，有很強的傳染性。馮太后無奈，只得將馮妙蓮「遣還家為尼」。另選馮熙的正妻、文成帝的姐姐博陵長公主所生的女兒馮

媛送進宮中。馮媛十三歲，大家閨秀，端莊持重，馮太后很喜歡，臨終時叮囑要立其為后。拓跋宏也尊從太后遺言，守孝期滿，冊立馮媛為皇后。但馮媛冷豔孤傲，缺少些女人的嫵媚，拓跋宏與她在一起少有激情。拓跋宏寵倖其他妃嬪，生下了幾個兒子，但總覺得缺少點兒什麼。這時，他又懷念起當年讓他神魂顛倒的馮妙蓮。

拓跋宏悄悄派人去打探，知馮妙蓮病已痊癒，有的說是馮妙蓮的母親給來人錢，謊稱痊癒。拓跋宏聞之大喜，再次把她迎進宮中，封為左昭儀，級秩僅次於皇后。馮妙蓮再次進宮，又使出「狐媚」的本事，把拓跋宏撩撥得不能控制自己。

馮妙蓮得寵，不把同父異母的皇后馮媛放在眼裡。一次，拓跋宏舉行家宴，馮媛進來，其他妃嬪、宮人均跪迎，馮妙蓮正在與拓跋宏調情，只是稍稍欠了欠身，拓跋宏忙賠著笑臉請皇后入座。馮媛很不高興，與馮妙蓮發生了口角，拓跋宏誰也不敢得罪，只能兩頭勸，馮媛哭著回了宮。

馮媛的脾氣倔強，拓跋宏推行漢化，她拒絕說漢話、穿漢服，以保持族種的尊貴。拓跋宏心中不快，再加上馮妙蓮連日又哭又鬧，拓跋宏一氣之下將馮媛貶為庶人。馮媛到瑤光寺裡削髮為尼，在此渡過餘生。

拓跋宏遷都洛陽後，一直忙於征戰，經常不在宮內。長夜漫漫，馮妙蓮感到寂寞難耐。一次，馮妙蓮患病，一個叫高菩薩的醫生幫她診斷，兩人頓生情愫。馮妙蓮讓心腹把高菩薩悄悄帶進宮，謊稱宦官，兩人尋歡作樂，一發而不可止。拓跋宏一直蒙在鼓裡，偶爾回宮，小別勝新婚，還冊封馮妙蓮為皇后，然後又帶兵出征。

拓跋宏的妹妹彭城公主看不慣馮妙蓮的做派，向拓跋宏告發了馮妙蓮淫亂後宮的事。拓跋宏在出征途中染病，一聽說馮妙蓮的事如五雷轟頂、天旋地轉，立刻息兵返京。回京後殺了高菩薩，讓馮妙蓮如實招來。馮妙蓮開始還想狡辯，在證據面前只得交代。拓跋宏怒不可遏，但只是跟馮妙蓮分居，並未罷黜她。

拓跋宏處理完後宮之事，便接到前線戰報，南齊太尉陳顯達率軍四萬，與北魏平北將軍元英交戰，元英屢敗。接著，齊軍圍攻馬圈城（今河南鄧州東北）四十餘天，魏軍突出重圍，被齊軍斬殺近千人。拓跋宏雖病體未癒，但又親自帶兵出戰，他在正面進攻，命荊州刺史從小路切至齊軍背後，形成前後夾擊之勢，打得南齊潰不成軍。

太和二十三年（499 年），拓跋宏一則因連年征戰，二則因馮妙蓮傷透了他的心，在軍中一病不起。他自知來日無多，對身邊的兩個弟弟彭城王元勰、北海王元詳交代了後事，又囑託說：皇后不守婦道，我死以後，她恐怕會干預朝政，你們讓她自盡，找個其他地方，以皇后之禮安葬吧。拓跋宏又一次表現出他做人的寬容與大度。拓跋宏在返回洛陽途中，病逝於谷塘原，享年三十三歲，諡孝文皇帝，廟號高祖，葬於長陵（洛陽瀍水以西）。

最後想再說幾句拓跋宏的改革。關於這次改革是史界津津樂道、甚至引以為豪的話題，它改變了鮮卑族原來相對愚昧、落後的狀況，促進了經濟、社會的發展和民族間的融合，意義重大。但是，也有觀點認為正是由於這次改革，導致了北魏政權的解體和滅亡，所以，得不償失，甚至從根本上就是錯誤的。

應當怎麼理解？改革是時代發展的潮流，順之者昌，逆之者亡，所以，改革並沒有錯。但也應當看到，改革是進行社會各階層利益上的調整，勢必會損害到一部分人，特別是勳貴、特權階層的利益，北魏的六鎮起義、鮮卑舊貴族叛亂，就是這種矛盾的反映，如何權衡這方面的關係，是改革必須要解決的問題。但拓跋宏似乎解決得並不好，所以才引發了社會的動亂。

改革有形式和內容兩個方面，既要注重形式，更要關注內容，如果只停留在表面的形式上，今日改個名稱，明日換個形式，不進行實質性的改變，就會失之於膚淺，甚至會流於形式。拓跋宏的改革應當說存在這方面的問題。而且從民族大義出發，那些形式可能正是需要保留和弘揚的，

實質內容的改變才是迫切需要解決的。改革的最佳結果，是既保留住了民族的品質和特色，又促進了民族的發展與進步，而不是像此次改革那樣使鮮卑民族徹底消失了。當然，用如此的標準去衡量一位古人似乎有些太苛求了。

篤信佛教的蕭衍

梁武帝

帝

天監

通

普通

大通

中大通

大同

中大同

太清

502-549

蕭衍是南北朝時期梁國的開國君主。南北朝是我國文化興盛、個性張揚的時代，蕭衍明顯帶有這個時代的印記。他學富五車、才高八斗，經史、詩賦、音樂、棋類、書法，幾乎無所不通，稱得上天縱多能、曠世逸才。他狂熱禮佛，幾次捨身出家，惰於政務，導致「侯景之亂」，人生的最後，他竟被活活餓死於寺中，成為人生的悲劇。

梁武帝蕭衍像

少年才俊
襄助蕭鸞

講蕭衍要先介紹一下南北朝。南北朝是中國史上上承魏晉，下接隋唐，歷經近一百七十年南北對峙、分裂的年代。西晉亡，司馬睿在建康（今江蘇南京）承續大統，稱東晉，據有中國南方疆土。當時北方地區「五胡亂華」，大批中原人口陸續南遷，形成北方移民與南方原住民雜居的局面。這是中國史上第一次人口大遷移。當時，東晉的有志之士曾發動北伐欲光復故土，北方的前秦發動戰爭欲攻滅東晉，但都未能改變南北對峙的局面。東晉末年朝廷腐敗、紛亂四起，權臣劉裕平定內亂、消滅各方割據勢力，代晉自立，建立宋朝，中國自此進入南北朝時期。南朝先後歷宋、齊、梁、陳四朝，北朝則先後經北魏、東魏、西魏、北齊和北周五代。蕭衍所建的梁在南朝，又稱南梁，因皇室姓蕭，亦稱蕭梁。

蕭衍生於南宋孝武帝大明八年（464 年），字叔達，小字練兒，南蘭陵中都里（今江蘇武進）人，為「蘭陵蕭氏」之後。「蘭陵蕭氏」是自漢以來著名的名門望族之一，於東海郡蘭陵縣（今山東臨沂蘭陵）創立基業，上祖為漢宣帝時的重臣蕭望之，西晉末族道中落。東晉南遷時因家族龐大被安置於江蘇武進，僑置蘭陵郡，史稱「南蘭陵」，為南朝「四大僑望」之一，貴不可言。

蕭衍即在這樣一種環境中長大，從小聰明好學，特別喜歡讀書，是個博學多才的少年，尤其在文學方面極有天賦。當時，竟陵王蕭子良精通經史，喜好佛典，蕭衍與沈約、謝朓、王融、蕭琛、范雲、任昉、陸倕等人經常聚集在其門下，在一起修文論道，文學史上稱其為「竟陵八友」。其中沈約為知名的文學家、史學家，謝朓是有名的詩人，而蕭衍的學識、名望等均在這幾人之上。

蕭衍一家與前朝齊國的皇室同宗，兩家都姓蕭，都出自「蘭陵蕭氏」，往上追溯均為漢一世國相蕭何之後，蕭衍是蕭何的二十五世孫。蕭衍與

蕭衍
梁武帝

齊國的開國皇帝、齊高帝蕭道成從輩分上講是叔侄關係，與武帝蕭賾是堂兄弟，但蕭衍一家屬於遠親。蕭衍的父親蕭順之是齊國的開國功臣，在助齊高帝代宋自立的過程中立下了汗馬功勞。

蕭衍憑藉家庭的背景，很早便步入仕途，剛開始擔任南齊衛將軍王儉的幕僚，王儉見他辦事果斷機敏，和同事及上司關係融洽，提拔他為戶曹屬官。不久，蕭衍又做了隨王蕭子隆的參軍。後因父親去世，蕭衍回家守喪三年，然後復官，升任為太子庶子、給事黃門侍郎。

齊高帝蕭道成在位四年後駕崩，其子蕭賾繼位。蕭道成有個侄子叫蕭鸞，少年喪父，是蕭道成把他養育成人。蕭鸞跟蕭道成、蕭賾父子的關係親密，受二帝寵信，歷任軍政要職。永明十一年（493 年），武帝病重，大臣王融欲在其去世後擁立竟陵王蕭子良，以便能控制朝政。事情敗露，王融被捕入獄賜死。王融的預謀與結局，被蕭衍預判得一模一樣，他的好友范雲對他佩服得五體投地。

武帝臨終前拜蕭鸞為侍中、尚書令，顧命其輔佐皇太孫蕭昭業登基。誰料想蕭昭業即位後胡作非為、奢靡成性，引得天下悲怨，蕭鸞遂滋生了取而代之的想法。他找來蕭衍等人商議，蕭衍說：「廢立皇帝是大事，不能輕率從事，現在廢立難免會遭到眾王的反對。」蕭鸞說：「眾王都沒什麼才能，只有隨王（蕭子隆）文武兼備，而且佔據荊州。如果把他召回來，就萬事大吉了。但怎麼才能讓他回來呢？」蕭衍因做過隨王的參軍，對其了解，說：「隨王其實徒有虛名，並沒有什麼真才實幹，只是依賴武陵太守卞白龍和另外一人，這兩人貪圖錢財富貴，只要修書許以高官厚祿，便可以把他們輕易地召回來。沒有了左膀右臂，隨王也會跟著回來的。」蕭鸞讚同蕭衍的分析，於是照之行事，順利將隨王召回京城。不久，蕭鸞廢殺了蕭昭業，擁立其弟蕭昭文即位，自己執掌大權。三個月後，蕭鸞又廢掉蕭昭文，自立為帝。蕭鸞登基後並未忘記蕭衍的謀劃之功，提拔其為中書侍郎，再遷黃門侍郎，蕭衍的地位開始顯赫。

蕭鸞頗有治政才能，依法辦事，整肅貪腐，發展經濟，倡行節儉。但他

畢竟是僭越稱制，深知原皇室成員肯定會心生不滿，為了防範這些人作亂，他任用大批親信擔任典簽，嚴密監視諸王的一舉一動。所謂「典簽」又稱「簽帥」，是南朝實行的一項制度。諸王出使，由朝廷派典簽佐之，名為典領文書，實則監視諸王的行動，因其權力甚大，遂有「簽帥」之稱。但儘管如此，蕭鸞依舊不安，尤其是在他身染重病後，竟對諸王動起了殺心。其「導火索」源自永泰元年（498年）正月的賀新事件，當時，高帝、武帝的子孫們成群結隊入宮，向皇帝祝賀新春。蕭鸞見他們個個年輕有為，而自己的子侄年紀尚小，心中憂懼交加。於是，蕭鸞授意手下蕭遙光編織各種罪名對宗室諸王大行殺戮，將高帝、武帝及文惠太子的子孫幾乎全部滅絕。這還不算完，蕭鸞臨死前向太子蕭寶卷交代：「朕已幫你清除高、武二帝及文惠太子的諸子，只怕將來還會有其他宗室、權臣作亂，你必須嚴加防範，一旦察覺即刻誅殺，切不可被人搶先。」蕭寶卷聽後連連點頭。

蕭寶卷被後世稱為南朝小魔王，死後諡東昏侯。他繼位後秉承父親遺訓，動輒揮舞屠刀，不到兩年時間，就殺害了司空徐孝嗣、太尉陳顯達、始安王蕭遙光等重臣。其殘暴無道引起眾多朝臣的不滿和規勸，蕭衍的哥哥蕭懿便是其中之一。蕭寶卷不但不聽規勸，反而對勸諫者揮刀相向，斬殺了蕭懿。

兩戰北魏
誅除東昏

南北對峙，北魏早就對南朝的疆土虎視眈眈，宋泰始年間（465至471年），北魏攻佔了宋青、冀、徐、兗淮北四州。入齊後，在高帝、武帝時期又屢有進犯。齊建武二年（495年），北魏大軍再度南侵，沿淮河向東攻打鍾離。齊明帝蕭鸞先派左衛將軍崔慧景、寧朔將軍裴叔業領兵迎戰。聽說北魏軍隊分兵攻打義陽，又遣平北將軍王廣之和蕭衍領兵救

援。王廣之是一員老將，曾先後仕於宋、齊兩朝，多次被派遣抵禦北魏，勝負參半。此次王廣之得知北魏軍隊人數眾多，來勢洶洶，不免有些恐慌，進軍速度緩慢。

蕭衍對王廣之的表現甚為鄙視，兩軍相交勇者勝，將帥的作用至關重要，「兵悠悠一個，將悠悠一窩」。但王廣之畢竟是主帥，且年過七旬，蕭衍意識到自己應承擔起更多的責任。於是，他主動請纓擔任先鋒，帶領軍隊抄小道急行軍至賢首山，這裡距北魏的營地只有幾里。他命令士兵趁著夜色，把南齊的旗幟遍插於山上。等到天色一亮，駐紮的魏軍發現賢首山上下旌旗招展，以為齊國派來重兵增援，驚恐萬狀。義陽的守軍看到了自家的旗幟，知道齊軍來救他們了。

一時間齊軍士氣大振，搖旗擂鼓，殺聲連連。魏軍見此情景，以為被包圍，慌忙收拾營帳準備撤退。義陽的守軍出城抗敵，燃起大火，火借風勢燒向魏軍營地，頓時魏軍陣腳大亂。蕭衍跨上戰馬，手持長矛，帶領部屬向魏軍發起衝擊。北魏軍隊在義陽守軍和蕭衍所率部隊的雙重夾擊下，被殺的潰不成軍，齊軍取得大勝，斬殺魏軍不計其數，打破了魏軍入侵的計劃。蕭衍在此役中指揮得當、英勇果敢，展現出極高的軍事才能，因功升任太子中庶子。

建武四年（497年）秋，北魏大軍捲土重來，找南齊尋仇。孝文帝元宏從冀州、定州、瀛州、相州、濟州徵調二十萬兵馬，留任城王元澄據守洛陽，親率大軍南下，接連攻下新野、南陽，前鋒直抵雍州（今湖北襄樊）。蕭鸞聞訊趕忙派蕭衍、左軍司馬張稷、度支尚書崔慧景領兵趕赴雍州增援。

次年三月，蕭衍和崔慧景領兵與魏軍作戰，在雍州西北的鄧城被北魏的幾萬兵馬包圍。蕭衍讓人清點城中物資，知道糧草和軍械缺乏，對崔慧景說：「我們遠道征戰，本已非常疲憊，需要休整，但如今遇強敵圍困，如果軍中知道糧草等缺乏的情況，肯定會發生兵變。為防萬一，我們應趁敵人立足未穩，鼓舞士氣主動出擊，殺出重圍，是為上策。」崔慧景

雖然內心恐懼，但表面卻佯裝鎮靜，說：「北方軍隊都喜歡流動作戰，他們不會在夜裡攻城的，不久便會自行退去。」可沒想到魏軍越聚越多，絲毫沒有退卻的跡象。原來還假裝鎮靜的崔慧景現出了原形，在沒有跟蕭衍商議的情況下，私自帶著部下悄悄溜走。其他部將見主帥逃跑，也紛紛逃散。蕭衍見狀想進行制止，但根本無法控制局面，於是率領自己的部隊且戰且退，殺出重圍。由於未做準備，軍隊傷亡慘重。在過一道溝塹時，齊軍自相踐踏，魏軍施以亂箭，屍橫遍野，血流成河。蕭衍率領部隊連夜退到樊城（今湖北襄陽漢江北），才得以站穩腳跟。

此役過後蕭鸞得知蕭衍的表現，非但沒有責備，反而任命他為雍州刺史。這是蕭衍在仕齊期間所擔任的最高官職，從此他擁有了一塊屬於自己的根據地，為他積蓄力量、謀劃未來創造了條件。

建武五年（498 年），在位僅五年的蕭鸞病逝，蕭寶卷繼位。蕭寶卷暴虐無道，擅殺朝臣，「內難九興，外寇三作」，哀怨四起，人心離散。敏銳的蕭衍預感到朝廷將要發生大的變故，便提醒錄事參軍張弘策（蕭衍的堂舅）朝中小人當道，必然會有大亂，而張弘策心領神會，說我們應早作準備。

蕭衍開始「潛造器械，多伐竹木，沉於檀溪，密為舟裝之備」。當時蕭衍的長兄蕭懿任郢州刺史（治所在今湖北武昌），蕭衍派張弘策前去遊說：無道昏君，不值得效忠。郢州地位重要，雍州兵強馬壯，如果兩州結成聯盟，以你們兄弟的英武，廢昏立明，創造大業，易如反掌……誰知沒等張弘策說完，被蕭懿當即打斷：不要再說了！人各有志，他走他的獨木橋，我走我的陽關道！張弘策仍不肯作罷：忠於這樣一個不值得的昏君，結局會很悲慘！蕭懿擲地有聲：忠君報國，死而無憾！

蕭衍兄倆因志向不同而分道揚鑣，但不久竟變成了陰陽兩隔。蕭懿因勸諫新主而被冤殺，蕭衍在悲痛之餘更堅定了滅齊的決心。這時又有豫州刺史裴叔業派使者找上門來，想邀他一起投靠北魏，來信說：天下大勢可知，你我都面臨生死存亡的選擇。我看我們不如回面向北，至少還

能做個河南公。蕭衍回書道：你投靠魏國，魏人肯定會派人取代你，難道會讓你做河南公？目前朝中小人專權，這些人只圖近利，缺乏遠見，你只要把家屬送到京城，就能使他們安心。如果他們還要相逼，你不如乾脆派兵直出長江，一舉平定天下！但裴叔業絕沒有這樣的膽略，他猶豫再三，還是投奔了北魏。

剛登上帝位的北魏宣武帝元恪喜不自勝，當年父皇垂涎的淮南名城壽陽，自己卻得來全不費工夫！他遂封裴叔業為征南將軍、豫州刺史、蘭陵郡公，同時派彭城王元勰率十萬人馬速去接管。之所以這麼急，一是怕老裴反悔，二是怕南齊的軍隊搶了先。但老裴永遠不可能反悔了，在魏軍入城之前，他已經病死了。

永元二年（500年）冬，蕭衍經過一段時間的準備，終於在襄陽舉兵，「是日建牙，出檀溪竹木裝舸艦，旬日大辦。」「建牙」即出師前樹立的軍旗。因為齊朝的統治已腐朽之至，完全喪失了民心，蕭衍起兵後，「百姓願從者，得鐵馬五千匹，甲士三萬人」，一時聲威大振。蕭衍經過兩年的征戰，攻入建康城內，殺蕭寶卷，立其弟蕭寶融為帝。蕭衍因擁戴有功，升任大司馬，封梁王，掌管中外軍國大事，並享有劍履上殿，入朝不趨，讚拜不名的殊榮，地位等同於當年的曹操、司馬昭和石勒等人。當然，這只是權力的緩衝，梁天監元年（502年），蕭衍授意，由范雲勸說，讓蕭寶融「禪位」，在沈約等率百官上尊號的一片請願聲中，蕭衍經過再三推讓，最終加冕稱帝，定國號大梁，都建康，改元天監，南梁政權正式建立。

這裡想說說中國的改朝換代，幾乎大多是前朝的權臣擅政，當然也由於帝王的昏庸、暴虐，大權旁落，權臣取而代之，建立起新的政權，魏代漢、晉代魏、宋代東晉，齊代宋以及南梁代齊，包括後世隋文帝代北周、宋太祖代後周等等，莫不如此，這是專制制度在皇權更迭中較為普遍的表現形式，也是避免大型戰爭而化解權力危機的一種選擇。

蕭衍與齊朝皇室同宗，同為蕭姓，同出「蘭陵」之門，為何他卻沒有像

蕭鸞那樣承繼蕭齊大統，而要另立「梁」門呢？古人做事情講究要名正言順，蕭衍必須為自己稱帝找出正當的理由。當年，蕭鸞篡位就是因為名不正而言不順，朝野非議不絕，四海叛亂乃頻，逼得他屠戮高武子孫。蕭衍則要申明自己是替天行道，順應天命，誅除暴虐的昏君，所以，他要改易國號，另立新朝。至於政權為何稱梁朝，那是因為蕭衍在齊時受封梁王。

中國史上的梁朝有好幾個，不熟悉的很容易弄混。一是戰國時期的魏國，原都安邑，後遷至大梁（今河南開封），故也稱梁國，但當時還未行帝制，可以忽略不計；二就是蕭衍所建的南梁；三是唐末朱溫所建的後梁，也稱朱梁，為五代的開端；四是隋末唐初梁師都所建的梁國，被唐朝所滅；五是南梁之後還有個西梁，也稱後梁，當時西魏攻陷江陵，殺梁元帝，扶持蕭詧為帝，其國土面積很小，後為隋文帝所廢；六是隋末蕭銑在江南復辟蕭梁，後被唐高祖李淵所滅。

狂熱禮佛
侯景之亂

蕭衍是個很矛盾的人物，在其稱帝期間的表現則充分地說明了這一點。他執政的前期政績顯著，勤政謀政，銳意進取，廢除了宋齊的典簽制度，增大了分封諸王的權力，妥善處理士族和一般百姓的關係，設立國學，招五館生，建集雅館和士林館，不重出身唯才是舉。

他一年四季總是五更天（凌晨三至五點）起床批閱公文奏章，冬天手都凍裂了，也不肯輟筆。他的節儉在歷史上是出了名的，據史書載，他「一冠三年，一被二年」，不看重物質享受。他的衣服帽子都是經過漿洗反覆穿戴，有的很舊了也捨不得丟掉。因為他信佛，不喝酒、不吃肉，食物主要是蔬菜和豆類，而且每天只吃一頓飯，太忙的時候也就喝點粥充

飢。這在歷代帝王中不敢說是絕無僅有，起碼也是鶴立雞群。

為了廣泛納諫，聽取眾人的意見，最大限度地用好人才，他下令在皇宮前設立兩個函（即盒子），分別是肺石函和謗木函。功臣和有才之人，因功沒有受到獎賞和提拔，或是賢才沒有被發現和使用，可以投書肺石函自薦；普通百姓想給朝廷提批評或建議，可以放進謗木函。

蕭衍十分重視對官吏的選拔和任用。他要求各級官吏要清正廉潔，並經常親自召見官員，訓導他們要遵守效國為民之道，力戒貪腐。為了鼓勵官員勤政為民，他下詔書宣佈，如果小縣的縣令政績突出，可升遷至大縣做縣令。大縣縣令若有突出的成績，可以提拔到郡裡做太守。此詔令頒佈實施後，調動起了各級官員的從政積極性，國家的統治能力得到了加強。

蕭衍還非常重視軍隊建設，其軍事力量被北魏視為「南軍百年未有之盛」。梁代齊後，北魏為鞏固黃河以南的防務，多次派兵南下。天監年間，魏派兵五萬，攻佔了今安徽、河南一帶，勢力滲透到長江北岸。梁興兵伐魏，失利，死傷近五萬人。其後，梁秣馬厲兵，再次抗擊進犯的魏軍。針對魏軍不習慣水戰的弱點，將其逼入水域，採取內外夾擊的戰法，大敗魏軍，使其傷亡慘重。這是南朝自宋以來對北魏所取得的最大勝利，北魏也因此而衰落，分裂成東魏和西魏。

但是，到了蕭衍執政的後期，情況則發生了很大改變。他開始徇私護短，縱容邪惡，篤信佛法，導致朝綱混亂，社會動盪，國家逐步走向衰亡。

蕭衍對自己、對各級官員雖然要求很嚴格，但對宗室卻很寬容，甚至非常放縱，以致造成了非常不好的影響。他的六弟、臨川王蕭宏缺德少才，怯懦貪鄙，憑藉近親的身份先後任揚州刺史、司徒、太尉、司空等要職。他受命北伐，臨陣脫逃，使梁軍不戰自潰，事後蕭衍竟未對他作出任何處罰，仍讓他擔任要職。蕭宏仗勢聚斂財物，強奪百姓田宅，在庫房中積有現錢三億餘萬，其餘物品，不計其數。蕭衍知情後也只是輕描淡寫

地說了句：「你真會打理自己的生活。」也未作任何處理。蕭宏窩藏殺人兇手，使之逍遙法外，蕭衍仍不做懲處反而加封其官職。但蕭宏卻不但不感恩，反而越加肆無忌憚，最後竟和自己的姪女，即蕭衍的大女兒私通，兩人還謀劃著要篡奪蕭衍的皇位，結果派人行刺時事情敗露，刺客被抓，處死。蕭衍的女兒自知罪孽深重，無顏再見父皇，自縊身亡。但蕭衍卻並沒有怪罪蕭宏，後來蕭宏是得病而死。

蕭綜是蕭衍的次子，其母吳淑媛原來是東昏侯的妃子，蕭衍滅齊後將其納入後宮，僅過七個月就生下蕭綜。事情明擺著，蕭綜是東昏侯的遺腹子。但蕭衍並不歧視蕭綜，而是封他為王。吳淑媛失寵後，對蕭衍懷恨在心，將蕭綜的身世告訴他本人，從此蕭綜與蕭衍疏遠。梁和北魏在邊境發生衝突，蕭衍派蕭綜領兵去作戰，結果蕭綜竟投奔了北魏，改名蕭纘，表示要為東昏侯斬衰（即服喪）三年。蕭衍非常生氣，撤銷了蕭綜的封號，將吳淑媛廢為庶人。後來，蕭衍聽說蕭綜有回來的意思，便讓吳淑媛給他送去小時候的衣服，然而蕭綜並沒有回到梁國。不久，吳淑媛病逝，蕭衍又動了惻隱之心，下詔恢復了蕭綜的封號，給吳淑媛加諡號「敬」。蕭綜最後死於北方，蕭衍竟取回其遺骨，讓他以皇子身份陪葬於修陵。

蕭衍之所以這樣做，主要是出於他「骨肉相親」的理念。他在南齊時見到皇室骨肉相殘，造成政權的傾覆，非常痛心。建梁後他提出要「骨肉相親」，宗室要齊心協力，共保江山社稷長治久安。但什麼事情都應當有個度，如果超越了合理的界限，那樣只能走向其反面。

據史家分析，這兩件事對蕭衍的打擊非常大，以致他從此看破紅塵，從尊崇儒學轉向了禮佛，甚至達到了非常瘋狂的地步。蕭衍晚年篤信佛法，大肆修建廟宇，「都下佛寺五百餘所，窮極宏麗。僧尼十餘萬，資產豐沃。」他在位時幾次捨身出家，搞得朝政一片混亂。普通八年（527年），蕭衍第一次前往同泰寺出家，三日後返回，頒詔大赦天下，改年號大通。之後他第二次到同泰寺舉行「四部無遮大會」，脫下帝袍，換上僧衣，結果群臣捐錢一億，將他贖回。大同十二年（546年），蕭衍第三次出家，

他升法座，為四部眾講解《大般若涅盤經》，群臣再用兩億錢讓他還俗；一年後蕭衍第四次出家，為四部眾講解《摩訶般若波羅蜜經》，朝廷又出資一億錢才將其贖回。

據說原來的佛教並不吃素，是蕭衍從《大般若涅盤經》中找到了理論根據，下令僧人要食素齋。從此，漢傳佛教才有了吃素的傳統。蕭衍五十歲後便不近女色，不吃葷，不僅他這樣做，還要求全國仿效。他要求「以後祭祀宗廟，不准再用豬牛羊，要用蔬菜代替。」此詔下達後，朝臣議論紛紛，都表示反對。最後，蕭衍才允許用麵捏成牛羊的形狀祭祀。蕭衍整日醉心於尊佛禮佛，哪還有精力去治理朝政呢？以致奸佞當道，朝野一片昏暗。

蕭衍晚年，特別喜歡聽恭維、頌揚的話，歌功頌德，阿諛奉承，「衍好人佞己，末年尤甚」。有人直言納諫，針砭時弊，披露問題，他便非常反感，甚至暴跳如雷。因此，在朝堂之上，沒有人敢講真話，小人當道，忠良失聲。沈約、范雲是他竟陵門時的文友，也是建梁的功臣，范雲早逝，蕭衍晚年則與沈約有間隙，經常對沈約加以責難，當然，這其中也有文人相輕的成分。而善於溜鬚拍馬、投機取巧的奸詐小人則大行其道，例如得到蕭衍重用的寒門之士朱異，執掌中樞大權數十年。此人的口頭禪是「當今天子聖明，吾豈可以其所聞幹忤天聽」，他壟斷機要，排斥異己，貪財納賄，窮奢極慾，搞得朝堂烏煙瘴氣。

蕭衍的昏聵、驕縱導致了非常嚴重的後果，他引狼入室，養癰為患，引發了著名的「侯景之亂」。侯景，本名侯骨，字萬景，朔州（今山西朔州）人，是被鮮卑化了的羯人。他先在北齊的奠基人高歡帳下謀事，作戰勇猛，深受高歡的賞識。侯景與高歡之子高澄不和，高歡死，他投降於西魏。西魏的宇文泰對他有戒心，侯景便向蕭衍表示了歸順之意。蕭衍聽了很高興，封其為河南王、大將軍，並派兵接應。朝中的大臣都知道侯景的為人，進行規勸，蕭衍不聽，一句話成了讖語：「亂事就要來了。」

事後，蕭衍與高澄講和，但要以遣送侯景為條件。侯景得知後，以誅殺

朝中弄臣朱異為藉口發動叛亂。叛軍長驅直入兵臨建康，蕭衍詔令各地勤王，各路援軍心志各異，按兵不動，坐觀成敗，侯景在事先投靠他的守城將領蕭正德的內應下，攻入城內，台城淪陷。蕭衍被囚於台城，憂憤交加，一病不起。侯景對這位當年的恩人，一位高齡老人，連飯都不給吃。太清三年（549年）五月，蕭衍在台城皇宮淨居殿溘然長逝，享年八十六歲。同年十一月，葬於修陵（今江蘇丹陽陵口），諡號武帝，廟號高祖。

最後，要說一下蕭衍在文化方面的成就，這是他個人的標識，也是他對歷史所做出的傑出貢獻。蕭衍的文化功底之深、涉獵之廣、著述之豐、造詣之高，不僅在中國歷代帝王中的屈指可數，就連大多數文人也只能望其項背。

經史：蕭衍的成果頗豐。經學方面，撰有《周易講疏》、《春秋答問》、《孔子正言》等二百餘卷，可惜大都沒有流傳下來。製成吉、凶、軍、賓、嘉五禮，共一千餘卷，頒佈施行。史學方面，不滿《漢書》等斷代史的寫法，認為那樣割斷了歷史。主持編撰了六百卷的《通史》，並「躬製贊序」。他曾對臣下說：「我造《通史》，此書若成，眾史可廢。」可惜此書到宋朝時已失傳。蕭衍另有撰寫《金策》三十卷，五經義注講疏等二百卷，贊、序、詔、誥、銘、誄、箴、頌、箋，奏等共一百二十卷。

蕭衍傾注大量精力研究佛學，著有《涅盤》、《大品》、《淨名》、《三慧》等數百卷著作。他對道教也頗有研究。在此基礎上，將儒家的「禮」、道家的「無」和佛教的「涅槃（亦作涅盤）」、「因果報應」等糅合在一起，創立了「三教同源說」，在中國古代思想史上佔有重要的地位。

詩文：現存詩歌有八十多首，按內容、題材可分為言情、談禪悟道、宴遊贈答、詠物詩四類。言情詩集中在新樂府辭中，佔據全部詩作的一半，如《芳樹》、《有所思》、《臨高台》等。七言詩有《河中之水歌》、《江南弄》、《東飛伯勞歌》等，詩文平、仄韻互換，抑揚起伏，頗具獨創性。談禪悟道詩數量僅次於樂府詩，是他通道佞佛的自我寫照。宴遊贈答詩

蕭衍
梁武帝
詩

有規勸臣下信奉佛教、巡幸記遊、描繪景物、有送別詩等多方面的內容。詠物詩有《詠舞詩》、《詠燭詩》、《詠筆詩》等，極力追新，窮物明理。

音樂：蕭衍對音樂頗有研究，《隋書‧音樂志》說：蕭衍「帝既素善鐘律，詳悉舊事，遂自制定禮樂」。如「鼓吹，宋、齊並用漢曲，又充庭用十六曲」，蕭衍「乃去四曲，留其十二，合四時也。更制新歌，以述功德」。他創作了不少頌揚佛教的歌曲，如《善哉》、《大樂》、《大歡》等。他重視禮樂，素善鐘律，曾自製準音器，名曰「通」。每通三弦，以推月氣。還製作了十二笛和十二律相應。每律各配編鐘、編磬，豐富了中國傳統器樂的表現能力。

繪畫：蕭衍喜歡繪畫，尤善花鳥與走獸。著名畫家張僧繇善於寫貌，得蕭衍賞識。當時，蕭衍諸子多出鎮外州，蕭衍想念他們，便命張僧繇前往各州郡繪畫諸子的畫像，並懸掛於居室之中，如見其人。蕭衍信佛，在位時建造諸多佛院寺塔，都命張僧繇作畫。

書法：蕭衍在書法上有很深的造詣，在善書的帝王中能排前幾位。他常與陶弘景探討書法上的話題，被整理為《與梁武帝論書啟》，流傳於世，成為書法論著的經典。蕭衍是史上第一位大力推崇王羲之書法成就的帝王，此前土羲之的聲名被後人所掩蓋，因為蕭衍的推崇，才明確了其書聖的地位。還留下了《觀鍾繇書法十二意》、《草書狀》、《答陶隱居論書》、《古今書人優劣評》四部書法理論著作，是歷代書法理論典籍中的精品。

瘋癲殘暴的高洋

550-559

寫高洋是個挺難落筆的事情。他是南北朝北齊的首任帝王，從小小有膽識，也有韜略，代魏立齊，清理朝政，發展經濟，課農興學，征伐異族，修築長城，使北齊成為當時北方的強國，堪稱一世英傑。可是他性情瘋癲古怪，暴虐無道，做的那些事聽了令人髮指，讓人毛骨悚然，簡直就是一個混世魔王。這兩個方面極不和諧地集中在他一個人身上，便應了那句話：一半是天使，一半是魔鬼；一半是人，一半是禽獸，甚至連禽獸都不如。

《北齊校書圖》，相傳是唐代畫家閻立本的大作，畫面描繪的是北齊天保七年（556年）齊文宣帝高洋命人校勘五經諸史的故事。

膽識兼備
代魏立齊

說高洋要先從他的父親高歡說起。高家是漢人，祖籍渤海蓚縣（今河北景縣）。高歡的祖父高謐曾為北魏的侍御史，後因犯法舉家徙於懷朔，即今內蒙古包頭東北，也作綏遠固陽，此後三代都居於此。懷朔是鮮卑人居住和活動的地方，高歡從小跟鮮卑人生長在一起，脾氣秉性、生活習俗與鮮卑人無異，或者說更像是一個鮮卑人，是鮮卑化了的漢人。他不僅有「賀六渾」這樣一個鮮卑人的名字，還娶了鮮卑貴族出身的妻婁昭君為妻。

當初北魏沿長城設有六個邊鎮，防禦漠北少數民族的入侵。隨著北魏孝文帝將都城南遷至洛陽，邊鎮逐漸受到冷落，孝明帝正光四年（523年），柔然南侵，懷荒鎮兵民無糧可食，請示鎮將開倉賑濟，鎮將不准，兵民忍無可忍，聚眾起義，六鎮大亂，此即魏末的「六鎮起義」。起義引起了朝廷的驚慌，忙聯合柔然進行鎮壓，鎮壓後將二十多萬俘眾押解安置到河北一帶。河北本來連年水旱災害不斷，一下子又來了這麼多俘囚，使社會矛盾激化，接連有杜洛周、鮮于修禮、葛榮等起義，互相兼併攻殺。動亂最終被北魏的權臣爾朱榮的勢力平定。

高歡曾先後投靠於杜洛周和葛榮，後來投奔爾朱榮，受到寵信，任晉州刺史。爾朱榮被北魏孝莊皇帝殺死，但爾朱氏族人仍控制著朝廷。普泰元年（531年），高歡起兵聲討爾朱氏，在信都（今河北冀州）擁立元朗為魏帝（後廢帝）。永熙元年（532年）奪取鄴城，大敗爾朱氏聯軍，進入洛陽，廢爾朱氏和他們自己所立的兩個皇帝，另立孝武帝元修。高歡任大丞相、太師、世襲定州刺史，隨即平定并州，在晉陽建立大丞相府，實際掌控朝政。

孝武帝為了擺脫高歡的控制，想依靠據有關隴、北周的實際創立者宇文泰除掉高歡，但計謀敗露，只好逃往長安。至此，北魏被一分為二，高

高洋
齊文宣帝

歡在洛陽立孝靜帝元善見，史稱「東魏」；宇文泰殺了孝武帝，立文帝元寶炬，是為「西魏」。東魏和西魏實際上是在高歡、宇文泰分別操縱下的兩個傀儡政權。

高洋就出生在這樣一個家庭，權勢之家，相門之後，具有漢人與鮮卑的雙重血統，似乎鮮卑的血脈更盛。他母親婁氏懷他時「每夜有赤光照室」，她經常暗自奇怪，生下高洋後取名侯尼于，鮮卑語是有貴相的意思。因他生於晉陽，又名晉陽樂。當時，高家很窮，「家徒壁立」，「共憂寒餒」，高洋剛出生幾個月還沒學會說話，居然脫口說出「得活」（具體是什麼意思難以說明），使得婁氏及旁邊的人都驚詫不已。高洋在兄弟幾個中並不受寵，因為其他幾個都長得很帥，唯獨他相貌醜陋，「黑色，大頰兌下，鱗身重踝」，即黝黑的皮膚，高顴骨尖下巴，渾身長滿魚鱗斑。一次，婁氏請了一個相士給幾個孩子看看運兆，看到高洋，相士「舉手再三指天而已，口無所言，見者異之。」高歡又讓幾個孩子過鳳陽門，有龍在上，但只有高歡和高洋能看得見。

一天，高歡想試試兒子們的能力，於是找來一堆亂麻（編繩子用的植物纖維）分給幾個兒子，看誰能盡快整理好。諸子都不知如何下手，只有高洋上前抽刀就砍，說「亂者須斬」，很快便把亂麻理順，受到父親的誇獎。此即「快刀斬亂絲」（或作快刀斬亂麻）的典故。又一次，高歡給幾個兒子各配上士兵，命令他們出行，暗中派猛將彭樂偽裝成盜賊率甲士截擊。幾個兒子遇「盜賊」皆怯懦而逃，唯獨高洋率部猛擊，打得彭樂脫下鎧甲告饒，說我是你父親派來的，高洋仍不依不饒，打得其部眾潰散，生擒彭樂獻給父親。高歡特別高興，說了句：「此兒意識過吾」。

高洋的表現遭到了長兄高澄的提防和嫉恨，他怕高洋對自己今後繼承父位構成威脅。高洋察覺後開始裝瘋賣傻，每日不是呆若木雞、終日不語，就是袒胸露腚、四處亂竄。他老婆不解，說你這是怎麼了？他「嘿嘿」傻笑，說就想玩給你看。高澄也不明白，懷疑他是裝傻，經常去查看，還在他面前調戲他老婆，高洋也無動於衷。這下高澄放心了，說「此人亦得富貴，相法亦何由可解。」意思是高洋若能享大富大貴，恐怕連相

書都解釋不通。三弟高浚見高洋淌著鼻涕，說其左右「為什麼不替二哥擦擦鼻子！」

高歡在世時，高洋被授為散騎常侍、驃騎大將軍、尚書左僕射、領軍將軍等職。高歡死後（追諡神武皇帝），高澄接手朝政，繼大丞相位。高洋被授為尚書令、中書監、京畿大都督。在此期間，高洋始終表現得很低調，看上去木訥、呆滯，事事都聽高澄的，對長兄格外尊重。

可沒過多久，高澄被一個叫蘭京的廚奴所殺。這事情發生得很突然，內外震驚，大臣們都不知如何是好，高家及東魏的命運都懸於一線。孝靜帝以為高澄一死，高家群龍無首，政權要歸主了。這時候高洋站了出來，一改往日瘋癲呆癡的模樣，沉著冷靜地指揮部下剿滅亂黨，宣佈「家奴反了，大將軍受傷，不過沒有大問題。」實際上此時高澄已死（追諡文襄皇帝）。高洋迅速趕回晉陽，派遣親信掌握各州兵權，指揮衛隊搜捕兇手，將其「自臠斬群賊而漆其頭」，也就是用刀把其肉一片片割下，即「凌遲」酷刑的原始出處，很快就控制了局面。這年他只有二十三歲。孝靜帝授高洋大丞相一職，封齊王。當然，廚奴殺人一事是史傳，後世對此有著不少揣測，認為一個廚子殺死高澄實在太為蹊蹺，推測可能是高洋派人所為，然後再編出故事來公諸於世。但當時在場的人都已被殺，逃走的楊愔、崔季舒後來成了高洋的寵臣，可以說是死無對證了。

高洋得勢後並非像父兄那樣只想著做個輔佐帝皇的丞相，而是要更進一步，要作天子，當帝王，在他心目當中沒有什麼不可以。武定八年（550年），高洋到達鄴城，派司空潘樂、侍中張亮、黃門侍郎趙彥深等人去見孝靜帝，要他遵循天意，仿效堯舜，禪位給齊王。然後由楊愔把早已擬好的禪位制書遞了上去。孝靜帝含淚在制書上簽了名，告別妃嬪，退出皇宮。高洋隨即登基稱帝，建元天保，國號齊。封孝靜帝為中山王，食邑萬戶。赦免囚犯。拜元韶為尚書左僕射，并州刺史段韶為尚書右僕射，罷相國府，留騎兵、外兵曹各立一省，以分化權力。

在定立年號時還有個插曲。高洋想用個吉利的年號，有人提議叫天保，

意思是讓老天保佑大齊長治久安，眾人齊聲叫好。高洋卻說，好是好，可這「天保」二字拆開來是「一大人只十」，說罷高洋哈哈大笑，說，沒事，沒事，這是天意，不怪你們，我有十年皇帝做就不錯了。其後的事更讓人驚歎。一年，高洋帶著皇后李祖娥上泰山，在岱廟的天貺殿向老道問卦，說：你看我有多少年的天子位可坐？老道不暇思索地說，三十。高洋面露喜色地對皇后說，你看，老道也說我只有十年的時間。皇后不解，說老道不是講三十嗎？高洋解釋，這三十是指十年十月十日，三個十加起來就是三十。後來，高洋果真於天保（559年）十年的十月得了暴症，食不能嚥，餓了三天，在十日這一天病逝。當然，這可能是杜撰。

還有一件事雖也未可考，但同樣讓大家深感歎服。侯景在梁朝作亂失敗，將傳國玉璽交予侍中趙思賢讓他轉交自己的部下，結果幾經周轉落到了高洋手中。一日，高洋問眾大臣：為什麼侯景得到傳世玉璽卻保不住天子的位子？諸臣答不出。高洋說，侯景曾對他的部下說：你們要知道我侯姓的人字旁不能當作人看，而要當作人主看。不錯，侯景確實當了天子。可他忘了要將姓名連在一起看，侯景兩字拆開即「小人百日天子」，所以他的位子還沒坐熱就滾下台了。我算了一下，以他辛未年十一月十九日攻破建康，篡位成功，到壬申年三月十九日兵敗，總共是一百二十日。而侯景在三月一日便離宮前往姑孰，剛好在宮殿只住了一百天。眾臣聽了讚歎不已。

高洋即皇帝位的消息傳到西魏宇文泰的耳中，宇文泰親率大軍東進，想看看這位新皇帝是否跟他的老對手高歡一樣驍勇善戰。西魏大軍到建州（今山西絳縣東南），高洋聞訊召集六州鮮卑，舉行了一次規模宏大的軍事演習，漫山遍野，刀槍林立，旌旗招展，鼓號喧天，宇文泰心生感歎：「高歡不死矣！」說罷班師，此後一直未敢輕易東向，高洋時期，東西兩魏基本沒有戰事。

留心政務
四向征伐

高洋即位後，史籍講他「留心政術，以法馭下，公道為先。或有違犯憲章，雖密戚舊勳，必無容舍，內外清靖，莫不祗肅。」這樣的評價可是不低的。有人將他與兄長高澄相比，二人都有才氣和智慧，但高洋沉穩謙謹，斟酌務實，而高澄過於聰明外露，有欠周密。高洋執政後採取了這樣一些措施：

整頓吏治。在建朝之初，高洋從改革官員制度入手，針對當時各級地方官吏過多、人浮於事、百姓負擔沉重的狀況，採取了一些大臣的建議，削去州、郡建制，設置行台，即尚書台管理地方的分支機搆，使全國的官員一下子就減少了幾萬人，貪污腐敗的現象得到控制，民眾的負擔也減輕了很多。高洋看到自北魏末以來朝政官員不發俸祿的弊端，因為沒有俸祿，官員自然要從百姓中盤剝。於是他便開始實行俸祿制，使混亂的局面得到改觀，出現了「刑政尚新，吏皆奉法」的氣象。為了遏制官場跑官（即通過行賄或私人關係等不正當方式謀取官位）之風，高洋別出心裁地下令在朝廷上準備一根木棒——凡有跑官要官者，不問青紅皂白，一概亂棒打死。《北齊書》評價他「素以嚴斷臨下，加之默識彊記，百僚戰慄，不敢為非，文武近臣，朝不謀夕。」

選用人才。用官還要選好官，高洋重視對於官員的選拔和任用，一生奉行興學、課農、求賢、修律、正禮儀等治國理念，各種人才大量湧現。他在位期間，任用了一大批精明強幹的文臣武將，既有從舊勳貴的後人中提拔，也有從看倉庫的小吏等寒士中選用。在這些人的輔助下，「東國之興盛，威行華夏，震撼北荒」。他還盡力遏制貪腐之風，對於貪污的大臣處理嚴苛，所以，遴選的官吏一般都比較清正廉潔。

修改法律。這是高洋在位期間所做的一件大事，也是一大亮點，即制定《北齊律》。他組織朝臣在東魏《麟趾格》的基礎上，議造齊律。在法

高洋
齊文宣帝

典體例、篇章結構、律文內容等方面均有所創新，是魏晉南北朝以來立法成就最高的一部法律。共十二篇，即名例、禁衛、婚戶、擅興、違制、詐偽、鬥訟、賊盜、捕斷、毀損、廄牧、雜律。將《晉律》中的《刑名》和《法例》合併為《名例》，放在律典第一篇，突出了法典總則的性質和地位。此典對隋唐一直至清代的立法都產生了非常大的影響。

拓疆擴土。北齊的軍隊是以鮮卑族部為主要班底，優選健勇的鮮卑人組成「宿衛軍」，號稱「百保鮮卑」。又從漢人中選取壯丁，經過嚴格訓練，作為戍邊部隊，號稱「勇士」。天保三年（552年），高洋親率軍隊攻打庫莫奚，在代郡（今山西大同）之戰中大獲全勝，獲得牲畜十餘萬頭。天保四年（553年），高洋領兵伐契丹，「親踰山嶺，為士卒先」，「露頭袒膊，晝夜不息，行千餘里，唯食肉飲水，壯氣彌厲。」在高洋的鼓舞下，北齊將士兵氣高漲，一直打到渤海邊，俘虜士卒十萬，得牲畜十萬餘頭。挾高漲的士氣，高洋又率軍向北襲擊突厥，大潰其軍，追至朔州以北，逼其送上降書順表，方才罷息。天保五年（554年）正月，高洋率兵北上討伐山胡，斬殺其部眾數萬人，遠近山胡，望風而降。三月，茹茹庵羅辰部反叛，高洋率軍平叛，大破其部。四月，茹茹軍自肆州（今山西忻州市）攻齊，高洋率軍自晉陽反擊，茹茹兵敗，退至恆州（今山西大同）。黃瓜堆大戰，齊軍追殺茹茹二十餘里，屍橫遍野，俘其士卒三萬餘眾。天保六年（555年），高洋再次率軍征討，在祁連池（今山西寧武）大破茹茹軍，追至懷朔、沃野（均位於今內蒙古），俘眾兩萬，獲牲畜數十萬。另外，發起對南梁的討伐，大多獲勝，開拓領地至淮河之南，長江以北。

修築長城。這是高洋所做的又一件大事。北齊坐鎮中原，必須防備來自南北兩線的威脅。北討時，要提防南梁的覬覦；南伐時，又要擔心北胡偷襲。所以，從天保二年（551年），開始修築黃櫨嶺至社乾戍段的長城二百餘公里。天保六年（555年），又修築了東起幽州北夏口（今居庸關），西至恆州（今山西左雲）的長城四百五十餘公里。天保七年（556年），再將幾段長城連接起來，完成了從西河總秦戍直通渤海的萬里長城。據不完全統計，高洋執政期間共修築北齊長城一千五百餘公里，每

五公里設一戍所，逢險要設關隘。最後，在天保八年（557 年），又於長城內修築重城，西起庫洛拔、東至塢紇戍，總長二百餘公里。

發展經濟。北齊脫離軍鎮制度，實現兵農分離。實行均田制，大體與北魏相同，略有變化，例如北齊取消了受倍田（北魏授予民眾用於耕休的田地）的規定，但一夫一婦的實際受田數相當於倍田。北魏對奴婢受田沒有限制，北齊則按官品限制在三百至六十人之間。另外還規定了賦稅，遇有災荒減免受災地區的租調。除農業外，北齊的鹽鐵業、瓷器製造業等也很發達。高洋非常關注生態環境，「詔限仲冬一月燎野，不得他時行火，損昆蟲草木」，「夏四月庚午，詔諸取蝦蟹蜆蛤之類，悉令停斷，唯聽捕魚。乙酉，詔公私鷹鷂俱亦禁絕」等，即禁止捕撈除魚之外的水產品，這些政策的意識是非常超前的。

經高洋一朝的努力，北齊的國力達到鼎盛，在當時相對峙的北周、梁陳等割據政權中是最為富庶的，其疆域擴展到今山西、山東、河北、河南、內蒙古及蘇北、皖北的廣大地區，人口達三百萬戶、兩千萬口。

喪盡天良
世人所指

北齊國勢強盛，四宇安定，高洋開始飄飄然起來，一天無所事事，燈紅酒綠，歌舞昇平。作為一個封建帝王，這原本也並沒有什麼問題，因為專制向來是與奢靡、享樂聯繫在一起的。但高洋整日酗酒無度，每天都喝得酩酊大醉，醉酒之後要以殺人取樂，其手段之殘忍，花樣之翻新，真是慘絕人寰，滅絕人性。他熱衷於淫亂之事，見了各色美人都想據為己有。

高洋最喜歡大鋸活人和水煮活人，所以在金鑾殿要備一口大鍋和一把大

鋸，喝醉了就要找人來殺，有時嫌被鋸的人叫得不夠慘，他要親自下手。由於他所要殺的人太多，刑部只得把許多死囚扮成禁衛軍，以掩人耳目，稱「供御囚」，使高洋隨時有人可殺。

高洋如此殘忍，但他居然信佛，有次他去金鳳台受戒，說是要「放生」，於是找來不少人給其戴上竹席做的翅膀，讓他們從高台上跳下去，一個個被活活摔死，現場慘不忍睹。

一次高洋酒喝得盡興，把宮女、宗室女性和群臣叫到一起，讓他們都脫光了衣服，在大殿裡亂交，自己坐在皇座上看得哈哈大笑。這實在太不像話，也太無聊了。一個帝王，正事不做，卻熱衷於淫亂，但這也就罷了，還強迫別人在大庭廣眾之下做違反倫理的事，供其欣賞，就更不像話了。而且誰稍有怠慢，或情緒不夠激昂，他便要下令將其處死，簡直就不是個人。

高洋有個寵妃薛美人，嫵媚動人，本來是清河王高岳的相好，被高洋搶進宮，之後又將其姐姐也招進宮，供其享樂。姐姐不識時務，見自己姐妹倆得寵，便要求高洋給自己的父親封官。別看高洋整天不務正業，但政治頭腦卻很清醒，說你老爹不過是個戲子，怎麼能當大官呢？女人就是個玩物，絕對不能讓她們左右政事。於是，馬上把其老爹抓來殺掉，又當著薛美人的面把她姐姐鋸成八塊，將血摻到酒裡痛飲。高洋倒沒有因為女人而假公濟私，但手段實在太殘忍，太沒人性了。

高洋喝醉了酒常會做出一些匪夷所思的事情。一次，他在臉上塗了女人的脂粉，挑了幾百個宮女和衛士，一絲不掛地排成戰陣去鬧市遊行。又有一次，宮裡在鷹台設宴，台上建有三層樓，高十幾丈，高洋一人爬到房脊上來回走，高興了還踩著節拍跳舞。跳著跳著突然想起薛美人原來是清河王的相好，現在似乎還藕斷絲連，便從房頂上衝下來跑進後宮把薛美人斬首，然後把其頭顱揣在懷裡繼續飲酒，到宴會高潮時突然把薛妃的頭扔到席上，嚇得群臣大聲驚叫，亂做一團。他卻在那裡抱著薛美人的頭顱痛哭不已，讓人肢解薛美人的屍體，把骨頭做成琵琶，邊彈邊

唱：「佳人難再得，甚可惜也。」隨後又為薛美人發喪，自己在送葬的隊伍前面披頭散髮，蹣跚而行。

高洋的老母親實在看不過去了，罵他說你父親英雄一世，怎麼生出你這個混賬東西。高洋一個混世魔鬼，跑過去一腳將老娘的矮凳（胡床）踢翻，指著摔在地上的老娘說，你信不信我把你給嫁到胡地去！老太太氣得差點暈過去。高洋又覺得不合適了，說要自焚謝罪。老太太趕緊讓人拉著，他還挺執著，讓人拿棍子抽自己五十記腳板才算完事。

高洋的弟弟高演見他實在太不像話，好言相勸，高洋不但不聽，還下令左右力士將弟弟按倒，自己拿著棍子亂打，打著打著自己醉了，高演才撿回一條命。高洋把平日裡經常規勸他的高浚和高渙兩個弟弟鎖到地下的鐵籠裡，之後去看他們，衝著弟弟突然放聲高歌，還讓兩個弟弟和他一起唱。兄弟二人歌聲淒慘，聽得高洋熱淚長流。但他並未罷手，而是一邊流淚一邊派人用長矛往籠子裡亂捅，等到歌聲止住，兩個弟弟已然成了肉泥，最後他讓人放把火燒掉了事。

高洋的皇后的姐姐是魏親王元昂的妻子，人長得漂亮。高洋想將她納入宮中，但怕她留戀丈夫，便找了個藉口召元昂進宮，用亂箭射死，然後在元昂的靈堂上逼迫元昂的妻子與之淫亂。僕射崔暹是三朝重臣，曾經是高歡的心腹。崔暹死，高洋前往弔唁，他看中了崔暹的小妾李氏，當著治喪者的面要和李氏「親熱」。李氏不從，高洋問：「你是想念崔暹嗎？」李氏答：「一日夫妻百日恩，怎能不想。」話音未落，高洋就把她的頭砍下來扔到了陰溝裡，說讓她去陰間好好陪陪崔暹。

高洋有次路過他岳母家，突然想起什麼衝了進去，對岳母說：「上次喝醉酒我打了我老娘，你倒什麼事兒也沒有，太不公平了！」於是抄起手邊的響箭就打在岳母的臉上，又讓隨從在老太太屁股上抽了兩百下鞭子才走人。

高洋在位的最後一年（559 年），有次和東魏遺室元韶聊天，高洋問他，

為什麼漢光武帝能光復漢室？元韶有些遲鈍，說因為劉氏子孫沒有被斬盡殺絕。高洋一聽，此乃真知灼見，馬上下令屠盡元氏後裔，婦孺不留，一共殺了七百多人，屍體全部扔入漳水。據說此後幾年間鄴城的居民都不敢吃河裡的魚。

高洋的所作所為連一點兒人性和人情味都沒有，他殘忍、瘋狂至極。但人們不免要問了，為什麼這位頗有作為的君主竟會墮落到如此地步，做出那麼多傷天害理、大逆不道的事情來呢？

首先，從生理上講，人都有動物性的一面，但絕不等同於動物，在男女、長幼、尊卑以及對待生命等問題上必須有所遵循、敬畏和節制，在滿足生理需求的同時，必須擁有倫理、隱秘、風雅、情感、克制、平等等方面的考慮，否則，人就不能稱之為人。而高洋卻全然不顧這些訓誡及約束，完全從動物的原始本能出發，肆無忌憚，為所欲為，不但自己極盡放縱，沉於酒色而不能自拔，而且還任意摧殘和踐踏別人的身體、尊嚴和生命，真是罄竹難書。

其次，從心理上講，高洋從小受壓抑，心理扭曲。他長得醜，不受父親待見，父親的態度影響到他的幾個兄弟，幾個哥哥經常欺負他、耍笑他、愚弄他。母親也一樣，從小就不跟他親近，直到高洋打算當皇帝了，她還說：「汝父如龍，兄如虎，猶以天位不可妄據，終身北面。汝獨何人，欲行舜、禹之事乎！」朝臣也覺得他沒有治國理政的才能，他掌了帥印，還有很多人對他表示懷疑。他一直是在被忽略、欺辱、質疑、冷漠和恥笑中成長，內心極度苦悶。他的隱忍、偽裝並不是克制和包容，而是為了事後實施報復。而且壓抑得越久，報復得就越厲害，手段越殘忍。

第三，從病理上講，很多人分析，高洋患有嚴重的精神分裂症，因而容易臆想、狂躁、多疑、衝動，加之長期大量酗酒，對自己的行為處於嚴重失控的狀態。他手段殘忍，暴虐無度，可很多時候又轉而感到非常愧疚、後悔、憂傷，比如傷害母親後欲縱火焚身，懷念薛美人悲歎「佳人難再得」，看望其弟時放聲高歌等，他的精神、情緒、喜好等等都處於

非常不穩定狀態，同時，有很多骯髒、古怪、齷齪的癖好，比如「露陰」、「窺媾」、「狂虐」、「嗜血」、「淒慘」以及「豪飲」等等，人們很難預料他下一步會做什麼，更不知道誰又將遭殃。

第四，從制度上講，但凡病態的統治者背後必然有一個病態的制度，而病態的制度又會造就出病態的統治者。高洋之所以能夠為所欲為、肆無忌憚，就是因為他身處動盪的社會環境及專制的體制。從西晉末「五胡亂華」，少數族政權肆虐中原，屠戮、掠搶、欺凌、摧殘，野蠻大行其道，武力是唯一的較量。這些政權都非常短命，驚恐、焦慮、揮霍、短視，是這些統治者的寫照。他們沿襲了部族、宗親、山寨的治理模式，狂暴、獨尊，一言堂，沒有任何約束和管控，誰敢稍有造次，便格殺勿論。

那麼，為什麼高洋如此昏聵暴虐，北齊卻還很強盛呢？是因為他有一個很出色的尚書令楊愔。在高洋整日花天酒地、殘害無辜、不理朝政的情況下，楊愔勤勉政事，使北齊形成「主昏於上，政清於下」的局面。正如唐代名臣虞世南所言，有人問：「文宣狂悖之跡，桀、紂之所不為，國富人豐，不至於亂亡，何也？」虞世南答：「昔齊桓奢淫無禮，人倫所棄，假六翮於仲父，遂伯諸侯。文宣鄙穢忍虐，古今無匹，委萬務於遵彥（楊愔），保全宗國，以其任用得人，所以社稷猶存者也。」

由於過度淫慾、飲酒，高洋的身體嚴重虛虧，於天保十年（559年）十月甲午日去世，時年三十一歲。其遺詔：「凡諸凶事一依儉約。三年之喪，雖曰達禮，漢文革創，通行自昔，義有存焉，同之可也，喪月之斷限以三十六日。嗣主、百僚、內外遐邇奉制割情，悉從公除。」諡文宣皇帝，廟號威宗，後改為顯祖，葬於武寧陵（今河北磁縣灣漳村）。

五代十國

907-979

甘做兒皇的石敬瑭

936-942

石敬瑭是五代十國後晉的首任君主，是中國史上一位聲名狼藉的帝王。為了得到契丹的支援而當上皇帝，他不惜稱比自己小十歲的契丹皇帝耶律德光為父，割讓了燕雲十六州給遼國。對外稱臣，繳納歲幣，在別的朝代也有，但割讓土地，唯他獨有。其實他是靠勇武起家，百里的天然屏障，不能說頂天立地，起碼也是個驍勇善戰、捨身救主，錚錚鐵漢。但他為了那頂令人垂涎的皇冠，居然卑躬屈膝、認賊作父，本想百世留名，但卻背負了個「兒皇帝」的惡名遺臭萬年。

晋高祖石敬瑭像

驍勇善戰
助唐滅梁

講石敬瑭要先介紹一下五代十國。五代是中國史上唐朝至北宋間一段分裂、割據的時期，稱謂出自《五代史記》。唐滅亡後，朱溫建後梁，定都東京開封（今河南開封）和西京洛陽（今河南洛陽），拉開了五代的序幕。其後，在中原地區相繼建立有後唐、後晉、後漢和後周幾個政權，史稱五代。後周的趙匡胤發動兵變，建立北宋，五代結束。

在唐末、五代及北宋初，中原地區以外還存在過許多割據政權，其中前蜀、後蜀、南吳、南唐、吳越、閩、楚、南漢、南平（荊南）、北漢、武平等被《新五代史》及後世史家統稱為十國。北宋建立後先後統一了尚存的幾個割據政權，形成了宋遼對峙的局面。

石敬瑭出生於晚唐昭宗景福元年（892 年）一個武將之家，沙陀族，太原汾陽里（今山西太原西南）人。父親叫石紹雍，胡名臬捩雞，是唐末將領李克用的部將，「善騎射，有經遠大略，累立戰功」，歷任平州、洺州刺史。再往上追溯，是春秋時衛國大夫石碏、漢景帝時丞相石奮的後代。當時漢朝衰亡，關中動亂，其子孫流落到西部邊遠地區，定居甘州（今甘肅張掖）。

這裡要說一下沙陀族，從中能大概了解到石敬瑭的人生脈絡。沙陀是中國北方的少數民族，原名處月，為西突厥別部，分佈在金娑山（今新疆博格多山）南、蒲類海（今新疆東北部巴里坤湖）東一處名為「沙陀」的大漠，因此而得名，其首領姓朱邪。唐末沙陀壯大，最初依附於吐蕃，後投奔唐朝，成為朝廷對強藩用兵以及對抗吐蕃、党項、回鶻等重要的借用力量。唐懿宗時，其首領朱邪赤心因鎮壓龐勛起義有功，被授予大同軍節度使，賜李姓，名國昌。黃巢起義軍攻入長安，李國昌之子李克用率沙陀、韃靼軍隊馳援，擊敗起義軍，黃巢退出長安，唐朝廷擢李克用為河東節度使。著名的京劇《珠簾寨》講述的就是這一段故事。

石敬瑭
晉高祖

李克用是沙陀族一位承前啟後的重要人物，他十五歲隨父出征，精於騎射，別號「李鴉兒」。因作戰一目失明，又稱「獨眼龍」。他英勇善戰，軍中稱之為「飛虎子」。中和四年（884年），李克用率領部下再度南征，迫使黃巢兵敗自殺。乾寧二年（895年），邠寧節度使王行瑜聯合鳳翔節度使李茂貞、鎮國節度使韓建，攻入長安（治今陝西西安），謀廢唐昭宗。李克用率軍勤王，討平三鎮叛亂，因功受封晉王。其後數年，李克用佔據山西地區，與盤踞於河南一帶的朱溫對峙，成為爭奪天下的兩大主要對手。朱溫建立後梁，李克用忠於朝廷，仍沿用大唐天祐年號，以復興唐朝為名，進行「梁晉爭霸」。天祐五年（908年），李克用病死，葬於今山西代縣。

李克用有十三個兒子，號稱「十三太保」，個個武藝高強，膽略過人，跟隨李克用東征西戰。李克用死，三太保李存勖襲河東節度使、晉王，與大太保李嗣源等秉承父親的遺志，為復興唐室奮力征戰，建立起後唐政權。後唐跟唐朝並沒有傳承關係，是沙陀族政權。李存勖是後唐的首任君主，廟號莊宗；李嗣源是第二任帝王，稱帝後改名李亶，廟號明宗。關於他們的具體情況，後面要詳細說。

再回來說石敬瑭，石敬瑭的母親姓何，生卒年齡不可考，據說生他時有「白氣充庭」的異象。石敬瑭在家中排行老二，從小沉默寡言，練就一身好武藝，喜好讀兵書，崇拜戰國時期趙國的名將李牧和漢朝名將周亞夫。文武兼備的石敬瑭得到時任代州刺史李嗣源的器重，將他招入麾下，並把他推薦給自己的兄弟李存勖，還把女兒嫁給了他。李存勖見石敬瑭精明強幹，將其安排到自己身邊。李嗣源則請求將他調往軍中，李存勖同意了。李嗣源讓石敬瑭統領自己的親軍、精銳騎兵「左射軍」，號稱「三討軍」。這樣一來，石敬瑭既是李嗣源的乘龍快婿，又是他的得力幹將。

石敬瑭在跟隨李氏河東軍與後梁的征戰中，出生入死，英勇殺敵，屢立戰功。後梁貞明二年（916年），李存勖與後梁大將劉鄩大戰於清平，李存勖還未布好戰陣，劉鄩就突襲而來，情勢異常危急。石敬瑭策馬而

出，率領十幾名親軍馳入敵陣，「橫槊深入，東西馳突，無敢當者」，掩護李存勗撤離。事後，李存勗拍著他的背脊，說：「將門出虎將，此言不差矣。」並賜予他財物，還親自送給他酥食，即胡人給高貴客人才贈予的一種食物。此後，石敬瑭在戰場上還多次搭救過李存勗。

石敬瑭更是他岳丈李嗣源的保護神。後梁貞明三年（917 年）河東軍與後梁劉鄩戰於莘城，李嗣源被梁軍包圍，石敬瑭縱馬揮劍，幾次衝入重圍，奔襲數十里，大敗劉鄩。貞明四年（918 年），河東軍與後梁大將賀瑰交戰於黃河沿岸，河東軍先攻下楊柳鎮（今山東東阿東北），李嗣源卻中了劉鄩的埋伏，危急時刻又是石敬瑭挺身而出，拚死掩護李嗣源衝出重圍。不久，梁李又大戰於胡柳陂（今河南濮陽東南），由於李存勗冒險出戰，致使大將周德威不幸戰死，李嗣源和石敬瑭率領左射軍重整旗鼓，將後梁軍隊打敗。

後梁龍德元年（921 年），石敬瑭跟隨李嗣源在黃河津要德勝渡（今河南濮陽南）擊敗後梁大將戴思遠，斬敵兩萬餘人。龍德二年（922 年），河東軍在胡盧套（今山東棗莊山亭）遭受後梁軍襲擊，石敬瑭迎著敵軍精銳，拔出長劍，殺出一條血路，用身體掩護李嗣源撤退，「拔劍辟道，肩護明宗而退，敵人望之，無敢襲者」。龍德三年（923 年），石敬瑭跟隨李嗣源視察梁軍楊村寨的陣地，部下都沒有披甲，敵軍突然出現在他們背後，兵刃都將刺到李嗣源的後背，石敬瑭急忙手持戰戟衝上前去，用力一擊，幾個敵人從馬上滾落，李嗣源才免於一死。

李氏河東軍經過一段時間的征戰，實力壯大，李存勗於後梁龍德三年（同光元年，923 年）在鄴城（今河北臨漳）稱帝，改元同光，國號唐，史稱後唐。李存勗隨即派李嗣源越過黃河，孤軍深入襲取鄆州（今山東鄆城）。鄆州的梁軍渾然不知，石敬瑭率領五十個騎兵跟隨李嗣源突襲東門進入城內。梁兵前來阻擊，石敬瑭雖身負刀傷，但仍不離李嗣源左右，與梁軍展開巷戰，一直等到後唐的騎兵趕到，才佔取了鄆城的中心地帶。

稍加修整，李嗣源再率領石敬瑭等部眾向汴州（今河南開封）進發，後

梁末帝朱友貞還未得到情報，唐軍就已趕到汴梁城下。梁軍守備薄弱，李嗣源幾乎不費吹灰之力攻陷城池，後梁政權隨之覆亡。自唐哀帝天祐四年（907年）朱溫建立後梁，到此僅僅過了十六年。

滅梁建唐李嗣源功勳卓著，而其麾下又以石敬瑭及其養子李從珂功勞最大。但石敬瑭為人低調，「不好矜伐」，從不誇耀自己的軍功，以致在李存勖一朝，石敬瑭的地位並不顯赫。而對於其中更深一層的原因，李嗣源心知肚明。

擁立岳丈
外守邊地

李克用的「十三太保」，實際上大多是養子，只有李存勖是親生，所以，李克用死後由李存勖襲職，史籍講他樣貌雄偉，得習《春秋》，豁達通大義，驍勇善戰，熟知戰略要術。又喜愛音樂、歌舞、俳優之戲。稱得上是文武雙全，多才多藝。李克用生前非常喜歡這個兒子，在其十一歲時就帶著他出征打仗，得勝後又帶著他觀見唐昭宗。昭宗見了他，非常驚訝：「這孩子真是長相出奇！」其後，又輕撫其背說：「小兒日後必定是國家的棟樑之才，不要忘了為我大唐盡忠盡孝！」又說：「此子可亞其父。」李存勖因此得名「李亞子」。

一次，李克用出征凱旋，在上黨（今山西長治）三垂崗狩獵，崗上有唐玄宗廟，李克用在廟前置酒，聽伶人演奏《百年歌》。唱到老年段，聲調悲涼淒苦，大家心情沉悶。李克用卻捋著鬍子指著身邊年幼的李存勖笑道：「老夫雖然壯志未酬，但二十年後，他肯定和我一樣在此地征戰，完成我的大業！」

李克用臨終前，交給李存勖三支利箭，叮囑他要完成三件大事：一是討伐劉仁恭（劉守光），李克用曾有恩於他，但他卻恩將仇報；二是征討

契丹，解除北方邊境的威脅；三是消滅世敵朱全忠（即後梁的皇帝朱溫）。李存勖將三支箭供奉於家廟，每次出征都帶在身邊。後梁開平五年（911年），李存勖率軍在高邑打敗了朱溫親自統帥的五十萬大軍；接著又攻破燕地，活捉劉仁恭，押回太原；三年後，他又親率軍隊大破契丹，將耶律阿保機趕回北方。

李存勖稱帝，滅後梁，統一北方，將版圖擴展的川蜀一帶，基本上完成了父親的遺命。如果按照正常的邏輯，他應該再接再厲，安民固本，富國強兵，拓疆擴土，甚至實現華夏一統，成為一世英主，都是有可能的。在他即位初期，也確實成績斐然，併岐國，滅前蜀，得鳳翔、漢中及兩川等地，震動南方割據諸國，「五代領域，無盛於此者」。但很快他便沉湎於聲色，「憂勞可以興國，逸豫可以亡身」，他惰於政事，任用奸佞，縱容皇后干政，對功臣猜忌，動輒殺戮，橫徵暴斂，以致百姓困苦、藩鎮怨憤、將士離心。

李存勖自幼酷愛戲劇，且造詣頗深，甚至還自編了一些詞牌格律被後世沿用。作為一項業餘愛好，本無可厚非，但如果沉迷於此，無心政務，就不可取了。有人說戲子誤國，這下子皇帝成了戲子，就更將誤國害民了。李存勖一開始還只限於觀看表演，後來乾脆換上戲裝粉墨登場，還給自己取了個藝名，叫「李天下」，成為中國史上不說絕無僅有，起碼也是屈指可數的「梨園天子」。

李存勖不僅沉迷戲劇，還寵信伶人。伶人受他袒護，出入宮禁，傲視群臣，與奸吏勾結，收取賄賂，陷害忠良，魚肉百姓，搜刮民財，導致朝政變得烏煙瘴氣。李存勖聽信讒言，冤殺了樞密使郭崇韜、太師朱友謙等，疏遠李嗣源，朝野上下怨聲四起，危機四伏。

亂政終於導致了惡果，李存勖稱帝僅三年（同光四年，926年），魏博的戍卒因不滿朝廷禁止他們回鄉探親，在貝州起義，推舉將領趙在禮為首領，佔據了魏州。李存勖聞訊派將軍李紹榮前去平叛，結果慘敗。朝堂之上，群臣眾口一詞非李嗣源不能平叛。在樞密使李紹宏的力薦下，李存勖只得派李嗣源率大軍前往征討。

石敬瑭
晉高祖

李嗣源出征後所率軍隊發生了嘩變，呼喊著要擁戴他為帝。李嗣源並無反心，想隻身回去向李存勗講明真情。這時石敬瑭站了出來，對岳父說：「豈有軍變於外，上將獨無事者乎？且猶豫者兵家大忌，不如速行。願得騎兵三百先攻汴州，夷門天下之要害也，得之可以成事。」李嗣源無奈只得接受了石敬瑭的勸說。石敬瑭攻取汴州，迎李嗣源入城。李存勗率兵趕到，不得入城，只得返回洛陽，一路上士兵紛紛逃散，他幾乎成了「光杆司令」。李嗣源領軍殺回洛陽，石敬瑭率先鋒逼近汜水關（河南滎陽汜水鎮）。李存勗決定反擊，此時擔任指揮使的伶人郭從謙反叛，火燒興教門，李存勗被流箭射中，狼狽地結束了他的帝王生涯，也告別了他的戲劇人生。古人云：「方其盛也，舉天下之豪傑，莫能與之爭；及其衰也，數十伶人困之，而身死國滅，為天下笑。」李存勗終年四十三歲，謚光聖神閔孝皇帝，葬於雍陵。

李嗣源初稱監國，不久即位為帝，改元天成，成為後唐的第二任君主。關於李嗣源稱帝，其實有兩個版本。一是他早有準備，出征後即與叛軍合流，或者乾脆說就是他策動的兵變；二是如上所述，軍隊嘩變，他並無反意，是被迫無奈當上了皇帝。似乎後一種說法為多，不然也不會有石敬瑭的好言相勸。其實這種場景在史上並不陌生，宋代的趙匡胤、後周的郭威都是因軍隊嘩變，「被迫」黃袍加身，可究竟事實如何，他們心裡清楚，別人也不糊塗，而開此先河者則為李嗣源。

石敬瑭因擁立有功而被加封光祿大夫、檢校司徒，授陝州（今河南三門峽）保義軍節度使，賜號「竭忠建策興復功臣」。天成二年（927年）二月，石敬瑭加封檢校太傅兼六軍諸衛副使，進爵開國伯。十月，任御營使，平定汴州節度使朱守殷的叛亂，擢升宣武軍節度使、侍衛親軍馬步軍總指揮使兼六軍諸衛副使，加封開國公，賜「耀忠匡定保節功臣」名號。天成三年（928年），加封檢校太傅、同中書門下平章事、興唐尹、鄴都留守、天雄軍節度使，加封駙馬都尉。長興元年（930年），加封檢校太尉。九月，東川節度使董璋叛亂，石敬瑭任東川行營都招討使，兼理東川行府事務。次年四月，兼任六軍諸衛副使。六月，改任河陽節度使，仍兼握兵權。

同年，秦王李從榮上奏北方契丹、吐谷渾、突厥侵犯邊境，需要一名大將鎮守邊關，眾臣認為只有石敬瑭和康義誠能夠擔當。石敬瑭本來就不願做禁軍副帥，自願北上。十一月，石敬瑭加封侍中、太原尹、北京留守、河東節度使，另兼職大同、振武、彰國、威塞等地軍隊蕃漢馬步軍總管，改賜「竭忠匡運寧國功臣」名號，盡掌河東地區軍政大權。臨行前石敬瑭在李嗣源的壽宴上向岳父辭行，說：「臣雖微怯，惟邊事敢不盡其忠力，但臣遠違玉階，無以時申補報。」李嗣源不禁「泣下沾衿」，令左右感動，不想這竟是二人永遠的訣別。

此年，李嗣源崩逝。他在位七年，殺貪腐、褒廉吏、罷宮人、除伶宦、廢內庫，注意民間疾苦，號稱小康。但後期姑息藩鎮，孟知祥據兩川而反；馭下乏術，權臣安重誨跋扈而不能制，次子李從榮驕縱而不得法，致使變亂迭起，朝政混亂。長興四年（933 年），李從榮欲武力篡位，事敗被殺。李嗣源在病中聞之，受驚歸天，終年六十七歲，諡聖德和武欽孝皇帝，葬於徽陵（位於今河南孟津）。

石敬瑭聽到岳父逝世的消息，「長慟若喪考妣」，然而，生死安危、何去何從的問題馬上呈現在他的面前。

飽受猜忌
割地封皇

李嗣源死的時候，朝政已然混亂不堪。當初李存勖用人多疑，而李嗣源則對部屬又過於寬忍，以致在他執政晚期權力失控。繼位的閔帝李從厚無論從實力到威望都明顯不足，面對石敬瑭、李從珂這樣出鎮四方的功臣、勳將，心存忌憚，但又缺乏手段。李從珂是李嗣源的養子，也是長子，早在滅梁時期就已戰功卓著，李嗣源稱帝後，拜檢校太尉、鳳翔節度使，受封潞王。他有實力也有膽量，令李從厚感到具有很大威脅，決定削其兵權。

李從厚下令李從珂「易鎮」，即離開鳳翔，改鎮河東。李從珂知道這是對他動手：最終將置他於死地。忍也是死，反也是死，應順元年（934年），李從珂從鳳翔舉兵反叛，李從厚聞訊立即派大軍前去鎮壓。

李從珂兵力不足，難於抵擋李從厚派來的平叛大軍。危急關頭，李從珂登上城頭，脫去衣衫，露出身上一處處疤痕，衝著攻城的唐軍將士痛哭流涕，說道：「我年未二十從先帝征伐，出生入死，金瘡滿身，樹立得社稷，軍士從我登陣者多矣。今朝廷信任賊臣，殘害骨肉，且我有何罪！」攻城的將士聽到李從珂的陳訴，心中頓生同情及憐憫之心，停下了進攻的腳步，其中原李從珂的部下竟帶頭倒戈，唐軍一時大亂。李從珂怎麼也想不到，這一哭竟然哭退了敵軍，也哭就了天下。他率領鳳翔兵直逼洛陽，李從厚棄城出逃，北奔河東。

在李從珂反叛之時，李從厚急詔石敬瑭自河東南下，興師助剿。石敬瑭應詔前往，在途中遇到了從洛陽出逃的李從厚，將其迎入衛州（今河南衛輝）。這時石敬瑭面臨兩種選擇，一邊是軍心所向、勢頭正勁的李從珂，另一邊則是狼狽而逃的當世帝王李從厚，該何去何從，他有些舉棋不定。然而此時李從厚的隨將居然打上了他的主意，欲殺他而收繳其部眾。這下石敬瑭就用不著多慮了，他殺了李從厚的隨眾百餘人，將李從厚幽禁在衛州，自己跑去洛陽向李從珂請功。

從鳳翔到洛陽，李從珂基本沒遭遇任何抵抗，各郡縣無不望風迎降。入洛陽城後宰相馮道率領文武百官迎駕、勸進，李從珂推辭不受。次日，太后下詔廢李從厚為鄂王，命李從珂為監國。六日後又立李從珂為帝，此時他登基加冕，是為後唐末帝，改元清泰。不久，李從珂派人將閔帝李從厚處斬。

這樣說來，李從珂是石敬瑭擁立的第二位郡主，但情形卻截然不同。李嗣源與他是岳父對女婿，常言說「一個女婿半個兒」，李嗣源對他這個女婿實際上比兒子都看重，凡事都託付予他，甚至很依賴。李從珂與他是大舅哥（妻子的兄弟）對妹夫，這種關係很微妙，大舅哥具有本家的優越，但又懼怕外姓人侵犯自己的利益，更何況這個妹夫擁有不凡的實

力。所以，儘管石敬瑭囚禁李從厚，幫助李從珂掃清了稱帝路上的障礙，但李從珂仍充滿戒心，雖然口中說著「石郎於朕至親，無可疑者」，但實際上處處提防，以備「流言不息，萬一失歡」之解。

石敬瑭拘李從厚，靠李從珂，做得乾脆俐落，毫不拖泥帶水。但他換來的並非李從珂的信任，而是猜忌。他參加完岳父的葬禮，不敢立刻返回河東，而是留居洛陽，觀察著李從珂對自己的態度，整日心神不定，惴惴不安，以致身染疾病，面容憔悴，步履蹣跚，不知何時將厄運臨頭。

石敬瑭的妻子，即李從珂的妹妹永寧公主向其母曹太后求情，曹太后心疼女兒，向李從珂開口，請他放石敬瑭回去。李從珂見石敬瑭重病纏身，做什麼已有心無力，就答應了。石敬瑭帶著妻子、隨從悄然返回河東老巢。

李從珂放走石敬瑭後便有些後悔，怕是放虎歸山，於是經常派人前去河東打探。石敬瑭見京城來人，便總是裝出一副大限將至的樣子以瞞天過海。但李從珂仍心存忌憚，清泰三年（936年）正月，李從珂生日設宴，永寧公主也到京城給哥哥祝壽。醉酒的李從珂在後宮見到妹妹，問：「石郎可好？」公主答：「敬瑭多病，每日臥床靜養。」李從珂說：「敬瑭身強力壯，何致一病如此，你好不容易回來一趟，不如就在宮中多住幾日。」公主說：「夫君病的很重，正需我回去侍奉，明天我就向陛下告辭回歸晉陽了。」李從珂突然冒出一句：「爾歸心甚急，欲與石郎反耶？」公主嚇出了一身冷汗，不知如何作答，急忙退出宮去。

次日，李從珂酒醒，侍從告訴他昨晚酒後失言。李從珂害怕就此激怒石敬瑭，連忙把公主召來，好言安慰一番。公主也不敢馬上返回晉陽，在宮中多住了些時日才走。回到晉陽後，馬上將李從珂酒後所吐真言告訴了丈夫，石敬瑭感到了問題的嚴重。為了試探李從珂，石敬瑭上表假意以身體不適請求移交兵權。誰知過了幾天，李從珂真的下達詔書，命他離開河東重鎮，調任僻遠的天平節度使。

此時，石敬瑭可以說是進行了他一生中最為艱難、痛苦，也是讓他背負

石敬瑭 晉高祖

一世罵名的抉擇，他對部下說：「先帝信任我，委我重任，命我終生為鎮守河東的節度使，今天的皇帝無故奪我的兵權，一定是懷疑我有反心。難道我們就此等死嗎？」部將劉知遠（後為後漢的首任帝王）進言：「明公兵強馬壯，何不起兵反唐，帝業豈不是唾手可得？」謀士桑維翰勸說：「契丹國兵力強大，明公如能設法結納，引以為後援，不怕事情不成。」

石敬瑭舉棋不定，造反是死罪，不反是等死，而造反自己又缺乏實力，必須借助於他人，這就意味著要出賣中原人民的利益，來換取那頂令人垂涎的皇冠。但這對於石敬瑭來講，其實並不是一種選擇，而是下不下決心的問題，因為寧可死，也要保全國家及民眾的利益，維護自己的名聲與尊嚴，不屬於他的品性，也不是他的性格，於是，被後人所唾棄、詬病的賣國求榮的行徑，在石敬瑭身上便不可避免地發生了。

石敬瑭聽從桑維翰的建議，一邊公開扯起反唐的旗幟，一邊派人向契丹國求援。契丹國即後來的遼國，由契丹族首領耶律阿保機創立，素有南下掠取之心，多次乘中原混亂興兵南侵，但在河北諸鎮的抵抗下，戰果寥寥。此時的君主為阿保機的次子耶律德光，他見到石敬瑭派來的使者，得知來意，大喜過望，心想天下竟有這樣的好事，馬上「復書諾之，約以中秋赴義」，動員契丹兵馬準備援助石敬瑭。

李從珂聽說石敬瑭抗命，當即派軍包圍太原，想一鼓作氣拿下石敬瑭，解除這塊心病。石敬瑭則拚盡全力抵抗，苦守數日，在即將彈盡糧絕之時，契丹的援兵趕到，將圍城的唐軍打敗，其撤軍而去。

太原解圍，石敬瑭趕去契丹與耶律德光見面。二人相會，耶律德光拉著石敬瑭的手說：「恨會面之晚。」隨即開始討價還價，石敬瑭提出向契丹稱臣，並「願以雁門以北及幽州之地為戎王壽，仍約歲輸帛三十萬。」對此，耶律德光非常滿意，對石敬瑭說：「觀爾體貌恢廓，識量深遠，真國主也。天命有屬，時不可失。欲徇蕃漢群議，冊爾為天子。」石敬瑭推辭，但最終接受了冊命，在晉陽城南立壇登基，國號「晉」，史稱後晉，成為被契丹冊封的中原皇帝。隨後，在契丹和後晉軍聯合打擊下，李從珂抵擋不住，自焚於洛陽，後唐亡。

石敬瑭向契丹割讓的燕雲十六州（又稱幽燕十六州）的土地，自東向西包括了今天津、北京、河北北部和山西北部分佈於長城內（南）側的廣大地區，是長城重要軍事防線背後的戰略支撐點，其中瀛、莫二州已深入到河北腹地數百里。失去這一片山勢險峻的地帶，中原王朝便失去了阻擊「胡人鐵騎」南侵的天然屏障，對其南下搶掠再無險可守，一直到黃河岸邊基本上是一馬平川。此後四百年間，對於每一個中原王朝來說，收復燕雲十六州都成為魂牽夢繞的事情。

石敬瑭稱帝伊始，盧龍節度使、北平王趙德鈞也以金帛賄賂契丹，想仿效石敬瑭依仗契丹奪取中原，而且承諾石敬瑭仍為河東節度使。石敬瑭聞訊大為驚懼，急忙派桑維翰去拜見耶律德光。桑維翰跪在耶律德光的大帳前，苦苦哀求契丹放棄趙德鈞的請求，耶律德光勉強答應。

石敬瑭對契丹可謂百依百順，小心翼翼，生怕其翻臉。每次書信往來皆以君臣相稱。他稱比他小十歲的耶律德光為「父皇帝」，自稱「臣」，為「兒皇帝」。每當契丹使臣到來，便拜受詔敕。除歲輸三十萬布帛外，每逢吉凶慶弔之事還要贈送財物珍玩，以致運送的車隊相繼以道。

石敬瑭的皇帝當得極不光彩，也窩囊透頂，不單契丹人瞧不起他，他的部屬對他的賣國行為也極為不滿，廣大民眾、特別是燕雲十六州的人民對他深惡痛絕，就連他自己也自慚形穢。他表面上高高在上，實際上忍氣吞聲、處處受制，在這種憋悶委屈、鬱悶、糾結的心境下他做了七年兒皇帝，於天福七年（942 年）憂鬱成疾，病逝，時年五十一歲，謚號聖文章武明德孝皇帝，廟號高祖，葬於顯陵（今河南宜陽）。

最後還想再說兩句石敬瑭的稱帝與賣國。石敬瑭為了稱帝，對契丹稱臣，割讓疆土，繳納歲貢，是十足的賣國行徑，他將永久地被釘在歷史的恥辱柱上，為世人所唾棄。但有些人竟為這樣一個人物進行開脫甚至翻案，說石敬瑭是沙陀人，源自北疆，不能稱為漢奸；而將燕雲十六州割讓給的契丹，也是中華民族的成員，所以，也稱不上是賣國。這就是狡辯了，因為國家和民族是一個歷史的概念，在當時的歷史條件下，契丹就是外

石敬瑭
晉高祖

國，沙陀則是已經融入中原民族的組成部分，這是不容質疑的事實。再加上石敬瑭千百年來已經成為「賣國」、「漢奸」、「兒皇帝」的符號或代言，為這麼一個人物翻案，沒有必要，也不得人心。

但對此又應當按具體情況具體分析，石敬瑭稱帝是由於李從珂猜忌心過重，要削其兵權，甚至要置其於死地，他是被迫無奈舉起反旗。造反要承擔道義上的譴責和巨大的政治風險，他必須想盡一切辦法，借用各種力量和手段，一旦失敗將死無葬身之地。於是，各種情形便發生了。這能完全怪罪石敬瑭嗎？假如李從珂對他寬容、信任，假如他當初扶持的是李從厚，他還會有反心嗎？他是早有野心還是被迫後逐漸產生的慾念？可惜歷史沒有假設，也不可能對古人的想法進行估判。

在五代亂世，甚至更早的五胡十六國，對於皇權的僭越、忤逆、廝殺、欺詐簡直可以說是司空見慣，弒父篡位、兄弟反目、嫡庶相爭，屢見不鮮，石敬瑭所侍奉過後唐的四任皇帝，就有兩次刀戈相見，血流成河，這對於石敬瑭來講並沒有什麼，甚至已然成為了一種習慣。至於投靠誰、借用誰的力量，他們更多考慮的是如何實現自己的目的，而不是道義上的是非。所以，有些人指責他「置國家和民族的利益於不顧」，實在是高估了他的道德水準。

在中國歷史上，中原王朝即使在強盛漢唐時期，對北方的少數民族也出現過稱臣、和親或納貢的情況。強悍的不先進，先進的不強悍，是中國南北民族的基本狀況。石敬瑭受後人譴責之處主要在於他割讓燕雲十六州，或者說他對外邦稱臣的代價太高，以致造成對後世，特別是兩宋的影響極為惡劣。兩宋對遼、金形成勢弱，收復燕雲十六州在做努力，但始終未能實現，於是便把責任推卸到石敬瑭身上，更增加了人們對他的仇恨。

亂世明君 柴榮

954-959

柴榮是五代十國後周的第二任帝王。他對結束五代分裂、割據的局面，實現國家的統一發揮了重要的作用，為宋建立大一統王朝奠定了基礎，史家對他評價甚高，說他乃「一代之英主」，是「雄傑」、「賢主」，為「五代第一明君」，甚至說如果不是他過早地在北破遼國的戰爭中暴病而死，他將完成統一大業，其後遼、金、元等的北方民族將無緣入主中原。他在整頓吏治、發展經濟、拓展疆土等方面多有建樹，老百姓將他供為財神，奉他為礦工、窰工、建築工的保護神。

周世宗柴榮像

投奔姑母
入承帝位

講柴榮前要先介紹一下五代、後周及後周的首任皇帝、柴榮的養父郭威。後周是在後漢的母體中孕育而成的，太祖郭威當年助後晉河東節度使劉知遠建立後漢，累任鄴都留守、樞密使等職，隨後又滅後漢建立後周。他之所以能夠成就大業，必須要感激一位慧眼識珠、與他相伴的女人，即他的妻子、柴榮的姑母和養母柴氏。

柴氏與郭威相識、並結為夫妻的過程頗有幾分戲劇色彩。唐末義軍黃巢揭竿而起，攻入長安，天下紛亂。鎮壓起義的朱溫弑君自立，從此掌握兵權的藩鎮便成為了權力的寵兒，王朝走馬燈式的更替，你方唱罷我登場。沙陀人李存勖滅後梁建立後唐，不久被其兄李嗣源取代。李嗣源稱帝後遣散後宮的嬪妃、宮女，其中就有這位柴姓的美人。

柴氏返鄉時行至黃河岸邊，父母來迎，天降大雨，一家人入住客棧。大雨下個不停，柴氏臨窗向外望去，見一名男子在雨中行走，身材魁梧，器宇非凡，雖然衣衫破舊，渾身被雨淋透，但那非同尋常的氣質，將柴氏深深吸引。她在宮中生活過幾年，閱人無數，感到此男子非等閒之輩，便跑出門去，喊住了他。

該男子就是郭威，字文仲，因脖子上刺一飛雀，人稱「郭雀兒」，邢州堯山（今河北隆堯）人。其父郭簡曾任順州刺史，在戰亂中遇害。他兩歲時隨母親逃往太原，半途母親去世，是姨母韓氏將他拉扯大，小小年紀便飽嘗人間冷暖。

郭威長到十八歲，勇武有力，應招入澤潞軍成為一名「牙兵」（藩帥的親兵）。由於作戰勇猛，有獨特見解，深得潞州節度使李繼韜的賞識，對其小過錯有所遷就。郭威嗜賭、酗酒，好打抱不平，一日，他在街頭見一欺行霸市的屠夫欺辱百姓，憤而將其殺死，據說《水滸傳》中魯智

深拳打鎮關西的故事便源於此景。郭威被抓入獄，李繼韜佩服他的勇氣，把他放了。從此郭威亡命天涯，在此遇到柴氏，兩人四目相對，瞬間碰撞出愛的火花。

柴氏讓郭威進到客棧，幫他找來乾淨衣服換上，讓夥計給他端來熱的飯菜。飢腸轆轆的郭威心中湧動一股暖流。柴氏直言：「我想嫁給你！」郭威大喜過望，感慨萬分。柴氏的家人反對，柴氏堅持：「此乃貴人，將來前途不可限量！」於是，她將在宮中存下的積蓄分一半給父母，一半作為嫁妝當即在客棧與郭威成婚。婚後柴氏勸郭威：男子漢當建功立業，不能陶醉於小家庭的溫馨。

郭威又一次從軍，幾經輾轉到了劉知遠麾下，東征西戰，屢立戰功。劉知遠稱帝，任命他為樞密副使、檢校司徒，進入權力的高層。此間，郭威收養了柴氏哥哥柴守禮的兒子柴榮，悉心培養，視同己出。

劉知遠在位僅一年便病故，臨終前任命郭威與楊邠、史弘肇、王章、蘇逢吉五人為顧命大臣。幼帝劉承祐剛繼位便有河中節度使李守貞聯合鳳翔節度使王景崇、永興軍節度使趙思綰謀反，郭威奉命前往平叛，採取築壘不攻、空耗其力的辦法，最後一舉破城，得勝而還。

小皇帝雖對郭威論功行賞，但受人挑撥，與人合謀欲除掉舊臣。先是羅織罪名殺了楊邠、王章和史弘肇，此時郭威統兵在外，他又密詔派人前去誅殺郭威等人。所幸派去的人告知了郭威，他躲過一劫。郭威修改詔書，說是劉承祐聽信讒言讓他誅殺群臣，部將群情激奮，推舉他起兵「清君側」。劉承祐聞訊殺了郭威留在京城的妻兒老小，「嬰孺無免者」。郭威再無退路，領兵殺回開封，劉承祐出城抵禦，回城時被守兵拒之城外，結果被部下所殺。

郭威入城覲見皇太后，假意擁立劉氏宗室、武寧節度使劉贇為帝（也有人說是群臣商議決定擁立劉贇）。隨後，突報契丹南下，率軍北上抵禦。行至澶州，軍隊發動兵變，有人扯一面黃旗披在郭威身上，即「黃袍加

身」。這一典故一般人都以為是宋太祖趙匡胤所創，實際上原作是郭威。郭威返回汴梁，太后冊封其為監國，主持國政，廢劉贇為湘陰公。廣順元年（951年），郭威正式稱帝，說自己是「周代宗室虢叔的子孫」，定國號周，定都汴京，史稱後周。郭威稱帝時柴氏已死，為了表達對這位在自己落難時給予溫暖並激勵自己奮發向上的妻子的敬意，諡其為聖穆皇后，此後郭威雖有妃嬪，但始終沒有再立皇后，立柴氏的侄子、即養子柴榮為太子。

這下該說柴榮了。柴榮於後梁貞明七年（921年）出生於邢州龍岡（今河北隆堯）柴家莊一個望族家庭，祖父柴翁（其名佚失）、父親柴守禮都是當地有名的富豪。史籍講他「器貌英奇」，擅長騎射，略通史書及黃老之術，後因家道中落，年少的柴榮投奔到姑母柴氏門下。

柴榮生性謹慎篤厚，到姑母家後吃苦耐勞，幫助姑父郭威打理各種事務，深得郭威的喜愛。柴氏無子，郭威與柴氏便將柴榮收為養子，柴榮改姓郭，但後人仍習慣地稱他為柴榮。當時郭威家境並不富裕，柴榮為幫補家用，與當地商販外出做茶貨生意，往返於江陵等地。柴榮頭腦靈活，待人以誠，不辭辛苦，生意做得紅紅火火，並對社會的積弊有所體察。正因為有這樣一段經歷，柴榮稱帝後對工商業始終予以扶持，宋元時期中原地區的百姓將他供為財神，稱「柴王爺」。

後晉末，柴榮棄商從戎，隨郭威進入軍中。天福十二年（947年），劉知遠建後漢，郭威因輔佐有功任樞密副使，柴榮被任命為左監門衛大將軍。乾祐二年（949年）柴榮任天雄牙內指揮使，兼領貴州刺史、檢校右僕射。次年，郭威任鄴都（今河北大名東北）留守、樞密使、天雄軍節度使。

這一年冬天，正是後漢隱帝殺郭威及柴榮留居在京都的親屬的那一年，郭威起兵「清君側」。柴榮則留守鄴都，將政務處理得井井有條。次年，後周立，柴榮以皇子身份拜澶州（今河南濮陽）刺史、鎮寧軍節度使、檢校太保，封太原郡侯。柴榮在澶州任內，「為政清肅，盜不犯境」，深受官民倚重和信任。

郭威欣賞柴榮的才幹，委以重任，並有意身後將皇權交予他。廣順二年（952 年）正月，泰寧軍節度使慕容彥超在兗州叛亂，柴榮主動請纓征討，郭威表示支持，說：「如朕不可行，當使澶州兒子（指柴榮）擊賊，方辦吾事。」但權臣王峻怕柴榮權勢過重，加以阻撓，最終只得由郭威率軍親征。

郭威察覺到王峻的野心將其軟禁。待退朝後，向太師馮道等人哭訴，說：「王峻欺人太甚，欲盡逐大臣，翦除朕的羽翼。朕只有一子（指柴榮，其他兩子被後漢隱帝所害），他也要從中離間我們。」於是，貶王峻為商州司馬，升任柴榮為開封尹、晉王。至此，柴榮繼承皇位的事已趨明朗。

顯德元年（954 年）正月，郭威病重。他知道自己將不久於人世，向柴榮交代：「我若躲不起此疾，汝即速治山陵……陵寢無須用石柱，費人工，只以磚代之。用瓦棺紙衣。」又說：「你派人在河府（今河北河間）、魏府（今河北大名）各葬一副劍甲，在澶州（今河南濮陽）葬一件通天冠絳紗袍，在東京（今河南開封）葬一件平天冠袞龍袍。這事切不可忘記。」接著，他授封群臣，命柴榮繼位，說：「我看當世的文才，莫過於范質、王溥，如今他倆並列為宰相，你有了好輔弼，我死也瞑目了。」當晚郭威崩於汴京宮中滋德殿，享年五十一歲，諡聖神恭肅文武孝皇帝，廟號太祖。柴榮按照遺詔在養父的靈柩前即皇帝位，這年他三十四歲。

取勝高平
推行改革

柴榮繼位，接手的並不是太平盛世，而是內部矛盾紛繁、外部腹背受敵、只佔有中原局部地區的弱小王朝。郭威雖貴為英主，在位期間崇尚節儉、虛心納諫、改革弊政，使北方地區的政治經濟形勢大有好轉。但他對後世的影響更多的是珍視感情、保持平民儉樸本色，而且他在位僅四年，很多事情還沒有來得及做，新建的王朝遠沒有從五代分裂、戰亂的狀態

下走出來，柴榮深感使命當前，任重而道遠。

五代可以說是少數民族軍閥混戰、割據，皇室內部爭鬥、廝殺，百姓身處動亂、貧困的時期。歷時五十四年，五個朝代中有三個是沙陀族政權，前後換了八個姓，出了十四個皇帝，平均不到四年就換一個。皇帝上位的方式多種多樣，其中父子（包括養父子）傳位的僅有五個，約佔三分之一，其他都是手足相殘、外戚亂政、部屬僭越，而父子傳位的繼承者，政權壽命大多不長。後唐李從厚繼父親李嗣源皇位，不到一年便被非血親長兄所殺；後漢劉承祐秉父親劉知遠冠冕，兩年即被郭威所亡；後晉石重貴時間稍長，接養父石敬瑭權杖，不到四年即被契丹人擄走。

面對如此的現實，柴榮意識到要走出五代以來昏暗、殘暴、混亂的狀態，開創全新的局面，必須有所作為，要建功立業，革除弊政，推行改革，並進一步實現國家的統一。

柴榮首先要應對的是北漢的攻擊。北漢位於今山西一帶，當年郭威稱帝建周，劉贇的生父、河東節度使劉崇聞訊在太原自立為帝，仍稱「漢」，史稱北漢。劉崇為了保全皇位，向契丹乞好，自稱「侄皇帝」。後周顯德元年（954 年）二月，柴榮繼位還不到十天，劉崇聽說郭威的死訊，便聯合契丹，發兵五萬，進攻後周，想趁新君立身未穩，滅掉後周。

柴榮決定御駕親征，但遭到朝臣們的勸阻。五代時的君臣關係可不像正常時期，臣屬並沒有忠君思想，看重的是實力，誰強、誰執掌政權就侍奉誰，軍隊兵驕將悍，勝則擅兵挾主，敗則倒戈投敵。人常說「一朝天子一朝臣」，五代卻是一個臣子能侍奉多代君主。其中最為典型的是太師馮道，他歷仕四朝十二位皇帝，期間還向遼太宗稱臣，始終擔任將相、三公、三師等高職，人稱政壇上的「不倒翁」。馮道極力阻止柴榮出征，柴榮說：「昔日唐太宗平定天下，都是親自出征。」馮道曰：「陛下不能和唐太宗相比。」柴榮又說：「漢軍乃是烏合之眾，若遇我軍，如泰山壓卵。」馮道答：「陛下不是泰山。」

柴榮不顧臣屬的阻撓，執意親征。三月，率軍從都城汴京（今河南開封）

出發，令李重進、白重贊為左翼，樊愛能、何徽為右翼，向訓、史彥超領精騎居中，張永德領禁兵緊隨柴榮。北漢與契丹的聯軍則由劉崇統中軍，大將張元徽領左軍，契丹楊袞率右軍，陣容嚴整，來勢洶洶。

俗話說「不打無準備之仗」，柴榮在戰前做了充分準備，在澤州（今山西晉城）境內建立了保證軍需供應的府庫和後勤管理機構——管理院。他乘坐車輦進入澤州，途徑部隊時受到將士們的歡呼，他下車與將士寒暄，現在當地還有下輦村和上輦村。在臨澤村（意為皇帝御臨澤州）柴榮檢閱了後周的軍隊，極大地鼓舞了士氣。相反，劉崇在戰前傲慢輕敵，認為戰勝後周如探囊取物。契丹楊袞見後周的陣勢後對劉崇說：「強敵也，未可輕動！」劉崇卻不以為然，道：「時不可失，請公勿言！」楊袞憤然而去。柴榮率軍北上，與聯軍對峙於高平（今山西晉城境內），大戰一觸即發。

初戰後周軍失利，劉崇命大將張元徽進攻後周右路軍，交戰未幾，周將樊愛能、何徽便敗下陣來，倉皇逃跑，並投降於北漢。在此緊要關頭，柴榮「自率親騎，臨陣督戰」，冒著箭矢，「馳騎於陣前，先犯其鋒」，宿衛將趙匡胤振臂高呼：「主上面臨險境，我等當拚死一戰！」禁兵將領張永德率弓箭手搶佔制高點。二人各率精兵兩千，左右夾擊，「戰士皆奮命爭先」，很快扭轉了戰局。柴榮統兵衝進劉崇的營帳，劉崇令張元徽策馬迎敵，結果馬失前蹄，後周兵一擁而上，將其斬殺。北漢兵見主將陣亡，陣腳大亂。劉崇舞旗命部隊衝擊，但難阻潰勢，北漢軍大敗。契丹楊袞因勸說劉崇不聽，按兵不動，結果全軍而還。劉崇狼狽逃竄，次年憂病而死。

高平之戰的勝利，使柴榮的威望大增，也改變了自中唐以來皇權低落的狀況，實現了皇權對軍隊的掌控和領導。明清之際的思想家王夫之說：經高平之戰，「主乃成乎其為主，臣乃成乎其為臣」。「周主之為天子，非郭氏授之，自以死生為生民請命而得焉者也！何遽不能為唐太宗？」

待政局稍穩，柴榮秉承前朝太祖郭威「益國利民」的思想，提出了「安國利人」的主張，推出了被後人稱為「周世宗改革」的一系列政策。

整頓軍隊，強化禁軍。國家的穩固、拓疆擴土、實現統一，必須擁有一支強大的軍隊。五代以來的軍隊驕縱散渙，藩鎮勢重，官不用命，士不能戰。柴榮針對高平之戰中暴露出的問題，從改革軍隊入手，在獎賞有功將士的同時，處斬了在戰場上臨陣脫逃的將領樊愛能、何徽等七十餘人。經此殺伐立威，「驕將惰卒，始知所懼」。柴榮對手下人說：「兵在精不在眾，宜令一一點選，精銳者為上軍，怯懦者任從安便，庶期可用，又不虛費。」他整頓禁軍，命趙匡胤廣募天下壯士，「躬親試閱，選武藝超絕及有身手者，分署殿前諸班」。經此整頓，禁軍成為後周威震諸鄰的精銳之師，有效地抑制了藩鎮勢力，「士卒精強，近代無比，征伐四方，所向皆捷」。

選拔人才，澄清吏治。治理朝政，要依靠賢能之士。柴榮重視人才的選拔，凡「懷才抱器，出眾超群」或者「養素於衙門，屈跡於末位」的人，都擇優加以任用，將一批有識之士選入朝政班子，文臣有范質、王溥、魏仁浦、王樸等，武將有曹英、向訓、藥元福、曹翰、曹彬等，後來大部分都成為北宋的「佐命功臣」。他提拔刀筆吏（擔任書寫職務的較低級官員）出身的魏仁浦為樞密使，很多人反對，說其非科舉出身，柴榮反駁道：「自古用文武才略者為輔佐，豈盡由科第邪？」他恢復了五代以來形同虛設的科舉制度，但絕不唯科舉，顯德四年（957 年），在規定制科科目時，柴榮下詔：「不限資，見任職官，黃衣草澤（泛指民間在野之人）並許應召（考試）。」柴榮在選人的同時注重對各級官吏的管理，整治貪腐。他下令修訂刑律，在全國範圍內頒行《大周刑統》，作為官吏行為的準則，頗有「依法治政」的味道。柴榮說：「失則明言之，功則厚賞之」，「朕必不因怒刑人，因喜賞人」。李穀貴為百官之首，當朝宰相，由於在出征南唐時擅命撤軍，致使後周軍隊損失重大，柴榮不念私交，貶其為壽州府事。有後人指出柴榮用刑過重，但他從嚴治政，應當說效果明顯。

拓荒減稅，限制佛教。柴榮重視發展經濟，鼓勵百姓開墾荒田，把中原無主荒田分配給逃亡人戶耕種，優待從遼國返回的逃戶。顯德五年（958年），頒發均田圖，派官吏均定河南六十州賦稅，下令免收百姓所欠賦

稅，取消兩稅以外的雜稅和徭役。組織興修水利，恢復以開封為中心的水路交通網。柴榮在位期間針對大批人口以出家為名躲避生產和賦稅，大舉抑制佛教。顯德二年（955年），下令廢止沒有敕賜寺額的寺院三萬三百三十六所，還俗僧尼六萬一千二百人。這是繼「三武（北魏太武帝、北周武帝和唐武宗）滅佛」後的又一次大規模打壓佛教運動，使後周的勞動力和兵源大量增加。因佛教宣揚因果報應，很多官員對滅佛心有忌憚，柴榮帶頭砸毀佛像，說：「卿輩勿以毀佛為疑。夫佛，以善道化人，苟志於善，斯奉佛矣。」

廣開言路，善待群臣。柴榮即位後接連下詔命群臣進諫，態度懇切：「苟或聞朕躬之過失，睹時政之滅否，無惜敷陳，以補寡聞；苦口良藥、逆耳忠言，裨益茲多，翹佇惟切。」明令只要對政事有所補益，都可寫表章送上，如要面談，也可請求隨時引見。顯德二年（955年），柴榮再次下詔鼓勵直諫，說：「善於治政的人也不可能把什麼事情都做得盡善盡美，善於處世的人也不可能沒有過失錯誤，就算是堯、舜、禹、湯那樣的聖人，文、武、成、康等明主，都要聽逆耳之忠言，求苦口之良藥，更何況我們後代不及他們的人呢？朕蒙承先帝的英靈，居皇帝的高位，執政時間不長，閱歷不深，經常擔心思慮不周、能力不夠，不能承擔重任……至於對刑律、政令的取捨，國家大政的安排，哪裡能全都正確呢？」為扭轉五代以來「天下之邑，率皆不治」的弊病，柴榮規定了官吏考核的標準：「考陳力之輕重，較言事之否臧，奉公切直者，當議甄升，臨事蓄縮者，須期抑退。」他讓翰林學士承旨徐台符等二十餘人，各撰一篇《為君難為臣不易論》和《平邊策》以進。柴榮禮賢下士，經常與臣屬縱論時政，說：「言之不入，罪實在予。」意思是你們儘管講，講錯了算我的。他在位期間，從未因言論而殺過一位大臣，其後宋代規定不殺朝臣，不能不說有對柴榮的傳承。一次，柴榮與大臣對話，臣說：「現在的老百姓，壞得很。」柴榮道：「這樣看不對，這是因為當地的官員沒選好，讓百姓遭殃了，他們才會去做壞事。」臣說：「淮南鬧飢荒，您下詔要求貸米給飢民賑災，但是百姓窮困，我怕他們償還不了啊。」柴榮道：「百姓是朕的子民，天底下哪有兒子餓肚子，而父親不管的？誰又要求他們一定要償還呢？」

南征北戰
龍台病亡

柴榮曾問寵臣王樸：「你看朕能做幾年皇帝？」王樸答：「依我所見，您可以當三十年。三十年後，我就不知道了。」柴榮很高興，說：「若如卿所言，朕當以十年開拓天下，十年養百姓，十年致太平，足矣！」

改革初見成效，柴榮便按照他所設想的第一個十年目標向前推進。自五代以來，軍閥混戰，分裂割據，嚴重地破壞和阻礙了社會生產力的發展，給廣大民眾帶來了無窮的痛苦和災難。消除戰亂，實現統一，便成為了當時的民心所向，也是歷史發展的必然趨勢。柴榮進行的改革，富民強兵，為實現統一目標奠定了基礎，而實現統一又能進一步推進改革和改善百姓的生活。

目標已然確定，接下來要解決怎樣實現目標的問題。後周位於中原，北有遼國和北漢，南有南唐、後蜀、南漢等政權，是「先南後北」還是「先北後南」？北方遼、漢勢力相對強大，南方諸國的勢力相對分散、弱小，是「先易後難」還是「先難後易」，這就涉及到重大的戰略問題。

樞密使王樸為柴榮獻上《平邊策》，建議先滅南唐、南漢，次取巴蜀，再次而取幽、雲，最後攻取北漢。這是典型的「先南後北」而且「先東後西」，也就是「先易後難」的戰略。後來北宋的統一進程，大體與此相類似，但略有不同。北宋趙匡胤、趙光義兩任皇帝，採取「先南後北」，但「先西後東」的策略，最終實現了相對的大一統。但由於北宋按照先易後難的思路，在取代後周、滅掉南方割據諸國之後，國力消退，以致始終未能從遼國手中奪回燕雲十六州，由此而成為宋人永遠的痛。

柴榮聽取了王樸的建議，但他審時度勢，有自己的一套想法，與王樸的建議以及後來北宋的做法是不相同的。而且在操作中必須隨機應變。他先派大將西征，在不到半年的時間裡，先後攻取了後蜀的秦、鳳、成、階四州。隨後，開始南征。他三次御駕親征，最終拿下南唐的江北十四

州。從此過程看，柴榮的做法似乎與王樸的提議一致，所以，很多史書都說柴榮是按照王樸的獻策而行。

但實際上並非如此。就在人們都認為柴榮要滅掉南唐，連南唐也認為國祚將不保、遣使求和的時候，柴榮卻對南唐使者講，劃江而治就好了，我在位時，絕對不會滅你的國，至於後世我就不好擔保了。

就在此時，柴榮實際上已然將他的目標鎖定在後周最強大的敵人——遼國。回顧柴榮征伐的進程，他首先攻打並不強大的後蜀，奪取了四個州，但並未滅其國，是要起到投石問路、敲山震虎的作用。緊接著攻打南方最強大的南唐，取了江北之地，但仍未滅其國，依然是震懾，目的是讓所有南方政權都臣服於後周，奉自己為正朔。

柴榮是一個民族意識很強的君主，他心目中真正的敵人是契遼，是異族，一定要奪回當年被其掠走的燕雲十六州。所以，在攻伐北方之時，柴榮並沒有先打北漢，而是直奔燕雲而去。在這一點上，柴榮與王樸的意見相同，即先奪燕雲，再取北漢。為什麼呢？因為王樸進行了客觀的分析，燕雲既下，則北漢「不足以為邊患，可為後圖。候其便，則一削以平之」。而先攻北漢，後取燕雲，雖北漢可滅，然而師老兵疲，燕雲再難下。事實證明，後來北宋攻取南方後，向北先打北漢，然後再去奪燕雲，致使鞍馬勞頓，數攻不下，實際上他們是犯了戰略上的錯誤。當然這是後話。

然而任何戰略部署，都不是紙上談兵，要建立在知己知彼、百戰不殆，順應天時、地利、人和的基礎上。柴榮震懾南方諸國，毅然出兵北上攻遼，是基於一個現實的考慮。即當時的遼國，國力雖旺，但皇室內部混亂。天祿五年（951 年），遼宗室耶律察割發動火神淀之亂，弒殺遼世宗耶律阮。遼太宗的長子的耶律璟出兵鎮壓叛亂，殺耶律察割，即皇帝位，即遼穆宗。遼穆宗生性暴虐，濫殺朝臣，每天晚上都通宵喝酒，白天睡覺，不問朝政，人稱「睡王」。柴榮抓住著難得的時機攻遼，無疑增大了取勝的機率。倘若當時遼國是一位明君在位，其難度就會大得多。而其後北宋攻遼時遼主換成了遼景宗耶律賢，其皇后是赫赫有名的蕭綽（蕭燕燕），這也是宋對幽州等地久取不下的原因。

後周顯德六年（959 年），亦即柴榮在位的第六年，他率軍北上伐遼，銳不可當，勢如破竹，接連收復瀛、莫、易三州，以及瓦橋、益津、淤口三關，僅用時四十二天。契丹面對後周的攻擊驚恐萬狀，心神不定，史書講，「凡蕃部之在幽州者，亦連宵遁去」。

然而，天意難測，就在柴榮要乘勝攻取幽州（今北京）之際，他卻突然病倒。傳說他行至瓦橋關（今河北涿州南）時，聽說遼軍望風而逃，非常高興，認為大功將成，於是登高台視察六軍。此時，有百餘鄉親持牛酒進獻，柴榮問：「此地何名？」父老答：「歷世相傳，稱之為病龍台。」柴榮聞言默然，於是騎馬離去。當夜，柴榮就開始生病。次日，病情加緊，只得班師回朝。

柴榮回到開封，解除了張永德殿前都點檢職務，命趙匡胤接任。封長子柴宗訓為梁王。六月，柴榮駕崩於開封萬歲殿，終年三十九歲，諡睿武孝文皇帝，廟號世宗，葬於慶陵（今河南新鄭陵上村）。

詞帝庸君
李煜

961-975

李煜是五代十國南唐的第三位君主，也是亡國之君，史稱「南唐後主」。他稱帝似乎是一場天大的誤會，既無登位之心，又無治世之才，而且正逢北宋當建，實現統一，他稱臣、降號、亡國便成為了一種必然。他在位期間無心問政，執著於藝術與情感。但後人似乎對他並不那麼苛求，反倒有幾分同情、惋惜，甚至尊重。因為他憑藉異稟的天賦，創作出傳承千載、令世人仰止的詞賦及書法、繪畫、音樂等珍品，同時還演繹出純真的愛情。就連北囚汴京，也注入了他愛恨離愁的思緒，讓後人恆久傳誦。

南唐後主李煜像

無意插柳
繼為國主

講李煜之前要先說一下十國及南唐。十國出現的時間參差不齊，建國有
相承、自立等形式，版圖大小不等，存活的時間一般都比五代的各朝長，
君主的名號，稱帝、稱王也不一樣。

說南唐又要先說到南吳，因為它是從南吳衍化而成。南吳是江南最初的
強國，由唐末將領楊行密所建。楊行密此前為唐淮南節度使，受封吳王，
唐衰落，他正式建國，稱南吳、楊吳、弘農、淮南，定都廣陵（今江蘇
揚州），稱江都府，疆域有今江西全境及江蘇、安徽、湖北的一部分。
楊行密稱王而未稱帝，他死，其子楊渥繼位，整日遊玩作樂，打壓元勳
舊臣。將領張顥、徐溫發動兵變，控制朝政。張顥殺楊渥，立其弟楊隆
演為王。其後，徐溫又殺張顥，盡掌朝權。楊隆演死，徐溫立其弟楊溥
為王，改元順義。順義七年（927 年），徐溫死，其養子徐知誥繼其權位。
同年，楊溥稱帝。

這就該講到南唐了。徐知誥原本姓李，徐州（今江蘇徐州）人，少孤流
落，被徐溫收為養子，改姓徐。他借助徐溫的勢力掌握了南吳的權柄，
一方面竭力拉攏楊氏舊臣，另一方面積極培植自己的勢力，大力招攬、
獎掖北來士人。經過十多年的苦心經營，徐知誥擁有了南、北兩大勢力，
所謂「羽翼大成，伸佐彌眾」，官至中書令、太師、天下兵馬大元帥，
封齊王。吳天祚三年（937 年），他迫楊溥退位，受禪稱帝，國號齊，
年號升元，以建康（今江蘇南京）為東都，廣陵為西都，「上下順從，
人無異意」，「國中夷然無易姓之戚」。次年，徐知誥稱自己為唐太宗
之子李恪的十世孫，改回姓李，易名李昪，改國號唐，史稱南唐，他被
稱為南唐先主。

李昪是個很有作為的君主，勤於政事，變更舊法，保境安民，休兵罷戰，
與南方諸鄰保持友好關係，結好契丹以牽制中原政權，使江南地區獲得

李煜
南唐後主

了較長的和平發展時期。他輕徭薄賦、勸課農桑、鼓勵工商業，使社會生產力逐漸恢復並迅速發展。他促進江南與中原地區及契丹居住地的貿易，推動境內紡織、印染、礦冶、製茶、造紙、曬鹽、造船、金銀加工、陶瓷等產業的發展，不僅產量高，而且工藝精細，出現了許多名特上品。

南唐和平安定的環境促進了文化的興盛與繁榮，其文學、藝術、書法、音樂等都取得了不俗的成果。李昇設太學、興科舉，廣建書院、畫院等，一時間南唐成為飽嚐戰亂之苦的文人、學者理想的棲身之所，江北士人蜂擁而至，「儒衣書服盛於南唐」，「文物有元和之風」，「北土士人聞風至者無虛日」。南唐文化之盛，在五代十國以至中國史上都享有盛譽，這也為日後李煜成為一世詞帝提供了肥沃的土壤。

升元七年（943 年），李昇崩，其長子李景（初名景通）繼位，改名李璟，史稱南唐李璟。李璟的才智平平，空有志向，卻難以做出正確的抉擇。他即位後沒有遵循先主休養生息、與鄰和睦的策略，大肆對南方鄰國用兵，先滅了楚、閩二國，隨後又失去控制，實力大為耗損。他對內奢侈無度，用人失當，寵信被人稱「五鬼」的馮延巳、馮延魯、陳覺、魏岑和查文徽，導致政治腐敗，國力下降，被後周奪取了淮南江北之地，他無奈向後周稱臣，去年號。為避鋒芒，他從金陵遷都到洪州，稱南昌府（今屬江西）。李璟雖治國乏能，但在文學藝術上卻造詣頗高，詩詞、書法等樣樣了得，這對李煜的影響非常大。

李煜就生長在這樣一個家庭。他於南唐升元元年（937 年）出生在金陵（今江蘇南京）皇宮，誕生的日子恰好是農曆七月初七，中國傳統的七夕節。他是李璟的第六子，前面有五個哥哥。史籍講他長得廣顙、豐額、駢齒、一目重瞳，即天庭飽滿、地閣方圓，一隻眼睛有兩個瞳仁。照現在的說法實際上是一種病態，但當時卻被認為有帝王之相。李璟給他起名叫李從嘉，寓意希望他能快樂成長，南唐國能歡樂長存。

李從嘉從小天性良善，孝順父母，性格沉靜，對詩文、書畫、音律等有一種天生的喜好。李璟一共有十個兒子，他排行靠後，傳位的事似乎跟

他沒有什麼關係，他根本也不去想，整天沉醉於藝術世界盡情地享受。

他不想並不等於別人不提防和算計他，李璟的長子、李從嘉的長兄李弘冀性格內向，做事果決，但猜忌心重。按理說他作為嫡長子是天然的皇位繼承人，但其父李璟在先主的靈柩前曾明誓要兄弟世世相繼，封其弟李景遂為齊王，封他為南昌王，二人便明裡暗裡地展開了儲位之爭。李弘冀在爭鬥中處於強勢，李璟並沒有太在意，但當李弘冀將矛頭指向他的寵臣馮延巳等人時，李璟坐不住了，他冊立李景遂為皇太弟，將李弘冀發往遠離朝政中心的潤州。

李弘冀難免有些心灰意冷，但他並不甘心退出儲位的競爭。當時正遇吳越應後周要求進攻後唐的常州，得手後下一個目標便是潤州。李璟聽到軍情念李弘冀年少，欲讓他回金陵，但李弘冀執意要帶兵扼守潤州。他力排眾議任柴克宏為主將，結果大破吳越，解除了常州之圍。在眾臣的強烈呼籲下，李璟只得冊立李弘冀為太子。

李弘冀入主東宮，皇叔李景遂失去了往日的威脅，但仍有一個人讓他放心不下，那就是李從嘉。南方政權並不像北方政權，父子、兄弟間稍不隨意便拔刀相見，他們總愛搞些神秘的、有隱喻性的東西，來證明自己所為的合理性。當初先主改朝換代時聲稱江西一株楊花結出了李花，臨川一株李花又結出了連理枝，寓意是在江南金陵的李氏家族要取代江北廣陵的楊氏家族。李從嘉相貌奇特，一目雙瞳，據說上古的舜和西楚霸王項羽都是雙瞳，而且都成了王，李弘冀怕弟弟的相貌會給父皇某種暗示，或者說會成為父皇廢黜他的理由。李從嘉察覺到了長兄對自己的態度，他知道李弘冀的為人，便有意地避開是非，況且他確實對繼承的事不感興趣。李從嘉更加專注於詩學、藝術，不問政事，還給自己起了「鍾隱」、「鍾峰隱者」、「蓮峰居士」等名號，以表明自己志在山水，無意爭位。

在這一時期，李煜曾寫過兩首《漁父》，是為別人的畫所題：「浪花有意千重雪，桃李無言一隊春。一壺酒，一竿綸，世上如儂有幾人？」「一

棹春風一葉舟，一綸繭縷一輕鉤。花滿渚，酒滿甌，萬頃波中得自由。」字裡行間彰顯出李煜悠然自得、與世無爭的境界與狀態。

世事無常，千回百轉。很多事情爭未必能得到，不爭又未必得不到；想做的可能做不成，不想做的又逼著你不得不做。李弘冀當了太子，不說春風得意，起碼也是事遂心願。馮延巳等人因受過李弘冀的指控，向李璟進讒言，說李弘冀有篡位之心，李璟將李弘冀召來，說：「我能立你也能廢了你，我即召景遂回來。」李弘冀聽後猶如五雷轟頂，打探到李景遂果真在做動身的準備，慌亂之中派人將其毒死。李璟聽到李景遂的死訊很悲傷，經調查竟是李弘冀所為，便廢了其太子之位。

但事情很快出現了轉機，後周顯德五年（958 年），李璟向後周稱臣，上表稱要傳位給李弘冀，去掉帝號，稱江南國主。這一來李弘冀稱帝的夢想便化為了泡影，加之他害死叔叔後一直心神不定，不久便早逝身亡。有人做過假設，認為如果是李弘冀繼位，他專於政務，長於武功，對南唐的治理可能要比李煜會好得多，可歷史並沒有假設。

為了避禍，同時也是出於濃厚的興趣，李從嘉在文學和藝術的天地裡徜徉，感到了無比的充實與滿足，完全忘卻了塵世及皇室的紛亂與嘈雜。詩詞、書畫等幾乎融入了他的血液，甚至成為了他的靈魂，使他流連忘返。退隱江湖、作為富貴閒人的感覺簡直爽極了，而在幽深的宮室與如雲的婦人整天耳鬢廝磨，又使他多愁善感，更豐富了他藝術創作的源泉。

但現實卻將這位風流才子從如夢的藝術境界裡拉了回來，要賦予他多少人魂牽夢繞，甚至拚死相爭的君主冠冕。顯德六年（959 年），中主李璟挑選接班人，發現李從嘉已經成為了老大，他前面的五個兄弟都已先後離世，他成為了繼承國主的不二人選。

無論歷史開了多麼大的玩笑，也無論李從嘉是多麼不情願，他都要接手南唐這個爛攤子，北宋建隆二年（961 年），李從嘉由吳王晉為太子、監國。同年，中主李璟病逝。李從嘉正式登基為南唐國主，復都金陵，更名李煜，史稱南唐後主。這年他二十四歲。

屈臣大宋
伉儷情深

李煜繼位的前一年趙匡胤「黃袍加身」，取代後周創立了宋朝。大宋一建立就毫不掩飾地要實現統一而成為華夏的霸主，南方諸國都感到將大難臨頭。南唐更是如此，李煜稱主後首先要面對的便是如何處理與大宋的關係。

有人說李煜稱主，是在錯誤的時間、錯誤的地點，做了件錯誤的事情。南唐建國，先主韜光養晦，休養生息，當時中原處於後晉、後漢年代，內憂外患，兵荒馬亂，南唐足以與之抗衡，甚至能北伐中原實現統一，只可惜先主壯志未酬。李璟當政時國力漸弱，後周咄咄逼人，攻佔了南唐江北十幾個州的土地，李璟只能去號稱臣。李煜繼位時後周換成了更為強大、志在統一的宋朝。此乃沒趕上對的時間。先主時南唐地跨長江南北，從都城至中原有很長的縱深，進可攻退可守，南方諸鄰相對和睦，共生共息。李璟先是討伐閩、楚，使南方諸國離心離德，其後江北之地被後周攻佔，對中原的防禦體系盡失，只因周世宗柴榮先瞄準北部的契丹，才沒有對南唐下手。李煜稱主，宋太祖的攻伐改為先南後北，北宋與南唐僅有一江之隔，取之如泰山壓卵。這是位於錯誤的地點。先主時整頓吏治，澄清世風。李璟時任用奸佞，對繼嗣舉棋不定。李煜吟詞舞墨，夜夜笙歌，這是做了件錯事，老天選錯了人。

但不管怎麼說，在其位總要謀其政。南唐勢衰，大宋威猛，要想保住基業，不致亡國，李煜唯一的選擇就是委曲求全。雖都是尊中原政權為正朔，後周對南唐還相對寬容，國主在國內還可行使皇權。但到了宋太祖趙匡胤可就不一樣了，他強調規矩，李煜即位的當天，舉辦了一個大赦儀式，按照古制豎一長杆，頂立金雞，雞嘴銜絳紅色七尺長幅，集中罪犯，擊鼓，宣讀赦令，稱「金雞消息」。這本是為新主上台營造氣氛，讓他找找感覺，多少有點自娛自樂的性質。但讓趙匡胤知道了卻很惱火，認為南唐一個附屬國怎麼能行帝王之禮？於是將其使臣叫去，一通訓

斥。這個使臣腦子靈活，頗有幾分口才，忙解釋道，這儀式只是為我們國主上任走走形式，做做樣子，哪裡是什麼金雞，是我們當地的一種怪鳥。趙匡胤讓使臣說得火氣消了，說：「算了，我就不追究這隻怪鳥了。」

宋太祖一較真，李煜便感到了問題的嚴重，趕忙修書一封，曰《即位上宋太祖表》，陳明自己的態度。在說了一番謙辭之後，明確表示要像他父親那樣，「惟堅臣節，上奉天朝」，即規規矩矩地做大宋的臣屬。如改變初心，既有違祖上的教誨，更要受到神靈的譴責。表書態度懇切，認識有高度，且語言華美，用詞精到，本身就是一篇非常優美的散文。李煜派馮延魯將其送到汴京，當然免不了要陪上大禮，共計兩千兩金器，兩萬兩銀器，三萬匹綢緞，這份大禮相當於當初李璟送宋太祖登基時禮金的三倍，從此能看出李煜絕非不食人間煙火的迂腐書生。此後，李煜每逢宋朝打了勝仗、舉辦慶典，都要派人奉上禮品進行慰問，遇到節日都要出資給宋朝廷擺設酒宴，趕上其他名目還經常要奉送珍玩、禮品，而且出手大方。長此以往，南唐的家底逐漸耗費殆盡，到後來實在頂不住了，李煜只得巧立名目增加各種稅賦，據說當時鵝生一隻雙黃蛋、柳樹長出絮都要交稅。

除了對宋朝大筆地納貢、送禮，李煜還要特別注意擺正自己的身份，他知道這是宋太祖特別在意的，不能讓其抓住把柄。當時周世宗對李璟，是「貽書於景」，貽書指朋友間的書信往來，景即李璟，還是一種平等的關係。宋太祖對李煜則成了「詔書不名」，詔書即皇帝對臣屬下達命令，但給李煜留了一點面子，不直呼其名。面對這樣一種屈辱的待遇李煜只能默默地忍受，並按照這個規格給自己定位。比如會見宋朝派來的使者，他都要事先脫掉黃袍換上紫袍；皇宮的屋脊上都裝飾有一對鴟吻，用來防火免災，宋朝的使者到來，他都要把鴟吻拆掉，等人家走了再裝上。

這樣做國主，實在談不上是什麼享受，倒是一種煎熬。他在這一時期寫過一首《蝶戀花·春暮》，表露了自己的心境：「遙夜亭皋閒信步。才過清明，漸覺傷春暮。數點雨聲風約住。朦朧淡月雲來去。桃杏依稀香

暗渡。誰在鞦韆，笑裡輕輕語。一寸相思千萬緒。人間沒個安排處。」
意思是說夜間在亭台踱步，清明剛過，卻已感到春天將去。天空飄落幾
點雨滴，月亮在積雲的遮擋下若隱若現。桃花、杏花在夜色中散發著幽
香，不知哪位女子蕩著鞦韆，輕聲笑語。小小的心田思緒萬千，可遼闊
的天地卻無處安放。全詞採用白描的手法，隨筆勾勒，信手拈來，述景
與心緒相伴，詞句樸實無華，特別是最後一句，將李煜孤寂、落寞的心
態描繪得淋漓盡致。

李煜整天在這樣一種心境下生活，亟需精神及感情上的撫慰與庇護，而
他幸福且極具藝術氣息的婚姻，則給了他的人生重要的支點。他是國主，
同時又是個才華橫溢的詞人，筆觸華美，感情熾熱，他將之全身心地投
入到婚姻生活當中，演繹出了華美、動人的愛情篇章，令世人讚歎不已。
當然，這些都是建立在奢靡豪華的基礎之上，靠的不僅僅是真摯的感情
和絢麗的詞章，還耗費著國庫中大量的資財和百姓們艱辛的付出。

李煜在十八歲那年迎娶了大他一歲的揚州美女娥皇。娥皇姓周，名薔，
字娥皇，其父是南唐的開國功臣周宗。周宗在先主代吳自立的過程中發
揮了重要作用，李璟時任大司徒，與李璟結為兒女親家。娥皇天生麗質，
史書講她「有國色」，而且「通書史，善歌舞，尤工琵琶」。她很會梳
妝打扮，獨創了「高髻纖裳」等妝容，令宮中婦人爭相仿效。她多才多
藝，曾在李璟的生日宴席上彈奏琵琶，李璟非常讚賞，將一把珍貴的「焦
桐」琵琶贈予了她。

李煜一遇到娥皇便被她的美貌與才華所打動。當時他正退避江湖，學做
隱士，兩人在感情及藝術世界裡一拍即合，心心相印。當時李煜寫了一
首《一斛珠・曉妝初過》來描繪娥皇：「曉妝初過，沉檀輕注些兒個。
向人微露丁香顆，一曲清歌，暫引櫻桃破。羅袖裛殘殷色可，杯深旋被
香醪涴。繡床斜憑嬌無那，爛嚼紅茸，笑向檀郎唾。」此詞牌出自唐代，
說的是江采萍被選入宮，得唐玄宗寵倖。采萍喜梅，玄宗稱之梅妃。自
楊玉環入宮，梅妃失寵，玄宗會見夷使時將一斛珍珠賜予梅妃。梅妃不
受，以詩答：「桂葉雙眉久不描，殘妝和淚污紅綃。長門盡日無梳洗，

何必珍珠慰寂寥。」玄宗覽詩，悵然不樂，令樂府配新曲，名《一斛珠》。後世多有和者，李煜為之先。

李煜稱主後，封娥皇為國后。為了逃避現實，排解憂愁，他將與娥皇的感情進一步升華，藝術創作更進入了高潮。他們經常通宵達旦，沉醉於歌伎舞樂，放蕩不羈。李煜的一首《浣溪沙·紅日已高三丈透》描述了當時的情形：「紅日已高三丈透，金爐次第添香獸。紅錦地衣隨步皺。佳人舞點金釵溜，酒惡時拈花蕊嗅。別殿遙聞簫鼓奏。」意為都快到晌午了，通宵的舞樂狂歡還未結束，還在往爐中添香，蹁躚、旋轉的舞女，髮簪掉了都不知曉。作者酒醉不支，摘一支鮮花醒酒，在很遠的地方都能聽到舞會的鼓樂聲。

娥皇對舞樂的創作極有靈感，才華過人。一次冬宴，酒到半酣的娥皇邀李煜跳舞，李煜半開玩笑，說你要譜出一首新曲我便跳。娥皇即興而作，頃刻而成《邀醉舞破》和《恨來遲曲》。另外，娥皇還修復、繼承了史上著名的《霓裳羽衣曲》。該曲原為西涼傳入，經唐玄宗潤色而成為規模盛大、氣勢恢弘的大型舞曲。安史之亂後該曲散失，李煜經過一番周折得到殘譜。娥皇與李煜一起「變易訛謬，去繁定缺」，使舊曲新生，「繁手新音，清越可聽」。這裡值得注意的是，李煜在藝術上的幾次創作都與唐玄宗李隆基有著淵源，而李隆基則被尊為華夏以舞樂、戲劇為標誌的「梨園」的鼻祖。後世的宋徽宗趙佶又普遍被認為與李煜有著諸多的承襲，可見在中國帝王中有著一條文化的脈系在默然傳承。

但李煜與娥皇神仙眷侶般的生活，遭到了沉重的打擊，娥皇患了重病，一臥不起。而在此時，他們最鍾愛的小兒子仲宣又因驚嚇而夭折。正如古詩所言：「大凡好物不堅牢，彩雲易散琉璃脆。」娥皇病情加重，李煜痛不欲生，他日夜守候在娥皇身邊，衣不解帶，餵茶餵飯，湯藥都要自己嚐過才餵給妻子。

然而在此間還發生了一件事情，令人不勝唏噓，但細想卻也符合李煜的天性。娥皇病重期間，其妹妹前往宮中探視。妹妹叫周薇，字女英，她和姐姐一樣，相貌出眾，且正處豆蔻年華，嬌豔可人。李煜一見，不由

得心動，小姑娘也鍾情於這位姐夫，兩人很快墮入了愛河。為了避免傷害病中的姐姐，他們偷偷幽會。李煜作有《菩薩蠻‧花明月暗籠輕霧》一詞，描述了當時的情景：「花明月暗籠輕霧，今宵好向郎邊去。剗襪步香階，手提金縷鞋。畫堂南畔見，一向偎人顫。奴為出來難，教君恣意憐。」意為在花香薄霧的夜晚，姑娘與情郎幽會，為了不打破寧靜，她將金縷鞋提在手中，穿著襪子輕輕地邁上台階，一下子撲入情人的懷抱，激動得顫抖。作者輕輕地說，我們見面非常難啊，一定要格外珍惜。

娥皇敵不住病魔的折磨，也有人說是她得知了李煜與妹妹的戀情，病情加重，香消玉殞。臨終前她將琵琶和佩戴的玉環留給李煜作紀念，又寫了要求薄葬的遺書。娥皇與李煜相守十年，死時只有二十九歲，諡昭惠皇后，下葬懿陵。

娥皇死後，李煜欲立女英為國后。但李煜的母親鍾太后不久去世，按照禮節，他要守孝三年。開寶元年（968 年），李煜在金陵舉辦了迎娶女英的大典。典禮規模宏大，熱鬧非凡，金陵城內幾乎萬人空巷，爭相觀看。李煜冊封女英為國后，史家為區分姊妹倆，稱娥皇為大周后，女英為小周后。

山河破碎
北囚汴京

李煜任國主，其實也做了不少工作，有的史家甚至認為他頗有作為。李煜即位之初，由於淮南戰敗、對大宋去號稱臣，朝野瀰漫著一種悲觀、沮喪的情緒。他為了重振人心、樹立威信，重用和安置了一批朝中臣屬。何敬洙軍功纍纍，被授予右衛上將軍，封芮國公，他去世，李煜下令廢朝三日，以示哀悼。對在淮南戰事中棄揚州化裝逃跑的馮延魯，也給予了禮遇。同時，啟用了在楊吳時代就投奔江南的韓熙載、閩將林仁肇、皇甫贇之子皇甫繼勳等人。

在科舉中，李煜盡可能地不遺漏任何一個人才。乾德二年（964年），李煜命吏部侍郎韓熙載主持貢舉，錄取進士王崇古等九人。又命徐鉉複試，並親自命題考核。開寶五年（971年），內史舍人張洎主持禮部貢舉，錄取進士楊遂等三人。清耀殿學士張洎認為張似有所疏漏，李煜便命其對落第之人進行複試，又錄取了王倫等五人。直至南唐亡國的開寶八年（975年），李煜還舉行了南唐最後一次科舉考試，錄取了進士張確等三十人。

在經濟方面，李煜減免稅收、免除徭役，與民生息。取消了李璟時期設置的諸路屯田使，將各郡屯田劃歸州縣管轄，將屯田所獲租稅的十分之一作為官員俸祿，稱為「率分」。此項政策推行後，既增加了賦稅，又能使百姓安心耕作，免受官吏的盤剝。南唐時土地買賣增多，導致土地兼併嚴重，李煜任用李平掌管司農寺，恢復井田制，創設民籍和牛籍（人和牛的戶籍），勸農耕桑，希望藉此緩解已存在的問題。新制頒行，因觸犯到官僚地主的利益，遭到抵制，百姓也多有不便，最後不了了之。後期通貨膨脹、錢荒嚴重，乾德二年（964年），李煜頒佈鐵錢，規定每十錢，鐵六銅四併發。因銅錢逐步廢除，商人多以十個鐵錢換一個銅錢出境，朝廷不能禁止。為保證鐵錢的使用，李煜詔令鐵錢以一當十，與銅錢並行流通。

在軍事上，李煜採用陳喬、張洎的建議，以堅壁清野、固守城池、拖垮長途奔襲宋軍的策略，表面上臣服宋朝，暗中繕甲募兵，潛為備戰。設置龍翔軍，教練水軍。

李煜為政重仁慈、寬刑罰，每有死刑論決，莫不垂淚。憲司章疏如有過錯，李煜便寢食難安，並多次親入大理寺，審查獄案，釋放多人。韓熙載上奏李煜，認為獄訟自有刑獄掌斷，監獄之地非皇上所宜駕臨，請求罰內庫錢三百萬以資國用。李煜雖不聽從，但也不因此而發怒。關於李煜的作為，宋太宗趙光義與南唐舊臣潘慎修的一段對話頗有說服力，太宗問：「李煜果真是一個暗懦無能之輩嗎？」潘慎修答：「假如他真是無能無識之輩，何以能守國十餘年？」徐鉉在《吳王隴西公墓誌銘》也

寫到：李煜敦厚善良，在兵戈之世，而有厭戰之心，雖孔明在世，也難保社稷；既已躬行仁義，雖亡國又有何愧！

乾德四年（966 年），宋太祖指派李煜致信南漢，勸其臣服宋朝。這是一件很屈辱的事情，但李煜又不得不辦。結果被南漢拒絕，遭到斥責，並與之絕交。李煜只得將雙方的書信交給宋朝了事。開寶四年（971年），宋太祖滅南漢，屯兵漢陽，李煜急忙遣其弟鄭王李從善向宋納貢，上表奏請罷除詔書不直呼姓名的禮遇，宋太祖同意，但扣留了李從善。同年，有商人告密，說宋軍於荊南建造千艘戰艦，可派人秘密燒毀，李煜怕招來禍患，沒有同意。

開寶七年（974 年），李煜上表求放李從善歸國，宋太祖不允。秋，宋太祖先後派使者以祭天為由，詔李煜入京。李煜託病不從，回覆：「臣侍奉大朝，希望得以保全宗廟，想不到竟會這樣，事既至此，唯死而已」。太祖聞信，遂遣潁州團練使曹翰兵出江陵，宣徽南院使曹彬等隨後出師，水陸並進，向南唐開戰。李煜隨即與宋斷絕邦交，築城聚糧，派兵應戰。神衛統軍都指揮使皇甫繼勳消極從事，刻意隱瞞戰情，李煜按罪問斬以鼓舞軍心。同時，李煜積極開展外交，致書吳越王錢鏐傲，以圖瓦解宋與吳越的聯盟；朱令贇戰死後，李煜命張洎作蠟丸帛書求救於契丹。

從戰爭過程看，李煜的軍事戰略還是得當的，宋軍從開戰到攻破金陵，前後歷時一年有餘。戰況雖不利於南唐，但雙方各有勝負，南唐軍隊有力地牽制了宋軍的力量。宋軍久圍金陵不下，甚至使宋太祖產生了動搖，打算撤軍休整。但戰爭最終是靠實力來說話的，開寶八年（975 年）十二月，南唐金陵失守，守將咼彥、馬承信、馬承俊等力戰而死，右內史侍郎陳喬自縊，李煜奉表投降，南唐至此滅亡。

面對破碎的山河，李煜心情沉重，悲痛萬分，從心底湧出《破陣子》詞牌一首：「四十年來家國，三千里地山河。鳳閣龍樓連霄漢，玉樹瓊枝作煙蘿，幾曾識干戈？一旦歸為臣虜，沈腰潘鬢消磨。最是倉皇辭廟日，

李煜
南唐後主

教坊猶奏別離歌，垂淚對宮娥。」意為南唐建國四十載，地域廣闊、山河壯美。宮殿高大雄偉，草木珍奇茂盛，何曾經歷過戰爭的烽火？自從淪為俘虜，憂思難耐，面容憔悴。慌亂中辭別宗廟，樂隊奏響著悲歌，我只能對著宮女們暗自垂淚。

開寶九年（976 年）正月，李煜被送到京師，宋太祖封其為違命侯，拜右千牛衛上將軍。同年，宋太宗即位，改封李煜為隴西公。俘囚的日子使李煜的精神及肉體蒙受著巨大的磨難，肝腸斷裂，痛不欲生。他的心上人小周后時常被宋太宗召去，即行侮辱，他也只能默默地忍受。他擬就《虞美人》詞牌一首，這是他最後的詞作，也可以說是他詞創的代表及巔峰之作：「春花秋月何時了？往事知多少。小樓昨夜又東風，故國不堪回首月明中。雕欄玉砌應猶在，只是朱顏改。問君能有幾多愁，恰似一江春水向東流。」意為美時美景都成過去，往事引發悲涼的傷感，春風、月夜勾起對故國的思念。精雕的欄杆、玉石的台階依在，但人已衰老。我心中的哀思，就像那春江之水滾滾而去。

太平興國三年（978 年）七夕，據說是宋太宗看了李煜《虞美人》的詞作，認為李煜還念念不忘他滅亡了的故國，還有復國之心，於是，用藥酒將其毒死。這天剛好是李煜四十二歲的生日，一代詞宗、南唐國主，就此駕鶴西去。正像國學大師王國維所評；「李煜一生惆悵，不得歡樂。世人皆感歎他的生不逢時，一身才華驚世，可卻生於帝王之家。」「詞至李後主而眼界始大，感慨遂深，遂變伶工之詞而為士大夫之詞。」宋贈李煜為太師，追封吳王，葬於洛陽北邙山。

遼、西夏、金、元

916-1125、1032-1227、
1115-1234、1206-1368

因俗而治的
耶律阿保機

916-926

耶律阿保機是遼國（契丹國）的開國君主，也是契丹文化的開創者及奠基人。他有頭腦、也有辦法，在治理國家以及處理與中原政權的關係、相容藩漢兩種不同文化的問題上，採取了恰當的策略，成為第一個在草原上構建起城市的遊牧民族。他在執政過程中得益於兩個重要人物，一是他的妻子，皇后述律平，另一是他的謀臣韓延徽，一個從中原到遼地的漢人。這一方面說明他的成功有貴人相助，另一方面說明他有肚量，能任用賢能。

遼太祖耶律阿保機是契丹文化的開創者及奠基人，契丹是中國一個古老的民族。圖為
遼代胡瓌所繪的契丹人《出獵圖》。

自幼聰敏
榮登汗位

講阿保機之前要先說一下契丹。契丹是中國一個古老的民族，其本意為鑌鐵，即精煉的鐵，也就是鋼，因為當時還沒有鋼的概念，表示堅固、堅硬、寧折不彎。契丹一名始見於北齊成書的《魏書》，漢人記載則以《資治通鑒》為最早。契丹在史上的名聲遠播，至今不少國家的語言仍將中國北方乃至中國稱為「契丹」。契丹最興盛的時期疆域東起大海，西至流沙，南越長城，北絕大漠，是橫跨中國北部龐大的少數民族帝國。

關於契丹族的起源，相傳北方大漠流淌有兩條大河，一條從大興安嶺南端奔騰而下，契丹人稱其為西拉木倫河，亦稱「黃水」，史籍上寫作「潢河」；另一條自醫巫閭山西端而來，名為老哈河，亦稱「土河」。契丹民族就興起於西拉木倫河和老哈河之間，這一區域民族的遷徙、融合呈現出十分頻繁、複雜的狀態。

關於契丹始祖的傳說頗有幾分神話色彩。一位久居天宮的天女厭倦了天宮的枯燥與寂寞，駕著青牛拉的車，從「平地松林」沿潢水順流而下。此時一位仙人，騎著一匹雪白的寶馬，從「馬盂山」隨土河向東信馬由韁。駕青牛車的天女與跨白馬的仙人在潢水與土河交匯的木葉山相遇，兩人情不自禁地叱走青牛，鬆開馬韁，向對方走去。在高山、翠草、碧水、藍天的見證下，兩人相愛並結合，繁衍了八個子嗣。仙人和天女即為契丹的始祖，注意：把天女也尊為始祖，說明契丹還保留有母系氏族社會的某些痕跡，從契丹國的幾位皇后就能看出其端倪。他們所生的八個子嗣後來衍生成為了契丹的八個部落，即悉萬丹部、何大何部、伏弗郁部、羽陵部、日連部、匹絜部、黎部和吐六于部，西拉木倫河和老哈河流域成為契丹民族的發源地，而白馬與青牛，則成為契丹的圖騰和祭祀物。

當然，這只是神話傳說。在現實中，關於契丹的起源史界有「匈奴說」

遼太祖 耶律阿保機

和「東胡說」兩種意見，一說是匈奴的後裔，一說起源於鮮卑的別部，總之是北部少數民族互相融合、分化、延續的產物，血脈中充斥著彪悍、豪蕩、健碩的基因。最初契丹曾臣服於漠北的突厥汗國，南北朝時逐漸壯大，與其他遊牧民族一樣，靠畜牧、擄掠為生，時常侵擾中原地區。北齊的文宣皇帝高洋曾率軍對契丹部落進行打擊，致使契丹向北齊納貢稱臣。隋初契丹臣附於朝廷，遊牧於遼西地區，諸部落各自「逐寒暑，隨水草畜牧」。

契丹人一般留有髡髮，即將頭頂上的頭髮全部剃光，只在兩鬢或前額留少量餘髮作裝飾。其髮型對後世金元之際的女真、蒙古人的髮型有直接的影響，清代滿族男子留長辮也與契丹的髮型有著淵源。另外，契丹人還流行剃鬚和留鬚，修剪成各種形狀，日本人留仁丹鬍即是受契丹剃鬚的影響。

契丹於唐初形成部落聯盟，首領由大賀氏家族擔任，稱可汗。唐朝皇帝曾賜予旗鼓，成為可汗權位的象徵。契丹與大唐王朝既有朝貢、入仕和貿易，也有戰爭和擄掠。唐太宗時在今赤峰、通遼一帶置松漠都督府，授大賀窟哥為松漠都督，賜李姓。武周建立，契丹不堪忍受壓迫，大賀窟哥之孫、武衛大將軍、松漠都督李盡忠造反。唐玄宗時重新歸附，恢復松漠府，皇帝賜以公主。期間契丹內訌，互相殺戮，對唐朝叛服不定，可汗權位從大賀氏家族轉入遙輦氏家族。按照契丹的制度，可汗三年一選，主持選舉的官員稱夷離堇，契丹語為「智慧」，即掌握契丹軍事大權的首領。很久以來，夷離堇一職都是由耶律家族擔任，到阿保機時，已經延續了八代。

阿保機就生長在這樣一種環境。他生於唐末咸通十三年（872 年），乳名啜裡只，契丹迭剌部霞瀨益石烈鄉耶律彌里人。父親是後追尊為遼德祖的耶律撒剌的，母親為宣簡皇后蕭氏。相傳其母睡覺時夢見一輪紅日墜入懷中，於是懷孕。阿保機出生時，屋內有神光異香環繞，他的身體猶如三歲小兒，落地便能爬行。

阿保機出生時，契丹上層貴族正在為部族的權力打得不可開交。其祖父耶律勻德實在爭鬥中被害，父親和叔伯們紛紛逃離避難。他的祖母（蕭氏，後追諡簡獻皇后）對剛出生的阿保機非常疼愛，擔心他被仇人加害，因此，常將他藏在別處的帳內，塗抹其面，不讓他見外人。

阿保機三個月便能行走，很快便學會說話。他自幼聰敏，才智過人，對很多事情未卜先知，自稱左右有神人庇佑，開口便涉及國家大事。長大後，他身材魁梧，胸有大志，長於騎射，力大無窮，《遼史》講他「身長九尺，豐上銳下，目光射人，關弓三百斤」。他擔任遙輦氏痕德堇可汗的撻馬狘沙里（扈衛官），率領扈衛隊戰勝了小黃室韋、越兀、烏古、六奚、比沙狘等近鄰小部落，名聲日起。當時，阿保機的伯父耶律釋魯擔任夷離董，自稱于越，「總知軍國事」。其子耶律滑哥受人唆使，為繼得權力，將其父殺害。阿保機抓獲耶律滑哥，但念及手足之情並未殺他，將其幽禁。隨後，自己繼任了伯父的夷離董、于越等職位，地位僅次於可汗。他組織力量擊潰了以蒲古只為首的部落豪強，被譽為「阿主沙里」，契丹語「郎君」的意思。

唐天復三年（903 年），阿保機作為部落聯盟的軍事首領，率領部族軍隊東敗女真，西破奚族。其後幾年，再北擊室韋，南掠唐朝河東，取得了一系列的勝利。他攻城掠地，俘獲大批人口，繳獲大量財物、牲畜等。期間，應唐朝河東節度使李克用之邀，他率領七萬騎兵到雲州（今山西大同）相會，結為兄弟，約定共同盧龍節度使劉仁恭，但因無利可圖而未踐約。此時，阿保機實際已然成為部落聯盟的掌控者，享有崇高的威望。但是，他畢竟名義上還不是部落聯盟的最高首腦，因此，還不可能對契丹的遠景進行規劃。有人勸他乾脆接手可汗一職，但他認為可汗多年來都是由遙輦氏家族擔任，他曾任遙輦氏痕德堇可汗的扈衛官，痕德堇待他不薄，為了不引起混亂，阿保機沒有同意手下人的提議，他在等待時機。

唐天祐三年（906 年），痕德堇可汗病逝，臨終前遺命推舉阿保機為可汗。這次阿保機沒有再謙讓，於次年舉行盛大儀式，榮登可汗位。這一

年，阿保機三十五歲。

平諸弟亂
建契丹國

耶律阿保機晉位部落聯盟的可汗，位極部眾。他有志於引領契丹進一步走向強大，就必須保持在部族中崇高的地位，握有至高的權力。但契丹實行的是軍事民主的部族管理體制，可汗是三年一選，這又將影響到他對於權力的掌控。對此，他並沒有按照部族實行的世選制度，自己連續擔任可汗一職，不再提選舉的事。但契丹的世選制度是客觀存在的，他有意改變，但又缺乏充分的理由。

這時一位高人的出現，使他茅塞頓開。此人叫韓延徽，字藏明，幽州安次（今河北廊坊安次區）人。他原在唐節度使劉守光的帥府，奉命出使契丹。韓延徽是個很有個性的人，在面見阿保機時，堅持不行跪拜之禮，惹得阿保機大怒，將之扣留派去放馬。阿保機的妻子述律平頗有見地，說：「此人自持操守，不屈不撓，是個賢士，為什麼讓他去放馬，蒙受窘迫和侮辱呢？應該禮遇他才是。」阿保機聽來有道理，於是召見韓延徽相談，韓延徽的言論深得阿保機的心意，阿保機下令讓其參與朝政，後來，韓延徽成為阿保機的主要謀臣。

韓延徽對阿保機說，可汗一職要定期選舉，不實行選舉並非明智之舉，你若想久居汗位，何不學一學中原政權建國稱帝，皇帝是世襲，你便能夠名正言順地長久掌控政權。阿保機一聽猶如醍醐灌頂，連連稱道，於是暗下決心，要走建國稱帝的道路，對韓延徽則更加信任。

阿保機遲遲不舉行選舉的做法引起了耶律家族親屬們的不滿。按照契丹的制度，當汗位轉入某一家族後，這個家族的成年男子便都擁有了選舉和被選舉權，而現任可汗的叔伯和兄弟們則更具有優先權。阿保機不舉

行選舉而自己連任，無形中堵塞了親屬們晉位可汗的機會。而身居要位、統轄臣屬，以及擁有其背後巨大的利益，幾乎是每一個部族成員本能的慾望和追求。阿保機的親屬們私下進行串聯，要求恢復可汗的世選制度。

在阿保機的親屬中，最有資格和能力與阿保機爭奪汗位的是其叔父耶律轄底。轄底在蒲古只謀反時逃奔渤海，阿保機取代遙輦氏稱汗後，他從渤海歸來，被任命為新的于越。阿保機盡掌聯盟的軍事及行政大權，于越變得徒有虛名，引起了轄底的不滿。可他當初歸來時，阿保機曾以可汗職位相讓，但他拒絕了，現在再起事端顯得很不厚道。於是他把阿保機的幾個弟弟推到了台前，自己在幕後煽風點火，推波助瀾。阿保機有四個弟弟：剌葛、迭剌、寅底石和安端，他們打起維護傳統的旗號，暗中謀劃，向阿保機發難。他們發動了三次較大規模的動亂，前後持續了三年多時間，史稱「諸弟之亂」。

「諸弟之亂」的核心人物是阿保機的大弟弟剌葛，他在聯盟中任惕隱，即協調契丹貴族內部關係的官員，他常跟隨阿保機東征西戰，頗有軍事才幹，在幾個弟弟中威信較高，三次叛亂都是由他發起的。二弟迭剌智略過人，才思敏捷，一次，他接待回鶻使者，本來對回鶻的語言和文字一竅不通的他，竟經過與回鶻使者短短二十天的接觸，基本上掌握了回鶻語，在汗帳將阿保機的話翻譯得準確無誤，令回鶻使者驚歎不已。後來，阿保機命他根據回鶻文字創製了契丹小字。其他兩個弟弟寅底石和安端屬於年少無知，受兄長的蠱惑，並不知道參與叛亂可能帶來的後果。

後梁開平五年（911 年）五月，四兄弟挑動對阿保機不滿的舊貴族，以索要掠來的漢人奴隸和牲畜為藉口向阿保機叫板，汗后述律平予以回絕。剌葛等密謀用武力攻取汗帳，搶奪象徵汗權的旗鼓和神帳。安端的妻子粘睦姑怕殃及自身，向阿保機告發了剌葛等人的陰謀，阿保機及時採取措施平息了叛亂。鑒於骨肉之情，阿保機與諸位弟弟登山刑牲，對天盟誓，雙方都做出了讓步和妥協，表面上仍保持著和氣，但暗中卻隱藏著更大的危機。這是第一次叛亂。

次年十月，四兄弟在耶律轄底的策動下，又發動了第二次叛亂。新任惕

隱的耶律滑哥也參與其中。這次叛亂規模更大，部族內的于越、惕隱和夷離堇等官員都加入進來，對阿保機的汗位提出挑戰。叛亂發生時，阿保機正領兵在外，討伐術不姑部。當阿保機從西南返回，刺葛等四兄弟領兵擋在當道，直言要阿保機恢復部落世選制。阿保機並沒有與之發生正面衝突，而是引兵來到了十七濼，即部落聯盟舉辦重大盛典的地方。並於當天就舉行了隆重的選舉可汗的柴冊大典，和可汗繼任的燒柴祭天儀式。在熊熊燃燒的篝火旁，阿保機率領各部落長老，祭告祖先和神靈，向東南朝拜太陽神，宣佈阿保機重掌旗鼓和神帳，繼續擔任契丹八部聯盟的可汗。隨後，阿保機率領大軍征討以刺葛為首的叛亂分子。刺葛等人得知阿保機繼任可汗已成事實，反抗變為了徒勞，便於次日向阿保機繳械投降。阿保機再一次寬恕了幾名兄弟，只是將其囚禁，讓其交代問題，並未予以重罰。

刺葛等人並未善罷甘休，他們汲取了前兩次失敗的教訓，策劃了更加縝密的叛亂計劃，將乙室部落的貴族也發動起來，形成了更為強大的陣容。後梁乾化三年（913年）三月，刺葛等人發動了第三次叛亂。他們乘阿保機出征蘆水之機，三管齊下，一面派迭刺、安端帶領騎兵千餘人，謊稱覲見阿保機，伺機行刺；一面派寅底石去攻打阿保機的行宮，奪取可汗的旗鼓和神帳；一面引眾人至乙室部落長老董澱處，自製旗鼓，實現篡位。阿保機及早察覺了刺葛等人的陰謀，設下埋伏，佈下天羅地網。迭刺、安端素無軍事上的才能和經驗，很快束手就擒。阿保機引軍北上，追擊刺葛。寅底石所率攻打阿保機營帳的叛軍倒是進展順利，留守的述律平率領親軍據險自守，但沒能抵擋住兇猛的叛軍，大批輜重（指行軍時用的物資）、武庫和營帳被燒，象徵汗權的旗鼓和神帳被搶走。述律平沉著應戰，一面領兵救火，一面派兵去追，但只將旗鼓奪回。

刺葛自稱可汗，聽說阿保機來追，慌忙向北逃竄。阿保機追至土河，停下了腳步，眾將催促他快追，他說：「等他們逃遠了，人人都會生出懷鄉之情。思鄉之心急切，眾心必然離散，我軍乘勢攻擊，必然取得勝利！」在攻心的同時，阿保機暗中安排了侍衛軍和被征服的鄰族室韋、吐渾等，在刺葛逃亡的路上設下埋伏，最終一舉擊潰了叛軍，生擒刺葛

等人，奪回了神帳。

此次叛亂持續了兩個多月時間，部族的損失慘重。過去大軍出征，輜重連綿數里，部族有精馬萬匹，而今只能徒步，牲畜死亡十之八九；過去糧肉充盈，現在士卒只能煮馬駒採野菜以為食。阿保機遂下令處死轄底、滑哥和乙室部的迪里姑等三百餘人。但對其兄弟卻網開一面，剌葛和迭剌二人杖而釋之，寅底石和安端念其年幼無知，免罪，不加處置。

關於阿保機對待兄弟們的做法，後世有著不同的看法，很多人認為阿保機看重手足之情，這在常為皇權（汗權）打得頭破血流的集權社會顯得難能可貴。同時，也顯示出阿保機高度的自信，認為自己有能力駕馭各種勢力。當然，也有不同的看法，認為他對待反叛勢力過度仁慈，使其氣焰囂張，無所顧忌，在某種程度上助長了邪惡，導致了混亂。事實證明，寬容和忍讓，是換不來坦誠和愧悔的。

耶律家族內部的問題解決了，但整個部落聯盟仍矛盾重重，焦點依然是可汗選舉的問題。契丹一共有八個部族，號稱契丹八部，合為一個整體，分開又自成體系，都想享有可汗的權力，不滿意阿保機獨佔汗位的做法。於是，七部貴族聯合向阿保機施加壓力，並在阿保機征討黃室韋部返回途中將其劫持，要求恢復選舉制。在重壓之下，阿保機只得做出讓步，他先是交出了代表可汗身份的旗鼓儀仗，顯示讓出可汗職位的誠意，其後又讓出了他所居住的水草豐美的土地。他對七部貴族說：「我在可汗之位九年，下屬有很多漢人，我想帶領他們到別地打造一座漢城，各位覺得如何？」七部貴族都表示同意。

阿保機選擇在濼河源頭（今河北沽源北）築城，招募了一批掌握製鹽及其他技術的漢人居於城中，發展起製鹽、冶鐵、紡織、農耕、手工製造等多種行業。食鹽及其他產品均為生活上的必需品，各部的契丹人都要通過畜牧、狩獵的獲取物來進行交換，使得阿保機的實力日增。而實力在各部勢力的角逐中是最為關鍵的因素，是贏取地位、樹立權威的先決條件，當然，還要配之以必要的手段。至此，阿保機下定了統一契丹各部的決心，但該怎麼統一，阿保機似乎考慮得比較複雜，但到了其妻子

遼太祖 耶律阿保機

述律平那裡則變得格外簡單。

阿保機接受了妻子的意見，以感謝各部族支持鹽業等發展為由擺下盛大酒宴，邀請各部貴族出席。貴族們欣然而至，席間觥籌交錯，推杯換盞，熱鬧非凡。當貴族們一個個喝得爛醉、不能自已，阿保機一聲令下，事先埋伏好的刀斧手一擁而上，以迅雷不及掩耳之勢將這些貴族個個斬首，現場屍橫遍地、鮮血淋漓，伴之以殘羹剩飯，令人慘不忍睹，史稱「鹽池之變」。阿保機就此統一了契丹八部。

這裡要介紹一下述律平，這個女人可非同尋常。其父是回鶻人的後裔，母親是契丹貴族，她字月里朵，「平」是後來起的漢名。史料說她果斷、有雄略，據說連象徵契丹始祖乘駕的青牛車，見到她都得讓路，即「青牛嫗，曾避路。」她出嫁後一直跟隨在阿保機身邊，或留守於駐地，出謀劃策，行事果斷，對阿保機榮登汗位、建國稱帝起到了至關重要的作用，甚至可以說沒有她就沒有阿保機的成功。她力排眾議推舉韓延徽、平息「諸弟之亂」、殺七部貴族等，無不彰顯她心胸博大、遇事沉穩、行為果斷、以及心狠手辣的特點。阿保機死後，她以太子年少為由（其實太子耶律倍已經二十八歲）自己臨朝稱制，代行皇權。曾追隨阿保機出生入死的文臣武將多因擁護耶律倍繼位而被斬殺殉葬，漢臣趙思溫當眾發問：「先帝親近之人莫過於太后，太后為何不以身殉？我等臣子前去侍奉，哪能如先帝之意？」眾臣等候述律平作答，誰知她揮動金刀，將自己的右手齊腕砍下，命人將之送進夫皇的棺內「從殉」，眾臣一個個面面相覷，誰也不敢再吭氣，故述律平又被稱為「斷腕太后」，當然這是後話。

後梁貞明二年（契丹神冊元年，916 年），阿保機見到時機成熟，宣佈建立契丹國，建元神冊，其後定都上京臨潢府（今內蒙古赤峰巴林左旗）。關於契丹的國名，阿保機建國時稱契丹國，遼太宗耶律德光佔領汴京後改稱大遼，後來又反覆使用過契丹和遼的國名，後世一般均統稱其為遼國。阿保機稱帝，立述律平為皇后，耶律倍為皇太子，三人分別以「天」、「地」、「人」相稱，即大聖大明天皇帝，應天大明地皇后

和人皇王太子。這樣，阿保機就模仿中原政權建立起了世襲的皇權統治，同時，也宣告了契丹氏族部落統治的結束。

取法中原
因俗而治

阿保機仿照中原政權建立起契丹王國，一方面出於政治上的需要，另一方面則源於文化上的認同。在政治上最為吸引他的無疑是專制與世襲，這是韓延徽最初傳授予他的，使他的雄心或野心得以施展，也使契丹從鬆散的部落聯盟進而成為真正意義上的國家。因此，建國後阿保機拜韓延徽為相，這既是一種感恩，也是出於對進一步構建國家政權的依賴。韓延徽確也並未辜負阿保機的期望，在說明他設定政權模式的過程中盡了力。在很多事情上，韓延徽所起到的是一種振聾發聵、醍醐灌頂的作用，這就是制度的力量，是一種政治模式對另一種政治模式的衝擊和洗禮。史界對此都是讚美的，認為它是契丹社會進步、脫胎換骨的標誌和分界點。阿保機所建的遼國也確實強大，王朝前後共持續了二百一十八年，經歷了九位帝王，這比之那些像走馬燈似的更換朝代和帝王的少數民族政權要長久和穩定得多，即使是放在漢族政權中也不多見。

阿保機進行政治上的變革在很大程度上源於對於中原文化、即漢文化的認同。因為政治制度需要與之相對應文化的支撐和詮釋，而文化又是特定政治制度的標識和符號。阿保機喜好中原的政治模式，自然會青睞中原的文化，而鍾情於中原文化，又勢必會更加尊崇它的制度，這在很多少數民族帝王身上都能得到佐證，比如北魏的孝文帝、前秦世祖符堅等。阿保機似乎比他們做得更為堅決，他因尊崇漢高祖劉邦，故改姓劉，名億，稱劉億，但史家一般還是稱他為耶律阿保機或耶律億，他的幾個兒子耶律倍、耶律德光和耶律李胡也都用漢名。

同時，他認為漢高祖成就霸業靠的是丞相蕭何的輔佐，故賜後族以蕭姓，

包括追賜他的祖母。以至於很多人對遼國都有陰盛陽衰的感覺，但似乎又不是特別清楚后族的情況，因為遼國的皇后、太后都姓蕭。據說遼國史上一共有三十多位蕭后，其中最為著名的有三位，一就是之前提及的述律平，阿保機的皇后，太宗、世宗時的太后和太皇太后；二是蕭綽，亦叫蕭燕燕，景宗的皇后，聖宗的皇太后，人們常說蕭太后大多是特指這一位，她主政期間是遼國最為鼎盛的時期，期間與北宋簽訂了「澶淵之盟」，使得遼宋雙方獲得了較長時期的和平發展；另外一位是悲劇性的人物蕭觀音，遼道宗的皇后，其才華橫溢，詩賦的造詣頗高，但被人陷害，稱與伶官趙惟一私通，遇害。當然，這些都是題外話。

但是（很多要說的話往往在「但是」之後），阿保機所建的契丹國就真如史家普遍評述的那樣是一種社會的進步、促進了社會的發展嗎？從國家構成的要素而言，契丹原本實行的軍事民主的部落管理體制，儘管相對蒙昧和落後，但較之專制和世襲，實際上更符合人性和社會發展的規律，也更有利於調動民眾參與和互相競爭，使國不是一人一家而是眾人之天下。我們常說中國沒有民主的傳統，實際上並非沒有，而是很早就被扼殺。作為統治者當然希望由他們及其家族一勞永逸地掌控政權，世代相繼，千秋萬代，於是，自秦始皇便創建了集權、專制的國家政治體系。但這絕不能說是一種好的制度，專制必然導致陰謀、暴虐、欺騙和冷酷無情。「諸弟之亂」、「鹽池之變」中阿保機諸弟及七部貴族，實際上是在氏族軍事民主的框架內伸張自己的權力，本無可厚非，但阿保機卻大行屠戮，充分暴露出其獨裁、專制的本性。可相對而言，專制的社會在當時文明程度相對較高，因此，引得遊牧民族的首領紛紛仿效，在獨掌權力的同時，盡情揮霍和享受奢侈的物質生活，也就不足為怪了。

另外，阿保機汲取了中原地區的文化。文化是一個民族的標誌，也是其生命力之所在，失去了它，民族的生命便不復存在。文化需要借鑒、拓展和汲取，但絕不能失去自己的根基和命脈，封閉保守和全盤照搬都是不行的。阿保機在仿效中原地區文化的過程中做了大量的嘗試，也有了良好的效果，但在對本民族文化的保護和弘揚方面，似乎並不能說做得很好，遼國持續的時間那麼長，可保留下來的文化似乎並不多，當然有

金滅遼時所進行的大清洗，但除了散見於中國北方的遼代塔寺和墓葬的壁畫，其他傳承似乎並不多，在戲劇中出現的遼代人物，竟大多使用的是女真及後來滿清的服飾，不能不說是一種遺憾。

神冊元年（916 年），阿保機稱帝後親征突厥、吐谷渾、党項等部，轉掠代北，擄獲許多人口和牲畜，「太祖受可汗之禪，遂建國，東征西討，如折枯拉朽」，開始對中原地區生覬覦之心。神冊六年（921 年），阿保機兩次親統大軍南下，肆行俘掠，均被李存勖率勁兵擊退。天顯元年（926 年），阿保機東征渤海國。渤海是東北的一個區域性的民族政權，政治和文化都較為先進，素有「海東盛國」之稱，但當時國力已經下降。阿保機集中兵力攻下渤海的西部重鎮扶餘城（今吉林農安），隨後又圍攻首都忽汗城（今黑龍江牡丹江東京城），國王率領部下投降。阿保機將渤海國改為東丹國，意即東契丹國，封皇太子耶律倍為東丹王。同時，阿保機在黑龍江和烏蘇里江流域廣置官府，實施管理，結束了唐末以來東北地區分裂的狀態，重新實現了統一。

關於定都的安排，神冊三年（918 年），阿保機封禮部尚書康默記為版築使，在潢河以北營建皇都（後稱上京，在今內蒙古赤峰巴林左旗境內）。史上流傳有阿保機「一箭定上京」的典故。阿保機早就有在西樓邑（今巴林左旗境內）一帶建都的設想，其位於狼河（今烏力吉沐淪河）與潢水（今之西拉沐淪河）之間，隱藏於巨大的山體之內，可謂「負山抱海，天險足以為固」。這裡水草豐美，便於放牧；土地肥沃，利於耕種，軍事上「進可攻，退可守」。其中很重要的一點，是這裡是耶律家族的發祥地，也是耶律的世襲領地，擁有天時、地利、人和等因素。但皇都建立在自家的領地內，阿保機擔心各部首領心有不滿，於是，他冥思苦想，想出了個辦法。一天，他對群臣和各部首領宣佈，建都要「以金齪箭卜之」，意為他騎著快馬射出一箭，箭落之地便為建都之處。決定一經宣佈，阿保機飛身上馬，狂奔而出，文武群臣騎馬緊隨其後。在距離西樓邑不遠的地方，阿保機張開大鐵弓，搭上金齪箭（指在勘定地形時使用的箭），奮力射出，箭落之地正好為西樓邑。

《遼史》評價阿保機之舉：「金匱一箭，二百年之業，壯矣！」所建的都城由北部的皇城和南部的漢城兩部分組成，平面略呈「日」字形，總面積約五平方公里。皇城為宮殿和衙署所在，是皇親國戚、達官貴人的住地。此區域除皇宮和官府外，顯得比較空曠，因契丹人多習慣住帳篷。漢城則是漢人及其他少數民族聚居區，商舖、酒肆、作坊遍佈，城內建有多處孔廟、佛寺、道觀等。契丹根據自身遊牧的特點，在修建上京的同時，又相繼修建了東京遼陽府（今遼寧遼陽）、南京析津府（今北京）、中京大定府（今內蒙古寧城）、西京大同府（今山西大同）等四座都城，連同上京謂之遼國五京，其中上京和中京修建於今內蒙古赤峰境內，是著名的草原城市。

隨著俘掠和征伐，以及中原地區的戰亂使大批漢人越過長城進入遼地，使遼國的疆域和人口大量增加。人口中族群的狀況也變得比較複雜，契丹及新征服的奚族、室韋等不習慣耕種，而大量的漢人又不熟悉畜牧和狩獵。阿保機本著「因俗而治，得其宜」的原則，設置了兩套平行的行政管理機構，北面官「以國制治契丹」，保留契丹部落的用人慣例；南面官「以漢制待漢人」，仿照唐代三省六部的制度。一個皇權，兩套官制，並行不悖，是遼國得以長治久安的重要原因。這種蕃漢分治的方法，有效地實行了對不同族群的管理，使得各族民眾和睦相處，取長補短。每年的春夏秋冬四季，阿保機要到四個不同的地方居住，稱之為「四時捺缽」，表面上是保持契丹遊牧的習性，實際上具有巡察的意味。

阿保機任用韓知古、韓延徽、康默記等有才學的漢人，參照漢族政權的模式，建立起國家秩序。神冊六年（921年），阿保機「詔定法律，正班爵」，命耶律突呂不制訂《決獄法》，成為契丹的第一部基本法典。在「人眾勢強，故多為亂」的迭剌等部設置五院部和六院部，各置夷離堇，隸屬於北府，成為北府下屬的一級官員。征服奚族後置六部奚，命勃魯恩管理，仍號奚王。渤海改為東丹國後仍用其老相為右大相。在全國置州縣，有效地強化了皇權的統治。軍事上在契丹實行全體男丁入兵籍的體制，同時建立起一支精銳而忠誠的親軍「腹心部」，「入則居守，出則扈從」，成為對內維護皇權，對外進行擴張的核心軍事力量。同時，

命突呂不等人參照漢字的偏旁，創制了契丹的文字，史稱契丹大字，後又由阿保機的弟弟迭剌參照回鶻文和漢文，創製了契丹小字，從此使契丹告別了沒有文字的歷史。

天贊五年（926年），由於常年征戰及操勞於社稷大業，阿保機在出征渤海返回上京途中病逝於扶餘（今吉林四平西）。關於阿保機的死，史籍講充滿著懸疑和謎團，令人費解。天贊三年（924年）六月十八日，阿保機召集皇后、太子、大元帥及二宰相、諸部頭，說：「上蒼誕聖賢替天行道，恩惠黎民百姓。聖明的君主，多少年才出現一個。朕上承天命，統領眾民，每有征戰之舉，都是奉行天意，所以，能智謀百出，取捨如神，國家政令暢達，人心所附，革除弊政，歸於正途，百姓安居樂業。其德如浩瀚之海，屹立如巍峨泰山！自建國立業以來，四方所附，建章立制，後嗣無憂。世事起伏有期，來去掌控在我。籌劃與策略，天人契合；各國諸王，無法與聖君相比？三年之後，歲在丙戌，時值初秋，必有歸處。然而，有兩件大事未竟，我豈能辜負親人的忠誠？歲月無多，該抓緊從事為好。」其中提到「三年之後，歲在丙戌，時值初秋，必有歸處」，阿保機恰恰是在三年後（實際是第三個年頭）的丙戌年初秋去世。換言之，阿保機準確地預言了自己的死亡時間。

關於這個令人不解的現象，歷代學者給予了多種解釋，有的說是阿保機先知先覺，暗與神合；有的說他要將自己塑造成宗教聖人，到預言之日讓人將自己殺死；還有的說是被人逼著說出任期。說法五花八門，似乎都有些道理，又都缺乏特別的說服力。阿保機終年五十五歲，諡升天皇帝（一作大聖大明神烈皇帝），廟號太祖，葬於祖陵（今內蒙古赤峰巴林左旗林東鎮），周圍古木參天，小溪潺潺，是一處清幽靜謐的所在。

耶律倍是耶律阿保機和皇后述律平的長子，圖為耶律倍所繪的《騎射圖》。

特立獨行的李元昊

夏景宗
明道 開運
開運 廣運
大慶
天授禮法延祚

1032-1048

李元昊是西夏的開國皇帝，党項族人。他驍勇善戰，膽識過人，承襲祖父李繼遷、父親李德明的遼、宋所授定難軍節度使、西平王之職。為表獨立，他廢唐、宋所賜李、趙姓，改姓嵬名。改髮式、定衣著、創文字、簡禮儀，樹立党項形象。他開拓疆土，攻佔西部諸地，建立大夏（史稱西夏），與宋、遼形成三足鼎立之勢。

他行為暴虐，殘忍嗜殺，生性多疑，貪杯好色，在開創基業的同時，做出了不少令人唏噓不止，甚至有悖人倫的事情，導致朝政衰敗，人心渙散，眾叛親離，自己也死於太子之手。

位於寧夏銀川的西夏陵，是西夏歷代帝王的陵墓。

（圖片來源：Wikimedia commons zengxs）

少年才俊
志在王霸

說李元昊前要先說一下党項族。党項是居於中國西北部的一個古老民族，屬西羌族的一支，故有「党項羌」的稱謂。據載，羌族發源於「賜支」或者「析支」，即今青海省東南部黃河一帶。

漢朝時，羌族大量內遷至河隴及關中（今甘肅西部及陝西中部）一帶。此時的党項分散、落後，過著不知稼穡、草木記歲的原始生活。他們以部落為單位，以姓氏為名稱，逐漸形成了著名的党項八部，其中以拓跋部最為強盛。

隋唐時，經隋文帝和武則天時期兩次內遷，党項部落多集中於甘肅東部、陝西北部一帶，仍以分散的遊牧生活為主。唐廷在其聚集地設立羈縻州進行管理，「羈縻」即籠絡和控制的意思，封其部落首領為州刺史或其他官職。唐末黃巢起義，唐朝皇帝發佈討逆、勤王檄文，党項族首領、宥州刺史拓跋思恭出兵，唐僖宗授其定難軍節度使，封夏國公，賜李姓。至此，党項拓跋氏有了自己的領地，包括夏（今陝西靖邊）、銀（今陝西榆林東南）、綏（今陝西綏德）、宥（今陝西靖邊東）、靜（今陝西米脂東）等五州之地，握有兵權，成為頗有實力的藩鎮勢力。

北宋建國，利用党項內部不和，迫使夏州節度使李繼捧獻出了党項經營多年的夏、綏、銀、宥、靜五州。此舉激化了民族間的矛盾，李繼捧的族弟李繼遷率部起兵，他對眾人說：「李氏世有西土，今一旦絕之，爾等不忘李氏，能從我興復乎？」眾曰：「諾。」李繼遷遂與其弟李繼沖等人扯旗反宋。李繼遷是銀州防禦使李光儼之子，李元昊的祖父。他聯合党項各部勢力，對宋用兵，不斷攻掠夏、銀、麟、會等州。由於党項力量分散，又未經過正規的軍事訓練，在宋軍的打擊下，屢遭敗績。為了光復舊業，重歸故地，李繼遷採取「聯遼抗宋」之策，遼聖宗統和四年（986 年）向遼稱臣。遼原本也想借用李氏力量牽制宋朝，結果一拍

即合，遼嫁義成公主予李繼遷，授其定難軍節度使，封夏國王。在遼朝的幫助下，李繼遷經過整頓，勢力日長，對宋朝的西北邊境構成威脅。宋採取「以夷制夷」之策，重新任命李繼捧為夏州刺史、定難軍節度使，賜名「趙保忠」。宋想以此牽制李繼遷，但並未達到目的，李繼遷仍不斷騷擾宋之會州、夏州，並兵不血刃地取得了銀、綏二州。宋再實行經濟封鎖，禁其販鹽，也沒有成功。宋軍由於對遼作戰接連失利，開始改變對西北邊防的策略。至道三年（997 年），宋太宗死，真宗即位。李繼遷乘機遣使向宋求和，真宗「姑且務求寧靜」，遂答應了李繼遷的請求，恢復其夏州刺史、定難軍節度使之職，賜名「趙保吉」，歸還夏、綏、銀、宥、靜五州之地，加邑千戶，實封三百戶。

李繼遷死，其子李德明即位，即李元昊的父親。他延續了李繼遷「依遼睦宋」的策略，同時向遼、宋稱臣，接受兩國的授封，並積極向西發展。數年間，西攻吐蕃和回鶻，奪取了西涼府、甘州、瓜州、沙州等地，勢力範圍擴展到玉門關及整個河西走廊。期間，夏地和平，經濟發展。宋天禧四年（1020 年），他將夏的政治中心由西平府遷至懷遠鎮，改名興州，即日後西夏的國都興慶府（今寧夏銀川）。

李元昊就生長於這樣一個家庭。宋景德元年（1004 年），他誕生於靈洲（今寧夏靈武），取漢名元昊，小字嵬理（《宋史》載「嵬理」，《西夏書事》載「嵬埋」），「嵬」即高大的意思，多形容山，「理」則是指將山上挖來的璞石雕飾成美玉。其母為惠慈敦愛皇后衛慕氏。元昊剛出生時啼聲洪亮，雙目炯炯。長大後中等身材，高五尺餘，即現在的一米七左右。一副圓圓的面孔，明眸之下，高鼻樑聳起，俊秀中透著幾分威嚴。他個性雄勁剛毅，嫻於韜略，喜好讀書，多才多藝，精通漢、藩兩種文字，深諳佛學典籍，擅長丹青，是個不錯的畫家。他常騎馬出行，由兩名旗手開道，百餘騎兵隨行。遇有戰鬥，他總是衝鋒在前。宋朝的邊將曹瑋很想一睹李元昊的風采，但總沒有遇到機會，於是，派人暗中繪了一幅李元昊的畫像，曹瑋見到不由心生感歎：「真英物也。若德明死，此子必為中國患！」

李元昊於弱冠之年（二十歲）獨自領兵襲破回鶻夜洛隔可汗王，奪取了甘州。甘州東據黃河，西阻弱水，南跨青海，北控居延，綿亘數千里。通西域，扼羌瞿，水草豐美，畜牧孳息，地理地位十分重要。李德明以李元昊「氣識英邁，諸蕃耆服」，冊立他為太子。

這裡要說一下，王是不能封太子的，只能稱之為世子，只有皇帝才能立太子。李德明此舉實屬僭越，可見建國稱帝的想法在李德明一輩就已形成。另外，夏作為一個王朝，沒有自己的正史，也就是說中國的《二十四史》中並沒有西夏史，它只是作為《宋史》「夏國列傳」和《遼史》「西夏外紀」而存在。另外，清人吳廣成撰寫了一部《西夏書事》，內容比較詳實，我們引用的資料多出自此書。究其緣由，主要是因為史界正朔的理念。

李元昊從小就顯現出見解獨到、特立獨行的性格。一次，他父親派人到宋用馬匹交換物品，因換回的物品不合其意，一怒之下竟把該人斬了。李元昊覺得父親的做法不妥，說：「吾戎人，本從事鞍馬，今以易不急之物已非策，又從而殺之，則人誰肯為我用乎？」意思說我們的軍人是打仗的，你讓他去換貨本就不是明智之舉，結果又把人殺了，今後誰還為我們效命呢？李德明聽後感到很驚奇，也很慚愧，從此對這個兒子另眼相看。這年元昊才只有十多歲。

李元昊對父親向宋稱臣一事不滿，多次上諫，說：「向宋朝稱臣，宋給我們一些俸祿賞賜，夠我們家族的花用，但黨項民眾卻得不到什麼好處，時間久了，就會失去民眾的支持。失去民眾靠什麼來守護我們的家園？不如用俸祿組建起強大的軍隊，小則可以征討四邊，大則可以建國興邦。如此一來，上下豐盈，何樂而不為呢？」李德明說：「我久不用兵，人也老了，打不動了。我們家族三十年來靠宋朝能穿上綾羅綢緞，不可辜負了人家的恩德。」李元昊反駁道：「穿皮草，放牲畜，是地理環境和我們民族習性使然。大丈夫生來要成就霸業，穿不穿綢緞又算什麼？」

李德明死，李元昊繼位，他特立獨行的性格得到了更充分的釋放。遼興宗聽到李元昊繼位的消息，以「婚好之誼」派出宣徽南院使、朔方節度

使蕭從順，潘州觀察使鄭文囿到興州，封李元昊為西夏王。宋仁宗則派了工部郎中楊告為旌節官告使，禮賓副使朱允中副之，授李元昊特進、檢校太師兼侍中、定難節度、夏、銀、綏、宥、靜等州觀察處置押蕃落使、西平王。李元昊胸有大志，擔綱大任自然是所期盼之事，但他認為此應自強自立，而不是靠別人賜予。因此，李元昊對使臣並不以臣禮相待，對宋皇的詔書也不跪拜，雖勉強受詔，但內心十分抵觸。史籍講：「宋代使臣楊告等人到達興州，李元昊拖延著不肯出迎。見到使者，站在遠處不動，接受詔書時不肯跪拜，在臣屬多次催促下才勉強受詔。他對左右大臣說：『這是先王的過錯，才有如此之國，像臣子一樣受制於人。』宴請使者時他要坐於上座，派人在宴會廳外故意發出鍛礪兵器的鏗鏘之聲，以威懾宋使。」

李元昊繼位不久，即發動了對吐蕃河湟地區和回鶻瓜州的進攻。此時，夏之領地「東盡黃河，西界玉門，南接蕭關，北控大漠，地方萬餘里。」李元昊的目標已不僅僅是當西夏王，而是要稱皇，建立起党項的王朝。而党項經過一個時期的兼併和擴展，也有了建國的條件。

經過六年的準備，李元昊於宋景祐五年（1038 年），在野利仁榮、楊守素等親信大臣的擁戴下，在興慶府（今寧夏銀川）南郊築壇，建國稱帝，國號「大夏」，史稱「西夏」。改元天授禮法延祚，大封群臣。追諡祖父和父母諡號、廟號、墓號。封野利氏為憲成皇后，立子寧明為皇太子。

建綱立制
與宋交戰

李元昊於建國前後進行了一系列大刀闊斧的改革。同樣是少數民族政權，他與當年耶律阿保機建遼和完顏阿骨打建金都有所不同。阿保機主要仿照中原政權建政，阿骨打多以女真模式立國，李元昊則基本上屬於創制，原本党項並沒有成形的傳統和機制，多是從李元昊開始冊定，比

如髮式、服裝、文字、禮樂等。同時汲取中原文化的養分，進行建構。從政權的形式上講，党項的特色很突出，但從內容上講，又融入到華夏文化的大框架之中，成為其中的一部分，這對党項及西部地區的發展，對於華夏文明的傳播和影響都具有重要意義，同時也展現出李元昊的治政和理政能力。其主要集中於以下幾個方面：

廢唐、宋所賜的李、趙姓氏。改姓「嵬名」，名曩霄，稱「吾祖」。這實際上是李元昊要擺脫宋朝控制的自立宣言。史籍講：「李元昊喜歡穿白色長袖衣，黑色氈帽，帽頂上有向下垂的紅穗，從外表上看與其他藩族很不相同。他捨棄了唐、宋以來朝廷所賜的李姓和趙姓，改姓『嵬名』，稱『吾祖』，即漢語大王或可汗的意思。西夏人大多隨之改姓『嵬名』。」

發佈「禿髮令」。少數民族歷來對髮式很看重，大家知道，後來滿清入關，明令內地人必須仿照滿人剃髮，甚至提出「留頭不留髮，留髮不留頭」的禁令，它既是一種習慣，更是一種標誌。李元昊要求党項人將頭頂剃光，下面結成髮辮，耳朵佩戴耳飾。「元昊欲革銀、夏舊俗，先自禿其髮，然後下令國中，使屬蕃遵此，三日不從，許眾共殺之。於是民爭禿其髮，耳垂重環以異之。」

升府建宮。升興州為興慶府，大興土木，廣建宮室。史籍講：「從先輩據有西部地區三十多年來，積攢了中原政權所賜的大量財物，並得到契丹國的援助，爭權獨立是很久以來的願望。他們升興州為府，改名『興慶』，大興土木，廣建宮室，宮室的名字多取自中國流傳的故事。」

立官制，建蕃、漢兩套班底。史籍講：「其官分文武班，曰中書，曰樞密，曰三司，曰御史台，曰開封府，曰翊衛司，曰官計司，曰受納司，曰農田司，曰群牧司，曰飛龍院，曰磨勘司，曰文思院，曰蕃學，曰漢學。自中書令、宰相、樞使、大夫、侍中、太尉已下，皆分命蕃漢人為之。」

定服式，以區分文武、尊卑。李元昊規定了文官和武將著裝的不同式樣、顏色，佩戴不同的兵刃，以及馬匹要配置的鞍蹬。規定了平民著服的顏

色，以分出貴賤。史籍講：「李元昊領出征總要與部下狩獵，當捕獲了獵物，便下馬與眾將圍坐在一起喝酒、吃肉，吃喝間總向大家問這問那，以汲取好的意見。」

定兵制，設十二監軍司。党項實行全民皆兵的體制，成員年過十五成丁，每逢戰爭，各部落便派出壯丁作戰。李元昊建軍隊，每二丁取「正軍」一人，配雜役「負擔」一人。軍隊分為擒生軍、侍衛軍和地方駐軍，兵力部署「自河北至午臘蒻山七萬人」，以防禦契丹；「河南洪州、白豹、安鹽州、羅落、天都、惟精山等五萬人」，以防禦環、慶、鎮戎、原州；左廂宥州路五萬人，以防禦鄜、延、麟、府；右廂甘州路三萬人，以防禦西蕃、回紇；「賀蘭駐兵五萬、靈州五萬人、興州興慶府七萬人為鎮守，總五十餘萬。」軍隊保持若干原始風俗，例如出征前各部落首領刺血盟誓。李元昊率領各部首領狩獵，擒獲獵物，環坐而食，共同議論兵事，擇善而從。這實際是一種貴族議事制度。

立軍名。仿宋制將軍隊分為左右兩廂，分別稱為左廂神勇、石州祥祐、宥州嘉寧、韋州靜塞、西壽保泰、卓羅和南，和右廂朝順、甘州甘肅、瓜州西平、黑水鎮燕、白馬強鎮、黑山威福。諸軍均設都統軍、副統軍、監軍使一員，以貴戚豪門任職，其餘的指揮使、教練使、左右侍禁官等數十人，不分蕃漢均可任之。

創文字。史籍講：「元昊始創西夏文字，命謨寧令和野利仁榮編撰蕃書，遵為西夏的文字，成書十二卷。從此，凡國內的文書告牒，均使用蕃書書寫。建立蕃字、漢字二院。漢書使用正書和草書；蕃書則兼用篆書和隸書，其規制相當於唐朝和宋朝的翰林院等。西夏與中原政權的奏表往來，中間書寫漢字，旁邊配以蕃書；西夏與西域、回鶻、張掖、交河等的文字往來，則使用新的西夏文，仍配以各國的蕃字。」

定禮樂。從五代到宋百餘年的時間裡，朝廷禮樂悠揚、清屬的韻律，猶有唐代的遺風。李德明依附中原政權，其禮文儀節都遵從宋制。李元昊早就對此不滿，對野利仁榮說：「王者制禮作樂，要適合自己的民族特性。我們是忠厚、樸實，富有戰鬥性的民族，若仿照唐宋那種縟節繁音，

不可取。」於是，他將禮樂進行改革、調整，於吉凶、嘉賓、宗祀、燕享，裁禮之九拜為三拜，革樂之五音為一音，下令在國內使用，有不遵守者，將處置。

益邊防。「元昊既據夏、銀、綏、宥、靜、靈、鹽、會、勝、甘、涼、瓜、沙、肅諸州立國，而以石堡、洪門諸鎮升為洪、威、龍、定四州。又以肅州為蕃和郡，甘州為鎮夷郡，置宣化府。」「於沿邊山險之地三百餘處，修築堡寨，欲以收集老弱，驅逐壯健。」

這其中有一個人物需要提及，那就是野利仁榮。他是李元昊改革措施重要的制定者和擁護者，通曉党項和漢族文化，提出「商鞅峻法而國霸，趙武胡服而兵強」，主張按照党項民族的狀況和風俗，「順其性而教之功利，因其俗而嚴以刑賞」，增強軍事實力，反對講禮樂詩書。他的看法和主張，對李元昊的影響非常大。

李元昊所建的西夏，畢竟只是偏居一隅的王朝，需要得到宋朝的認可。稱帝後的第二年，李元昊遣使向宋廷遞交了一封情真意切的表書，追述和稱頌其祖先同中原皇朝的關係及功勞，說明其建國稱帝的合法性，請求宋朝承認他的皇帝稱號。

但宋廷並沒有被李元昊的表書所打動，而是十分氣惱，下詔削奪了給夏的賜姓和官爵，停止了與夏的貿易往來，進行經濟封鎖，在邊境張貼榜文懸賞緝拿李元昊。李元昊見此，中斷了與宋的使臣往來，並展開了與宋歷時三年的戰爭，因後來雙方還發生過幾次大的爭端，故稱此為第一次宋夏戰爭，主要有以下幾場戰事：

三川口之戰。宋康定元年（1040 年）三月，李元昊發兵進攻宋朝，一面佯攻北宋的金明寨（今陝西安塞南部），一面送信給宋延州（今陝西延安）知州范雍，表示願與宋和談。范雍信以為真，上書朝廷，並放鬆了對夏的防禦。七月，李元昊派大軍包圍延州。宋派大將劉平、石元孫馳援，到三川口（今陝西延安西北），遭到西夏軍隊偷襲，劉、石率軍與夏軍苦戰，不敵，退至三川口附近的山坡。夏軍增援，宋軍寡不敵眾，

劉平、石元孫被俘。後來由於宋將許德懷偷襲得手，夏軍被迫撤離宋朝境內，延州之圍得以緩解。宋軍雖然抵禦了夏軍入侵，但損失很大，甘陝青寧邊境的防禦處於被動。

好水川之戰。三川口之戰後，宋仁宗看到西夏的強盛，下令封夏竦為陝西略安撫使，韓琦、范仲淹為副使，負責抵禦西夏。宋慶曆元年（1041年）二月，李元昊再次率十萬大軍南下攻宋，把主力埋伏在好水川口（今寧夏隆德東），派另一部隊攻打懷遠（今寧夏西吉東部），聲稱要拿下渭州（今甘肅平涼），誘宋軍深入。當時宋有足智多謀的范仲淹，夏軍未敢妄動。但韓琦不聽勸阻，派環慶路馬步軍副總管任福率軍，自鎮戎軍轄地（治所在今寧夏固原）抵羊牧隆城（今寧夏固原西南部），欲一舉攻破西夏，殊不知西夏伏兵正等著他們。任福率軍到懷遠城，正遇鎮戎軍西路巡檢常鼎與夏軍戰於張義堡南，殺死幾千夏軍。任福趕到，夏軍佯敗，任福追擊。由於宋軍長途行軍，糧草不繼，人困馬乏，追至好水川，遭遇夏軍主力伏擊，宋軍潰敗，任福等將領戰死，幾乎全軍覆滅。宋仁宗聞知震怒，貶韓琦、范仲淹。

定川砦之戰（又稱定川寨之戰）。范仲淹等人遭貶後，李元昊又謀劃新的攻宋大計。宋慶曆二年（1042年），謀臣張元獻策，說宋軍主力正集結於宋夏邊境，關中地區空虛，如果派兵突襲，可佔領長安（今陝西西安）。李元昊採納了張元的建議，派十萬大軍分兩路攻宋，一路從劉璠堡（今寧夏隆德）出擊，一路從彭陽城（今寧夏彭陽）出發向渭州（甘肅平涼）發動攻擊。宋將王沿知道後急派葛懷敏等人率軍馳援劉璠堡，宋軍在定川砦（今寧夏固原西北）陷入夏軍重圍，大敗，葛懷敏等十五員大將戰死，九千餘人傷亡。但夏的另一路人馬遇到宋原州（今寧夏固原）知州景泰的頑強阻擊，西夏軍大敗，李元昊攻佔關中的計劃也隨之破滅。

宋、夏間的戰爭大多以西夏獲勝而告終。宋雖聲稱還要重整旗鼓，但實際上並不想再打下去。西夏雖勝，但損失也不小，常言說「傷敵一千，自損八百」，其掠奪所獲根本抵不上戰爭的消耗，相對於先前依照和約受賜和民間開展貿易，得不償失。考量戰爭絕不能只著眼於勝負，更要

看它的消耗，府庫中的真金白銀，實際上都是百姓的民脂民膏。戰爭使西夏國庫空匱，物價上漲，百姓苦不堪言。加之夏又與遼出現矛盾，使得西夏不得不與宋講和。定川砦之戰同年六月，李元昊派西夏皇族李文貴前往宋東京議和。宋仁宗表示願意接受西夏的建議，命太師龐籍作為談判的全權代表。

宋慶曆三年（1043年），宋與夏經過一年多的協商，終於達成協議：西夏向宋稱臣並取消帝號，李元昊接受宋封，稱夏國主；雙方將在戰爭中所掠軍資、民戶歸還對方；雙方逃往到對方的人員，不得派兵追擊，由對方歸還逃跑者；西夏在戰爭中所佔宋朝領土以及邊境蕃漢居住地全部歸屬宋朝；雙方可在自方疆土建城堡；宋朝每年賜西夏銀五萬兩，絹十三萬匹，茶兩萬斤；另外，在各種節日亦有賞賜。宋夏雙方據此達成和議，史稱「慶曆和議」。其後，宋又應李元昊請求，在邊境重開榷場，恢復了雙方的貿易往來。此後數十年間，雙方貿易及經濟文化交往頻繁。

有疑必誅
荒淫亂倫

在夏宋和談之際，遼出兵討伐夏國。原因是遼的一個部落有八百餘戶人口投奔了夏，遼興宗讓其歸還，李元昊未從。李元昊率部於賀蘭山北迎戰遼軍，兵敗，退守山中。李元昊知道自己勢弱，向遼謝罪請和。在等待答覆之際，李元昊連續後撤三次，每次百餘里，撤退之舉破壞當地水草設施，斷絕糧草，以拖延遼軍。當遼軍陷於飢困之時，李元昊縱兵突襲遼營，結果被遼軍反撲鉗制。正當雙方酣戰，忽然狂風驟起，飛沙走石，暗無天日，遼軍大亂。李元昊見此，乘機猛攻遼軍駐地，遼軍潰敗。在取勝之後，李元昊又立刻遣使與遼講和，同時向宋廷獻俘，以求在遼、宋的夾縫中生存，也顯現出李元昊翻雲覆雨、兵不厭詐的計謀和天性。

李元昊特立獨行、我行我素、做事不按常理出牌，在對敵軍事及外交行

李元昊
夏景宗

為中，屢屢出奇制勝、克敵於死地，令人稱道。但若用同樣的態度來對待朝臣、家庭及個人生活，就變得冷酷、殘忍、多疑和荒誕，常令人難以揣測、無所適從、甚至充滿恐懼，最後，他自己也因此而死於非命。

李元昊生性多疑，認為誰對他的權力構成威脅，本著「峻必誅」的原則，不管是否屬實，都會大行殺戮，絲毫不講情面。他生母衛慕氏的兄弟衛慕山喜曾密謀刺殺李元昊，以奪其位，陰謀敗露，李元昊對整個衛慕家族進行血洗，將其成員都綁上石頭，沉入河底。就連李元昊的生母也未能倖免，被他用毒酒害死。李元昊的表姐、嬪妃衛慕氏對李元昊進行指責，李元昊又將其殺掉，同時還殺了其為他所生的兒子，古人云：「虎毒不食子」，李元昊弒母、害妻、殺子，真是兇殘無比。他猜忌功臣，稍有不滿非罷即殺，搞得人人自危。據聞，他曾下令讓民夫每日建一座陵墓，足足建了有三百六十座，作為他的疑塚，最後他竟把那批民夫統統殺掉。

李元昊貪戀女色，簡直到了無以復加的地步。只要見到漂亮的女人，便要想方設法據為己有。在對待女人問題上，為所欲為、無所顧忌、喪心病狂。客觀地講，李元昊對女人並非沒有真情，但往往來得快去得也快，來時轟轟烈烈，走時無影無蹤，甚至大開殺戒。他喜新厭舊，一旦有了新寵，便把舊人拋棄。他一生中曾七次娶妻（也有說八次），妻子都沒有好下場。

李元昊的首任妻子即前面提到的衛慕氏。出身党項大族，是李元昊生母的侄女，也是養女。她自幼便成了孤兒，是衛慕太后將她撫養大，與李元昊兩小無猜、青梅竹馬，李元昊稱王時，衛慕氏進入宮中，嫁與李元昊為妻。衛慕家族反叛，李元昊進行清洗，連同衛慕太后一同處死。衛慕氏悲痛欲絕，她當時已懷有身孕，李元昊將她移至別宮，讓她生下了孩子。孩子生下後，覬覦后位的野利氏進讒說其相貌不似李元昊，李元昊一怒之下將孩子和大人一同殺害。

第二任妻子是索氏。索家亦為党項大族，索氏嫁予李元昊為妻，但關係不和睦。李元昊攻打耬牛城時，有人訛傳其陣亡。索氏聽後非常高興，

每天伴著音樂起舞，誰料李元昊班師歸來，索氏畏懼自刎。

第三任妻子為朵拉氏（亦有稱都羅氏），早逝，這是李元昊妻子中唯一善終的。

第四任妻子為密克默特氏，也稱咩米氏。她生下兒子阿理後失寵，被打入冷宮，在王亭鎮獨居。阿理因同情母親的遭遇欲造反，計謀洩露後，李元昊將他沉入河底，溺亡，咩米氏也被殺。

第五任妻子，也是西夏的第一任皇后是野利氏。野利家族為党項大族，西夏建國的元勳。野利氏是重臣野利遇乞的姪女，李元昊立她為后，在很大程度上是出於感激野利家族對西夏王朝的貢獻。但李元昊稱帝後，為了獨享權力，對各部族首領下手，「諸部大人且盡」，包括勢力強大的野利家族。在此期間，宋朝將軍種世衡巧施離間計，謊稱野利遇乞要投宋，起了推波助瀾的作用。結果野利遇乞遭李元昊腰斬，一代西夏名將，落得非常悲慘的下場。

第六任妻子是遼國的興平公主，也是遼興宗的姐姐。夏、遼結盟，遼行「和親」之策，將興平公主嫁給了李元昊。也許是公主心中早有所愛，也許是李元昊從來沒有喜歡過這位公主，兩人一直相處得很不愉快。興平公主生了病，李元昊既不探望也不告知遼國，結果公主抑鬱而亡。遼興宗與姐姐的感情很深，派使者帶著詔書去譴責李元昊，夏、遼同盟從此產生深深的裂痕。

第七任妻子是沒藏氏。嚴格地說，她並不算是一任妻子，其命運坎坷，富有傳奇色彩。她與李元昊生下的兒子，後來成為了西夏的第二任皇帝（夏毅宗），她自己也成為了太后。當時，李元昊殺害野利家族成員後知曉了真相，很後悔，便騎著馬四處尋找野利家族的倖存者，結果找到了野利遇乞的遺孀沒藏氏。沒藏氏氣度高華，姿容秀麗，是党項美女中的美女，李元昊對她垂涎已久，立即將其收入後宮。

皇后野利氏本來就對李元昊殘害自己的家人極為不滿，李元昊又續納了

李元昊
夏景宗

沒藏氏，更加氣憤難平。但是作為勢力孤單的女人，她又能怎麼樣呢？只能逼著沒藏氏到興慶府戒壇寺出家為尼。沒藏氏從小接受過教育，持有慧根，她到佛寺後潛心鑽研佛法，並小有成就，很快能開壇講經，成為「沒藏大師」。李元昊並未因沒藏氏出家而放棄對她的感情，而是頻頻駕臨寺院，與沒藏氏相會，很快讓她懷上了龍種，李諒祚出生時，李元昊一直守候在身邊，體貼有加。李元昊去世，剛滿周歲的李諒祚繼位，沒藏氏稱后，與其兄沒藏訛龐把持朝政。風韻猶存的她情人無數，盡享歡樂，渡過了一生中最後的八年，後被寵臣李守貴所殺，大概是因為爭風吃醋。

第八任妻子是沒移氏。李元昊本來心有所屬，誰承想太子寧令哥迎娶沒移皆山的女兒沒移氏，沒移氏長得美艷襲人，充滿青春活力。李元昊參加兒子的婚禮時，一下子被兒媳迷住了，全然不顧帝王之尊和人倫之道，竟然搶走了兒子的新婚妻子。李元昊將沒移氏安置於天都山。皇后野利氏嫁予李元昊二十年，只能住在故居，而沒移氏卻能住在離宮，盡享當地的湖光山色，與李元昊共度纏綿。「吾女嫁二十年，止故居，而得沒移女，乃為修內（指天都山離宮）。」野利皇后怒不可遏，新仇舊恨一齊湧上心頭，與李元昊大吵大鬧。李元昊早已清洗了野利氏的幾個哥哥，根本沒有後顧之憂，立即廢掉了野利皇后，冊封沒移氏為新皇后。

因昔日的妻子成為了如今的母后，生母野利皇后又被廢，太子寧令哥蒙受奇恥大辱，義憤填膺，怒火中燒，党項人的血性讓他不能善罷甘休。這時西夏國相、沒藏氏的哥哥沒藏訛龐乘機挑唆：「殺掉你的父親，我們擁戴你做皇帝」。寧令哥信以為真，決意鋌而走險。夏天授禮法延祚十一年（1048年）一月，寧令哥闖入宮室，當時，李元昊喝得酩酊大醉，寧令哥上去一刀削去了李元昊的鼻子。翌日，李元昊因失血過多一命嗚呼，享年四十六歲，諡武烈皇帝，廟號景宗，葬於泰陵（位於寧夏銀川西）。但沒藏訛龐並未履行承諾迎立寧令哥，而是以弒君罪將寧令哥殺死，同時被殺的還有被廢的野利皇后。

英謨睿略的
完顏阿骨打

完顏阿骨打是金朝的開國君主，女真文化的創始者和奠基人。史籍講他「算無遺策，兵無留行，底定大業，傳之子孫」，多年來征戰幾乎無一敗績，擁有非凡的軍事及政治才能，是遼國和北宋兩個王朝的終結者，在史上堪稱「戰神」，幾近完美。正是由於他的引領和主導，使女真這個原本依附於遼國的邊陲小族，逐漸強大、興盛，曾兩度建國、兩度稱帝，這在除漢族以外的少數民族中絕無僅有。

金太祖完顔阿骨打像

天生異象
勇武善戰

講阿骨打之前要先說一下女真族。女真是中國一個古老的民族,亦稱朱里真、女貞、女直,起源和居住於中國東北地區的東部,與肅慎、挹婁、勿吉、靺鞨有著歷史的淵源。先秦時的肅慎是其遠祖,戰國時的挹婁、南北朝時的勿吉、隋唐時的靺鞨、遼以及其後金、元時期的女真都屬於肅慎系統的北方少數民族。肅慎為中原民族對其的稱謂。

史籍認為,女真是靺鞨的其中一部,曾長期活動於今朝鮮與中國東北之間的邊境地帶。靺鞨意為森林中人,唐朝時臣屬於渤海國,之後該部中的一些族群組成立了以「五國」著稱的部落聯盟,活動於今吉林省的東北部。靺鞨的另外一部分被稱為「黑水靺鞨」,居住於黑龍江中下游地區。女真人的第一代祖先即源於黑水靺鞨。五代時,契丹人稱黑水靺鞨為女真,從此女真代替了靺鞨,遼朝時因避遼興宗耶律宗真的名諱曾一度稱「女直」。總之,女真民族基本上形成於唐代,稱謂始見於唐初。它是個尚武、富有戰鬥性的民族,史上有「女真不滿萬,滿萬不可敵」的說法。

契丹天顯元年(926年),遼太祖耶律阿保機滅渤海國,部分女真人隨渤海人南遷至遼陽一帶,被編入遼朝的戶籍,稱為「熟女真」。寧留居故地的女真諸部落,未入遼籍,被稱為「生女真」。

生女真人又分為「不相統屬」(不同宗族)的多個部落,散居於松花江、寧江沿岸及附近的山谷之中,從事漁獵和農耕。每個部落大者數千,小者千戶以下,其中以居住於按出虎水(簡稱虎水,今阿什河,黑龍江阿城境內)一帶的完顏部最為強大。按出虎水意為「金」,完顏部居於虎水的上游,故該地名為金源,後來完顏部建立王朝取名「金」即源於此。

完顏阿骨打就出生在這樣一種環境。遼咸雍四年(1068年),他生於

完顏阿骨打
金太祖

虎水。其曾祖完顏石魯、祖父烏古廼、父親劾里鉢、叔父盈歌均為完顏部的首領，受封遼生女真部族節度使一職，母親為翼簡皇后（追諡）拿懶氏。據說在阿骨打出生前，曾多次有五色雲氣出現，形狀如圓形的大穀倉，遼國的司天（主管觀星相的官吏）孔致和私下對人說：「這片五色雲氣下面要誕生不同尋常的『異人』，創建非同尋常的基業。老天用天相來告訴我們，不是人力所能左右的。」不久，完顏阿骨打出生。

阿骨打幼年時就力大無比，「甫成童，即善射」，一個人的力氣能抵得上一群孩子。一天，阿骨打與幾個孩子發生爭執，動起了拳腳，其父劾里鉢非但沒有責備，反而讓他坐在自己的腿上，撫摸著他的頭說：「此兒長大，吾復何憂？」後來劾里鉢臨終時交代：「惟此子足了契丹事。」

阿骨打不僅氣力過人，而且武藝精湛，尤善射術。一次，遼國來的使臣見他手持弓箭，頗有幾分鄙夷，說：「你射隻鳥給我看看」。阿骨打聽後張弓搭箭，連射三發皆中，驚得遼國使臣連連稱之為「奇男子」。這年阿骨打只有十歲。又一次，阿骨打隨父到紇石烈部的活離罕家做客，大家來到甑房外，有人提議比試一下箭法，指明一個山丘，說看誰能把箭射到山丘跟前，眾人大多都射不到，這時阿骨打拉滿弓，將箭矢一下子射到了山丘的背面，引得眾人驚呼！就連號稱最善於遠射的宗室子弟謾都訶，所射出的箭也距阿骨打的差了一百步遠。

阿骨打漸漸長大，身高八尺，狀貌雄偉，舉止端重，沉毅寡言，心懷大志。他經常隨父親出征，在圍攻窩謀罕時，他身著短甲，不戴頭盔，馬不披胄，在陣前發號施令，初露鋒芒。之後，他又戰麻產，伐跋忒，征留可，平叛蕭海里，屢立戰功，威望日增，成為生女真部族中的重要戰將。

遼國人看出了阿骨打身上所蘊涵的巨大潛能，意識到他將來會成為遼國的大敵，幾次想加害於他，但考慮到與女真的關係，沒能下手，使阿骨打幾次躲過劫難，同時也給遼國留下了隱患。一次，阿骨打到遼國朝覲遼道宗，閒來與一位遼國的權貴下棋，權貴走錯一步，要反悔，阿骨打不允，權貴再三糾纏，兩人發生了口角，阿骨打欲拔出佩刀砍殺權貴。

與他同來的女真名將悟室剛好在身邊，他按住阿骨打的刀鞘，阿骨打沒法拔出佩刀，便隨手用刀柄撞擊權貴的胸部。遼道宗知道後勃然大怒，大臣們乘機添油加醋，勸遼道宗殺掉阿骨打，遼道宗說：「吾方示信以懷遠方，不可殺也。」意為我們契丹國以誠信明示天下，不能亂行殺戮，使得阿骨打躲過一劫。

天慶二年（1112 年）春，遼天祚帝前往混同江（即松花江）釣魚，駐蹕春州，境外諸女真首領在千里以內的，照例都要前來朝覲。遼廷設「頭魚宴」，酒至興頭，天祚帝在殿前欄杆據高俯瞰，命諸首領依次起舞。首領們只得從命，唯有阿骨打堅決推辭說不會。天祚帝再三勸諭，阿骨打就是不肯。天祚帝生氣地對身邊的大臣蕭奉先說：「阿骨打意氣雄豪，顧視不常。」想藉口邊境事務殺了他，免得將來有後患。蕭奉先忙說：「他是個粗人，不懂什麼禮義，況且又沒犯什麼大罪，我們無故殺他，會造成不好的影響，打擊女真諸部歸化的熱情。若阿骨打膽敢叛逆，他那蕞爾小國能有什麼作為呢？」天祚帝聽後作罷。

女真完顏部雖不系遼籍，但名義上首領要受遼封。生女真雖名為遼朝屬部，實則在遼與高麗之間叛服不定。作為遼的屬部，女真諸部每年要向遼國納貢，包括當地出產的人參、貂皮、名馬、蜜蠟、麻布等等，還有一種叫「海東青」的獵鷹，生性兇殘，善擒天鵝，「飛放時，旋風羊角而上，直入雲際」，因產自海東地區，呈青色，故名。遼人素來有用鷹狩獵的喜好，而且這種鷹能捕獲當地一種以蚌為食的天鵝。這種天鵝在北方的嚴寒季節能破冰入海，捕蚌取珠。蚌內的珍珠大如彈子，晶瑩潤潔，品相甚佳。每年八月十五，風清月明的夜晚正是捕蚌的大好時機。北方冬天來得早，九、十月間，海邊的冰凍已達一尺有餘，人們再無法破冰入海捕蚌。唯有這種天鵝能捕食珠蚌，並將珍珠藏於嗉（鳥類體內儲存食物的部分）內。而「海東青」能擊殺天鵝，並從其嗉內取珠。這種被稱作「北珠」的珍珠在遼、宋間的榷場貿易（與鄰國交易的市場）中十分搶手，貴婦人都以配飾「北珠」為時尚，以致其價格高昂。

遼朝宮室為了獲取「海東青」，在強令女真人進獻的同時，還經常派使

完顏阿骨打
金太祖

者經過女真諸部到海東地區強索，遼人稱之為「鷹路」。這些使者專橫跋扈，胡作非為，還要擇女「薦枕」（侍寢），甚至連部落的貴婦也不放過，使得女真與遼國的矛盾日趨尖銳，在女真人中蘊涵著很強的反遼情緒。

前赴後繼
建立大金

女真原本是個邊陲小族，民族意識及架構初步形成，自身實力很弱，長期依附並聽命於遼國以致遭受壓迫和欺辱，似乎是天經地義的事情。它的組織結構鬆散，各部族間沒有統一的隸屬和指揮，彼此間缺乏團結與信任，爭執、仇視、打鬥以及殺戮等時有發生，在外人看來，它是一個很不起眼的民族。

這種狀況到了阿骨打的祖父烏古廼擔任完顏部落首領時得到了改善。烏古廼是金昭祖（追諡）完顏石魯的長子，完顏部的第六代掌門人，他有頭腦、有膽識、為人寬宏、大度。他繼位後，征服了白山、耶悔、統門、耶懶、土骨論五部，實力逐漸增強。在此後的二三十年間，他採取恩威並施的策略，征了大部分「生女真」部落，包括遠在長白山和石罕水（即黑龍江）的部族。他意識到要實現女真部落的統一，單純依靠自己以及完顏部的力量是不夠的，必須充分利用遼作為宗主國的地位和影響。他與遼國改善關係，當女真部落不聽話，就假借遼國的名義征討，或將其首領交予遼國處置，罪名是「阻斷鷹路」、「拒交逃到女真的遼人」等等。他先是借遼人之手除掉了與完顏部作對、製造「奪棺之恥」的孩懶水烏林答部的石顯，後又自告奮勇擒獲了蒲聶（又稱盆奴里）部的拔乙門，獻給了遼國。這樣做既可以避免女真人對他產生不滿，又可以贏得遼國的信任。咸雍八年（1072年），盆奴里國的抹撚部（亦有稱沒拈部）首領謝野因不堪忍受遼國的壓榨而起事，打跑了遼國的護衛，打傷了遼國的銀牌天使，即出使到女真的遼國官員。遼道宗命烏古

廼平亂，烏古廼接到諭旨後心生忌憚，因為抹撚是個很強悍的部族，其後阿骨打伐遼、金兀術伐宋，再其後清軍入關，都是以抹撚部為先鋒。但烏古廼顧不得那麼多了，他選擇精兵強將，出兵討伐，憑藉他身先士卒、浴血奮戰，也由於抹撚部的傲慢輕敵，再加上天助的偶然因素，打敗了抹撚部。但由於鞍馬勞頓，他在班師途中病倒，兩年後逝世，享年五十四歲，後追諡為景祖。

烏古廼死，阿骨打的父親劾里鉢繼位。女真並未實行中原政權的嫡長繼承制，而是重能力不重排序。烏古廼認為長子「劾者柔和，可治家務」，次子「劾里鉢有器量智識，何事不成」，三子「劾孫亦柔善人耳」，因此，他傳位給了劾里鉢。劾里鉢剛一繼位就受到其叔父跋黑的發難，跋黑企圖另立山頭，誘使完顏部眾跟隨他而去，並挑撥周邊部落與完顏部開戰。劾里鉢對部眾採取了去留自由的態度，並積極做好作戰準備。出走的部眾識明真相，同時被劾里鉢的為人所打動，紛紛回歸，從此完顏部更加團結、有凝聚力。完顏部經過征伐，大部分生女真部落歸附，但還有桓赧、散達、烏春、窩謀罕等部落不服管束，跋黑挑動其中的三部，組成聯軍對完顏部進行南北夾擊，桓赧、散達在南，烏春於北。北軍遇到結冰、大雨無奈退兵，劾里鉢遣弟弟頗剌淑迎戰南軍，兵敗，劾里鉢前往救援，避實就虛，大敗兩部。

劾里鉢並不想擴大事態，望求和解，但桓赧、散達提出要以完顏部的兩匹良駒大赤馬和紫騮馬作為交換的條件，這讓視寶馬為生命的完顏人無法接受。於是，擺在劾里鉢面前的只有拚死一戰。桓赧、散達部來攻，人多勢眾，氣勢洶洶，劾里鉢遣頗剌淑求援於遼，遂率眾出兵。面對來敵，完顏部眾不免面有懼色，劾里鉢令士卒脫下盔甲稍作休息，以清水洗面，使大家的心情沉靜下來，抖擻精神。劾里鉢悄悄對五弟盈歌說：「今天作戰，取勝則好，萬一不勝，我肯定活不了。你今天乘馬在遠處觀望，不要參與，如果我戰死，你不用為我收拾屍骨，也不用顧及親人，趕快騎馬去告知你哥哥頗剌淑，去請遼國出兵為我報仇！」言罷，他袒露臂膀，不著鎧甲，帶頭沖入敵陣，部眾見狀，個個勇猛無比，奮勇殺敵，將聯軍打得丟盔卸甲，武器、輜重散落荒野。之後，烏春部又來攻，

劾里鉢再派頗剌淑出戰，大勝。窩謀罕見大勢已去，向完顏部投降。劾里鉢亦由於征戰辛勞，於班師途中病倒去世，終年五十四歲，後追諡為世祖。

劾里鉢似乎有預知未來的能力，臨終前他妻子心情悲傷，淚流不止，他對妻子說：「你別哭，你會在一年後與我重逢。」頗剌淑問及後事，他說：「你三年後將隨我而去。」弄得二人哭笑不得，誰料一年和三年後果真應驗。頗剌淑死，盈歌繼任部落長，他繼承父兄的遺志，繼續完成女真的統一。

當時女真還是在遼國的統轄之下，征服一些小的部落，遼國可以不過問，但兼併大的部落，遼國就不能坐視不管。盈歌意在兼併人口眾多的紇石烈部，但又找不出恰當的理由。正巧，其下屬的一個小部落因遼國使者胡作非為而阻斷了「鷹路」，殺了遼國使者。遼帝很惱火，授意完顏部平亂，這下正中盈歌下懷，可以名正言順地討伐紇石烈部了。他組織人馬，採取突襲的策略，大獲全勝。這時紇石烈部的一個叫阿疏的首領逃到了遼國，對遼道宗說，現在完顏部日益強大，如果讓它滅掉紇石烈部，遼國將難以駕馭，對天朝極為不利。遼道宗聽後派出使臣，要求雙方休戰，讓完顏部歸還紇石烈部的人口、牲畜和財物等。盈歌自然不願遵從，但他表面上卻滿口答應，對使臣說，你們遠道而來，非常辛苦，在這住些日子，好好享受享受。於是，整日酒肉、美女伺候。沒兩日突然有人來報，說又有兩個部落阻斷了「鷹路」，盈歌讓遼國使臣照吃照喝，自己領兵前去征討，很快便平息了事態。遼國使臣非常滿意，不再提及歸還人口、財物的事。當然，這些都是盈歌的一手安排。盈歌在位九年，基本上實現了生女真各部的統一，領土北到今黑龍江北岸、東達日本海、東至鴨綠江圖們江流域，組成了部落聯盟，盈歌任聯盟長。他也是因為作戰拚殺疲憊而死，時年五十一歲，後追諡為穆宗。

盈歌死後其侄、劾里鉢的長子、阿骨打的長兄烏雅束繼任聯盟長。此時完顏部已相當強大，在聯盟中的地位穩定，烏雅束在位期間主要發動了對高麗的征討。原來高麗與女真的關係很好，流亡的阿疏曾煽動東南邊

境的曷懶甸部鬧事，曷懶甸人將阿疏趕跑，將鬧事的人交給了女真。曷懶甸部當時屬高麗管轄，隨著女真的強大，曷懶甸部及其他一些部落都想歸附女真，於是，高麗與女真便產生了矛盾。高麗派使者到女真部進行交涉，不久，高麗、女真和曷懶甸部在高麗舉行了三方會談。會談期間，高麗不顧部族間交往的道義，將曷懶甸的首領和代表抓了起來，並扣留了女真的十四名團練使作為人質，隨即又出兵攻打駐守在曷懶甸的女真軍隊，女真派大將石適歡迎擊，兩次大敗高麗軍隊，將其趕回了本土，並重新劃定了邊境。高麗不甘於就此失去對曷懶甸的宗主地位，按雙方約定在邊境交接逃犯時竟殺了女真使者，出兵曷懶甸，建起了九座城，用作防衛，屯兵數萬，要與女真一決雌雄。該如何面對高麗的攻擊？女真內部產生分歧，一些人認為曷懶甸畢竟原來是高麗的轄地，與其發生爭執遼國會出面干涉：「不可舉兵也，恐遼人將以罪我。」這時阿骨打站了出來，他力排眾議：「若不舉兵，豈止失曷懶甸，諸部皆非吾有也。」烏雅束聽取了阿骨打的意見，派大將完顏斡賽率軍迎擊高麗。高麗兵敗，幾個月下來只得割地、毀城、請和。衝突期間遼國始終沒有出面干預，高麗曾向遼國求援，請其主持公道，但遼國完全是一副事不關己的態度，沒有履行宗主國的職責，暴露出其軟弱無能的狀況。烏雅束因病而死，享年五十三歲，後追諡康宗。

接下來就該輪到阿骨打繼位了。我們講了他多位前輩及前任，說明完顏部及女真部落聯盟由小到大、從弱變強，經歷了一個長期的過程，經過數輩人的艱苦努力，阿骨打是在前輩及前任奮鬥與拚殺的基礎之上，乘勢而進，創造了輝煌。金國對於建國前先帝的追諡，在歷朝中可能是最多的，其他朝代追諡的多為開國皇帝的父輩，主要源於血親，而非出於功績。金國追諡的則全為金國的開創者和奠基人，而且幾乎無一例外的是因為征戰而死，這一方面說明金國的勝利來之不易，另一方面則說明金國非常尊重歷史，尊重歷史先賢所做出的貢獻。

阿骨打自小就跟隨父兄四處征戰，屢立戰功，展現出很高的軍事才能。他作戰勇猛，指揮若定，打贏了不少以少勝多、以弱克強的戰事，在軍中享有很高的威望，也為日後戰勝遼國積累了經驗。盈歌在位時，他受

完顏阿骨打
金太祖

遼帝之命募兵討伐遼叛將蕭海里，募得士兵千餘人。此前女真的隊伍從未超過千人，擔任主將的阿骨打充滿信心，還說：「有此甲兵，何事不可圖也！」在混同江畔，完顏軍與蕭海里軍相遇，遼派來的幾千人馬也趕到。遼軍久攻蕭海里軍不下，阿骨打請遼將退兵，自己帶領部隊發起攻擊，他策馬揮槍突入敵陣，大敗其軍。通過此戰，阿骨打看清了遼軍的虛實，其貌似強大，內部早已腐敗不堪，心中遂生出取而代之的想法。

阿骨打在政治上也頗有見地。康宗七年（1109 年），女真境內發生飢荒，不少流民餓死，有些人做了盜賊。完顏的元老歡都等人主張嚴厲執法，為盜者皆殺之。阿骨打說：「以財殺人，不可！財者，人所致也。」遂減盜賊徵償法為徵三倍，即按所盜財物價值的三倍賠償。當時民間多有負債逃亡者，即使賣掉妻兒也難以償還，烏雅束和官署合議，阿骨打則在外庭把帛（一種紡織物）系在棍子的一端，向眾人揮舞，命令道：「現在窮人無法養活自己，要賣掉妻兒還債。骨肉之情，人皆有之。從今起三年不徵稅，三年後再慢慢商議。」眾人聽了他的話都感動得哭了，從此，他成為遠近民眾的人心所向。

隨著女真的強大和遼國自道宗、天祚帝以來的衰敗，阿骨打已經不再需要像父輩及長兄那樣謹小慎微、委曲求全了，他一方面積極整軍備戰，修繕要道，構築城堡，鍛造兵器，積蓄糧食；另一方面多次派使者前往遼國索要叛逃的阿疏，藉此打探遼國的虛實，同時繼續保持對遼國的貢奉，賄賂遼國權貴，以麻痹對方。

阿骨打的舉動引起了遼國的警覺，他們派使者前來質問，阿骨打說：「設險自守，又何問哉！」不久遼國又差使責問，阿骨打義正辭嚴，說：「我們作為小國，侍奉大國不敢廢棄禮儀。但大國不施德政，包容叛逃的人，姑息豢養小人，我們能沒有想法嗎？若將阿疏交還給我們，我們仍將繳納朝貢。若仍然放縱逃賊，難道我們還能束手接受管制嗎？」阿骨打的一番話明確表達了對於遼國的不滿和女真人的態度，女真不再甘於忍受遼國的欺辱和壓迫，要與遼國平起平坐，甚至取而代之。遼國察覺到了阿骨打的轉變，遼天祚帝特命統軍蕭撻不野領契丹、渤海兵八百人進駐

寧江州駐防，以應對可能來自阿骨打的威脅。

寧江州（今吉林扶餘伯都納古城）地處遼直轄區的邊境，是遼控制女真等部的軍事重鎮。這裡原設有権場，即市易的場所，遼人在此對女真人欺行霸市，巧取豪奪，稱之為「打女真」。阿骨打將寧江州作為反遼的首戰場，因為不僅其戰略地位重要，而且能激起女真人反遼的情緒。阿骨打遣僕聒剌以索要阿疏為名打探敵情，僕聒剌回報：「遼兵多，不知其數。」阿骨打說：「他們剛開始調兵，怎麼一下能聚集那麼多兵力？」又遣胡沙保前往，胡沙保回報：「只有四院統軍司、寧江州軍隊和渤海軍的八百人而已。」阿骨打曰：「果然像我說的。」遂對諸將說：「遼國人知我舉兵，調集軍隊防備，我們必須先發制人，不要先被人所制。」眾人讚同。

遼天慶二年（1112 年），阿骨打起兵，以完顏銀術可、完顏婁室等為將，又派人召集移懶路迪古乃的士兵以及斡忽、急賽兩路遼籍女真人共同舉兵。九月，諸路兵馬會於來流水（今拉林河），共二千五百人。戰前舉行誓師大會，阿骨打列舉了遼國的種種罪行：「我們世代侍奉遼國，謹慎、恭敬，按時納貢，平定烏春、窩謀罕的叛亂，打敗蕭海里兵。有功勞他們看不到，反而不斷侵犯和侮辱我們。罪犯阿疏逃到遼國，與之屢次交涉卻不遣還。今天，我們將向遼國興師問罪，蒼天大地會保佑我們。」阿骨打進一步激勵參戰將士：「你們同心盡力，奮勇殺敵，有功者，奴婢轉為平民，庶人提升為官，有官職的升級晉爵，全視功勞大小而定。如有違誓言，將梃杖而死，家屬也不赦免。」

此時，遼天祚帝正在慶州出遊打獵，得知阿骨打起兵的消息，忙派遣海州刺史高仙壽統領渤海軍前去救援。女真軍剛進入遼境，便遭到攻擊，眾人稍有退卻，敵軍徑直向中軍襲來。阿骨打很快穩住了陣腳，指揮部隊展開反擊，他身先士卒，衝入敵陣，一舉射殺了遼軍主將耶律謝十，繳獲其戰馬。遼主將一死，士卒頓時亂了方寸，自相踐踏而死十之七八，阿骨打軍大勝。當時女真國相撒改不在現場，阿骨打派人將勝利的消息告之，並將繳獲耶律謝十的戰馬送上。撒改派其子完顏宗翰、

完顏希尹前來祝賀，並向阿骨打勸進就此建國稱帝。阿骨打拒絕，曰：「一戰而勝，遂稱大號，何示人淺也。」可見阿骨打的深謀遠慮和遠大的志向。

阿骨打挾大勝之威進軍寧江州，當時城中僅有八百守軍，按說應據守待援，可他們偏不自量力，主動出城迎戰，結果被阿骨打率部斬殺殆盡。十月初，阿骨打攻克城防，擒獲遼國防禦使大藥師奴，阿骨打並未殺他，而是讓他去招撫遼人，同時派人去招撫契丹境內的渤海人，說：「女直、渤海本同一家，我興師伐罪，不濫及無辜也。」同時，派完顏婁室去招撫遼國境內的熟女真部落。

寧江州戰役的失利使遼天祚帝大為震驚，他召集群臣商議，從各路調集十萬兵馬，由都統蕭嗣先、副都統蕭撻不也出兵河店（今黑龍江肇源西北），欲從鴨子河（今松花江）北岸進攻女真軍，一舉消滅阿骨打。當時，阿骨打只有三千七百人，雙方實力對比是一比三十七。阿骨打用女真人所信仰的薩滿教夢卜之說（根據夢境占卜）鼓舞軍心，對手下將士們說：「我剛躺下，就有人搖我的頭，如此一連三次，我得到了神的暗示，說我們連夜出兵，必能大獲全勝，否則將有滅頂之災！」將士們聽後都鼓起了勇氣，頂風冒雪趕赴出河店。第二天拂曉，向遼兵發起攻擊，遼兵做夢也想不到阿骨打的軍隊能來得如此之快，結果措手不及，很快潰敗。女真軍繳獲了大批輜重、車馬、武器和糧草，收編遼國的俘虜，招降了兀惹、奚人等部族，人馬擴展到萬人。此乃中國戰爭史上以少勝多的典型戰例之一。隨後，女真軍又相繼攻佔了賓（今吉林農安紅石壘）、祥（今吉林農安境）、咸（今遼寧開原老城）等州。

遼天慶五年（1115 年），完顏吳乞買、完顏辭不失等文武百官上書，請阿骨打建號稱帝，阿骨打仍表示拒絕。不久，完顏宗老、聯盟重臣阿離合懣、蒲家奴、宗翰等人再次向阿骨打勸進，曰：「今大功已建，若不稱號，無以系天下心。」阿骨打思索再三，終於接受了臣屬的請求，詔令天下，正式稱帝，定國號金，建元收國，定都都會寧（今黑龍江哈爾濱阿城區）。關於大金的國號，史書一般認為取自完顏的發祥地，

但還有另一種說法，阿骨打曾言：「遼以賓（鑌）鐵為號，取其堅也。賓（鑌）鐵雖堅，終亦變壞，惟金不變不壞。」故名，同時昭示了阿骨打滅遼的決心。

建綱立制
攻滅遼國

阿骨打於收國元年（1115 年）正月初一建國，初五就親率大軍進攻遼國的北方重鎮黃龍府（今吉林農安）。「出其不意」、「兵貴神速」，是阿骨打最突出的軍事理念。遼國忙派遣都統耶律訛里朵、左右副統蕭乙薛、耶律張奴、都監蕭謝佛留統騎兵二十萬、步兵七萬趕赴黃龍府西北的軍事要地達魯古城（今吉林扶餘土城子）迎擊阿骨打。阿骨打在攻克黃龍府周邊的益州城（今吉林農安小城子）後，轉赴達魯古城。在寧江州西，遇遼國使者僧家奴前來講和，阿骨打嚴辭拒絕，遼、金之間的惡戰在所難免。

金軍進逼達魯古城，與遼軍的實力仍相差懸殊。為了鼓舞士氣，阿骨打再次借用神靈的力量。金軍在進軍途中，見一圓形的火球從空中墜落，阿骨打對將士們說：「這是吉祥的徵兆，是上天在幫助我們！」於是，率眾對天參拜。金軍將士受到鼓舞，士氣倍增。臨近達魯古城，阿骨打登高觀察敵情，見城中的遼兵密密麻麻，陣容龐大，「若連雲灌木狀」。阿骨打對將士說：「遼兵心二而情怯，雖多不足畏。」他讓完顏銀術可居高佈陣，同時，急召女真「戰神」完顏婁室從咸州趕來參戰。

次日，阿骨打指揮部隊搶佔高地，令完顏宗雄（烏雅束之長子）率右翼部隊先出，攻擊遼之左軍。隨後，又命左翼迂迴至遼軍陣後，再以完顏婁室、完顏銀術可率部直衝遼軍中堅。遼軍依仗人多，奮力抵抗，戰鬥異常激烈，完顏婁室等人九次陷入遼軍重圍。兩軍相爭勇者勝，阿骨打派長子完顏宗幹衝擊遼軍，以分解其陣勢，再令取勝的完顏宗雄協助左

軍出擊，與完顏婁室對數十倍於金軍的遼軍形成夾擊之勢，結果遼軍潰散，退入城內。第二天黎明，遼軍突圍北逃，金軍追擊，至阿婁岡，盡殲遼軍步卒，得遼軍兵器、輜重及耕具無數。阿骨打論功行賞，對完顏宗雄和完顏婁室倍加讚賞，說：「我有英勇善戰的驍將若此，滅遼大業何愁不成？」

經寧江州、出河店、達魯古城三次大的戰役，女真軍殲滅了遼軍大批有生力量，自身實力得到加強。遼國多次遣使議和，均遭到阿骨打拒絕。此時，阿骨打的目標已經不僅僅是領導女真人實現民族獨立，而是要推翻遼國的統治，成為北方的霸主。

在軍事上取得節節勝利的同時，阿骨打對金國的內政做出了一系列改革。政治上確立「勃極烈」制。勃極烈即遼語長官的意思。阿骨打建國，並未像當年遼耶律阿保機一樣，仿照中原模式建政，而是在原部落聯盟的基礎上，進行改進，將原由都勃極烈、國相、各勃極烈參與的龐大議事會，改為由皇帝和少數國相級別的官員組成權力機構。阿骨打作為都勃極烈（相當於皇帝），是女真的最高統治者；其下設置四大勃極烈，分別為諳班勃極烈（相當於皇儲），由阿骨打的四弟完顏吳乞買（又名完顏晟）擔任；國論勃極烈（相當於國相），由阿骨打的堂兄完顏撒改（阿骨打大伯完顏劾者之子）擔任；阿買勃極烈（相當於國相的第一助手），由阿骨打堂叔完顏辭不失擔任；昊勃極烈（相當於國相的第二助手），由阿骨打五弟完顏斜也（又名完顏杲）擔任。後又增設國論乙室勃極烈，由阿骨打的叔叔阿離合懣擔任，負責管理對外事務。這種設置，看上去仍保留原古老議事制、推舉制的痕跡，實際上已轉化成為輔佐皇權的施政機構，為全國最高的行政管理中樞。通過這一改革，皇權得到極大的加強。

法律上實行「刑、贖並行」的原則。金初還沒有制定完備的法律，只頒佈了幾個法令。庶民犯罪應為奴隸者，可以用財物贖免。重刑犯也可以自贖，但要被削去鼻子或耳朵，以示不同於平民。同時，「掘地深、廣數丈」作為監獄，以囚禁罪人。

軍事上仍沿用猛安謀克制。猛安即部落，謀克為氏族，猛安謀克即女真兵農一體化的社會組織形式，平時漁獵、農耕，戰時征伐。但原來是以血緣為紐帶，以古老的部落、氏族為單位，現改由國家統一進行編制。佔領遼東地區後，在遼東設置南路，咸州地區設咸州路，各路設都統或軍帥，統領當地軍兵。勃極烈為軍隊的最高統帥，遇有戰爭，直接任命國論忽魯勃極烈，統領軍隊作戰。

文化上創製女真字。女真原來沒有文字，與鄰族交往，都是借用契丹的文字。阿骨打任命歡都之子完顏希尹，依據由漢字改製的契丹字，拼寫成為女真語，創製成女真字。金天輔三年（1119 年）正式頒佈實行，作為金國的官方語言。

外交上與遼交惡，但對宋則比較和善。其二子完顏宗望曾說：「太祖止我伐宋，言猶在耳」。當宋以「海上之盟」求燕京（今北京西南）及西京（今山西大同）地，曾有大臣勸阿骨打不要歸還燕雲十六州，但阿骨打還是如約歸還了其中的燕京、涿州、易州、檀州、順州、景州、薊州。其中景州雖在長城之內，但並不屬於石敬瑭割給遼的燕雲十六州之一。

阿骨打對遼黃龍府的圍攻在緊鑼密鼓地進行。黃龍府（今吉林農安）號稱契丹東寨，遼之銀府，不但是遼廷聚斂財稅的府庫，而且是遼國轄制渤海、女真、室韋諸部的軍事重鎮。阿骨打要推翻遼朝，取得戰略上的主動權，必須首先要攻佔此城。因為其戰略地位重要，遼國設重兵佈防，城池堅固，易守難攻。為了攻下此城，阿骨打採納完顏婁室「圍點打援、掃清周邊」的建議，先行掃除其附近的城堡，以切斷其外援，使其成為一座孤城。完顏婁室和完顏銀術可率部多次阻截了遼國派來的援軍。黃龍府守將耶律寧惶惶不可終日，阿骨打在圍困黃龍府近四個月後，親自率部渡過混同江，向黃龍府發起攻擊，經過幾場激烈的戰鬥，耶律寧見據守無望，棄城而逃，金軍佔領了黃龍府。戰後，完顏婁室考慮到其戰略地位重要，主動請求駐守。阿骨打應允，封完顏婁室為侯，完顏婁室也因此而成為金國的第一個萬戶侯。

黃龍府失守的消息傳到遼國，朝野為之震驚。天祚帝集結十多萬兵馬，

號稱七十萬，大舉伐金。金收國元年（1115年）十一月，天祚帝親率大軍進至駝門（今吉林長春以北），延綿百里，極具威勢，而阿骨打的軍隊只有兩萬人。阿骨打對此戰沒有把握，於是，召見各位將領議事，眾將一致認為：「遼兵號稱有七十萬之多，其鋒芒不容易抵擋。我軍遠道而來，人困馬乏，應該駐紮在這裡，挖深戰壕、壘高城牆來等待他們進攻。」阿骨打採納了眾將的意見，命迪古乃、銀術可鎮守達魯古城，修築堡壘，挖掘壕溝，避免與遼軍進行正面衝突。為了激勵金軍對敵作戰的勇氣，阿骨打用刀子劃破前額，仰天大哭，對將士們說：「當初，我領你們起兵，是為了不再受遼國欺壓，讓女真人擁有自己的國家。不想，天祚帝不肯容我，親自來征討。現在只有兩條路，一是拚以死戰，轉危為安；另一是抓我一個，獻給遼主，殺我一族，投降契丹，或許能轉禍為福。」將士們聽罷無不泣下，發誓與遼軍決一死戰。雖然這不可考究，但看得出阿骨打的決心。

天祚帝本想率領遼軍一舉消滅阿骨打，可偏偏在這個關鍵時刻上遼軍內部突生事變，遼御營副都統耶律章奴率兵叛奔上京（今內蒙古巴林左旗東南波羅城），欲擁立耶律淳為帝。這下子讓天祚帝進退失據，只能先去平定叛軍，暫時放棄攻打阿骨打。阿骨打擒獲遼軍督運糧餉的軍士，得知天祚帝已向西還朝，急忙召集眾位將領商議，眾將們一致認為現在遼主撤軍，可以乘勢追擊。然而阿骨打卻說：「敵人在的時候我們不去迎戰，人家離開了我們卻去追，難道我們要以此為勇嗎？」眾將聽後個個羞愧難當。可阿骨打卻話鋒一轉，說：「如果去追，能夠大獲全勝，那自然好了。」眾將們這才明白阿骨打是在激勵他們，於是爭先恐後，追擊百餘里，終於在護步答岡追上了遼軍。只見遼軍旌旗如雲，人數遠超於金軍。阿骨打說：「我看遼中軍實力最強，遼主肯定就在中軍，只要我們集中兵力擊敗它，這場勝利就一定屬於我們！」金軍將士按照部署，集中兵力猛攻其中軍，個個奮勇，人人爭先，殺得遼軍大敗，士兵們互相踩踏，死者不計其數。天祚帝驚慌失措，狼狽逃竄，一路跑到廣平澱行宮，才算是保住了性命。遼國駙馬蕭特末等人也焚燒了營盤（軍隊駐地）逃跑。阿骨打大勝班師回朝。這一戰，金軍繳獲遼軍糧草、馬匹、軍器無數，遼國元氣大傷，稱雄北方二百餘年的龐大帝國，再無力

抵抗金軍的進攻。

天輔元年（1117年），國論昊勃極烈斜也領金兵一萬攻取泰州，完顏斡魯古等攻佔顯州，乾、懿、豪、徽、成、川、惠等州相繼投降。宋朝派使臣到金營，相約夾攻遼國。遼國多次派使臣前來議和，天輔三年（1119年），遼太傅習泥烈帶著冊文而來，封阿骨打為「東懷國皇帝」，阿骨打不允，對群臣說：「遼人屢敗，遣使求和，只飾虛辭，作為緩兵之計，當議進討。」天輔四年（1120年），阿骨打領兵攻陷了遼國的都城上京。

天輔五年（1121年），阿骨打以忽魯勃極烈完顏斜也為內外諸軍都統，完顏昱（劾者弟、劾孫之子）、宗翰（撒改長子）、宗幹（阿骨打庶長子）、宗望（阿骨打次子）為副，統領金軍向遼大舉進攻。阿骨打說：「遼政不綱，人神共棄。今欲中外一統，故命汝率大軍以行討伐。」在兩年時間內，金又相繼攻陷了遼國的中京、西京和南京，招降了天德、雲內、寧邊、東勝等州，擒獲了逃到遼朝的紇石烈部長阿疏。天祚帝逃入夾山，遼國已名存實亡。

天輔七年（1123年），阿骨打領兵返回上京，途徑部堵濼西行宮，突然病倒，不久不治身亡，終年五十六歲，諡號武元皇帝，廟號太祖，葬於睿陵（位於今哈爾濱阿城區）。據金史專家介紹，阿骨打的陵墓共有三處，初葬上京會寧府北城外，稱睿陵；皇統（金熙宗年號）年間改葬胡凱山，稱和陵；貞元（金海陵王年號）年間又改葬中都（今北京西南）大房山，仍稱睿陵。最後要說一句，阿骨打死後的第二年（1125年），遼國滅亡。阿骨打死後的第四年（1127年），金擄宋徽、欽二宗北上，北宋滅亡。

元太祖

鐵血復仇的
鐵木真

1206-1227

鐵木真是大蒙古國的創建者，中國元朝的奠基人。

說起鐵木真，可能有人還不一定熟知，但要說到他的尊號成吉思汗，「一代天驕」，就如雷貫耳、耳熟能詳了。他及他的家族歷經磨難，險象環生，幾近絕境，稱汗後他復仇雪恥，率眾統一蒙古諸部，建立大蒙古國，即皇帝位。他多次發動內外戰爭，剿滅泰赤烏、蔑兒乞、塔塔兒以及金、西夏、花剌子模等，建立起自東亞，西至中亞、東歐黑海海濱的龐大帝國，被譽為世界上偉大的軍事家和政治家。

元太祖鐵木真像

歷經磨難
巨人誕生

鐵木真的全名叫孛兒只斤鐵木真，說他之前要先說一下蒙古族及元朝。
蒙古族是居於中國北方草原的少數民族，源自東胡的一支，《史記》載：
「在匈奴東，故曰東胡。」即包括同一族源、操不同方言、各有其名號
的大小部落的總稱。公元前五至前三世紀，東胡各部處於原始氏族社會
的發展階段，過著「俗隨水草，居無常處」的生活。

蒙古人尊蒼狼和白鹿為先祖。這同許多草原民族一樣，有著圖騰崇拜的
意味，狼代表著勇猛、兇狠，鹿代表著靈巧、溫順，二者的結合，反映
出草原民族的特性。蒙古人認為蒼狼和白鹿奉上天之命降臨人間，渡過
騰汲思水，在斡瀾河源頭、不兒罕山前繁衍生息，逐漸孕育出自己的民
族。

蒙古族的真實起源，據十四世紀用波斯文撰寫的《史集》記載，他們於
八世紀被匈奴（契丹）戰敗，只活下來兩個男人和兩個女人。逃到叫「額
爾古涅昆」，即「險峻山坡」的地方，繁衍生息，世代相傳。此地即今
日的呼倫貝爾大草原及額爾古納河，是蒙古民族的發祥地。

公元十二世紀，蒙古人逐漸增多，分佈於今鄂嫩河、克魯倫河、土拉河
三河上游和肯特山以東一帶，組成部落集團。其中較為著名的有乞顏、
札札達蘭、泰赤烏、弘吉剌、兀良合等部。當時，同在蒙古高原遊牧的
還有在今貝加爾湖周圍的塔塔兒部，楞格河流域的蔑兒乞部，葉尼塞河
上源的斡亦剌部，這三部都使用蒙古語言。另外還有信奉景教但蒙古化
了的突厥部落，包括佔據回鶻汗庭故地的克烈部、乃蠻部和靠近陰山的
汪古部。

「蒙古」一詞是「忙豁勒」的音變，最早見於唐代，即新、舊《唐書》
中的「蒙兀室韋」。「蒙兀」是「蒙古」一詞最早的漢譯名，後來又有「蒙

鐵木真
元太祖

骨」、「朦骨」、「萌骨子」、「盲骨子」、「萌骨」等諸多譯名。

再說一下元朝,元朝是中國史上首次由少數民族建立的大一統王朝,在它之前,少數民族所建政權都是區域性的。元朝的紀年,史界一般以鐵木真建大蒙古國為始,於是,有些人便認為是鐵木真建立了元朝,實際上鐵木真所建的是大蒙古國,他死後又歷經監國拖雷、太宗窩闊台、昭慈皇后稱制、定宗貴由、欽淑皇后稱制、憲宗蒙哥等幾個階段,最後由拖雷的兒子、蒙哥的弟弟忽必烈創立了元朝,這跟後來清代紀年始自努爾哈赤建後金,由皇太極定立大清王朝的情況是一樣的。所以,在忽必烈建元之前,蒙古國並沒有年號,幾個皇帝,包括鐵木真的諡號和廟號都是後來追尊的。

回來說鐵木真。縱觀歷史,少數民族的政權的開國君主,包括大多數漢族政權的開國皇帝,幾乎都是豪強集團出身,經過數輩人不懈的努力,為政權的建立奠定基礎,他們再乘勢而上,開創基業。也就是說,其家族乃至宗族的勢力是非常強的。但鐵木真卻並非如此,他的家族勢力很弱,甚至支離破碎,幾次險些斷了根脈,幾輩人歷經坎坷,到鐵木真時才實現了強盛,這既說明了其政權來之不易,更說明了鐵木真的偉大與堅韌。

鐵木真屬於蒙古部落,他的十世祖叫孛端叉兒,孛端叉兒的母親叫阿蘭果火。阿蘭婚後生有兩個兒子,丈夫死,寡居,「夜寢帳中,夢白光自天窗中入,化為金色神人,來趣臥榻。阿蘭驚覺,遂有娠,產一子,即孛端叉兒也。」孛端叉兒相貌奇特,沉默寡言,家人皆說他癡,阿蘭說:「此兒非癡,後世子孫必有大貴者。」阿蘭死,他的兩個哥哥分家產時不給他,孛端叉兒說:「貧賤富貴,命也,貲財何足道!」於是,他獨自騎著一匹黑白相間的馬,來到一個叫八里屯阿懶的地方住了下來。他沒有食物,恰巧看見一隻蒼鷹在捕食野獸,孛端叉兒用繩子將鷹捕住並馴服,從此他帶著鷹四處獵食。就這樣生活了幾個月,遇上幾十家牧民從統急里忽魯草原逐水草而來,孛端叉兒蓋了間茅屋與他們同住,互相幫助,生活逐漸充足。一天,他二哥念他一人在外,會挨餓受凍,便找

到他並邀他回去。孛端叉兒在路上對哥哥說：「統急里忽魯之民無所屬附，若臨之以兵，可服也。」哥哥覺得有理，到家後選了一批強壯的漢子，讓孛端叉兒率領前去討伐，將那些牧民降伏。

孛端叉兒死後，其子八林昔黑剌禿合必畜嗣位，生了個兒子叫咩撚篤敦。咩撚篤敦的妻子莫拿倫生有七個兒子，丈夫死，寡居。她性格剛烈，一次，押剌伊而部族的一群孩子在草地上挖草根吃，正好讓莫拿倫遇上，她大吼道：「此田乃我子馳馬之所，群兒輒敢壞之邪？」她趕著牛車向孩子衝去，輾傷並撞死了好幾個孩子。押剌伊而人很憤怒，將她家的馬群全趕走了。莫拿倫的兒子聽到消息去追，都沒顧上穿鎧甲，莫拿倫擔心說：「吾兒不甲以往，恐不能勝敵。」忙讓兒媳們拿了鎧甲送去，但是晚了，六個兒子全被打死，她也被殺，被滅了全家。她唯一的長孫海都年紀尚輕，乳母將他藏在一堆木頭裡，才倖免一死。另外，莫拿倫的第七子納真在八剌忽部入贅為婿，也躲過了災難。納真聽到噩耗後急忙趕回家探望，見只有幾個生病的女人和海都還活著，不知如何是好。所幸押剌伊而人趕馬時，兄長的黃馬帶著套馬竿逃回，納真騎上黃馬，假裝成牧馬人到押剌伊而部去報仇。納真在路上遇見父子倆，認出他們騎的馬、臂膀上的鷹全是他哥哥家的，便跑上去搭訕，說：「你們有見到一匹赤色馬領著一群馬向東去嗎？」那年輕人說：「沒有」。年輕人反問：「你來的地方有野鴨子嗎？」納真答：「有。」年輕人說：「你能給我們當嚮導嗎？」納真答：「可以。」納真與年輕人走在前面，經過了一道河彎，離那個老者遠了，納真趁年輕人不備一刀將其砍死。拴好了馬和鷹，又跑去迎那位老者。老者問：「剛才那個是我兒子，他怎麼躺在地上？」納真說是因為他鼻子受傷了，說話間又將老者殺了。納真繼續往前走，來到一座山下，見有幾百匹馬，放牧的只是幾個孩子，正擲著幾塊動物骨頭玩。納真一看也是他哥哥家的東西，他登上山丘見四周無人，便把那幾個孩子全殺了，隨後趕著馬群、架著鷹回去，帶上海都和女人們到他岳丈家八剌忽住了下來。

海都稍長大，納真率八剌忽怯谷的百姓擁立他為首領。海都有王者之風，招募牧民，壯大部落，率兵攻打押剌伊而部，使之臣服。將營帳排列於

鐵木真
元太祖

八剌合黑河邊，跨河修了一座橋，便於往來，附近部族紛紛前來歸附。海都去世後，其子拜姓忽兒即位。

當時蒙古族處於分散、落後的狀態，部族大小不等，首領稱汗。汗即王或主的意思，繼承者並不一定是嫡親，以強悍和威望為先。幾經傳繼，到海都的曾孫、鐵木真的曾祖合不勒稱汗時，部落的實力漸盛。當時中國北方由金朝控制，金攻滅北宋，直搗臨安，因無暇北顧，合不勒脫金自立，拓土開疆，威勢日強，附近各族推舉他為首領，稱合不勒汗。金為緩解矛盾，邀合不勒入朝，酒席宴上他竟借著酒勁兒去捋金太宗的鬍鬚，引得金臣激憤。合不勒逃回駐地，金遣使誘降，他怒斬來使，整兵抗金。他多次擊敗金軍的入侵，並攻取金二十七團寨。金為全力攻宋，採取懷柔之策，封合不勒為蒙兀國王。合不勒有七個兒子，但他並沒將汗位傳子，而是傳給了堂弟俺巴孩。

合不勒生前曾因請塔塔兒部的薩滿（巫醫）給妻弟治病身亡而引發衝突，俺巴孩稱汗後為平息事態，答應將女兒嫁給塔塔兒一個部族的首領。在送親時塔塔兒人為報舊仇，竟將俺巴孩捆縛送給了金國。俺巴孩憤怒至極，在金地向遠處的隨從喊道：「回去告訴部落裡所有人，就算要把十指磨傷，五指磨光，也要給我報這血海深仇。」金帝將他釘在木驢上處死，此即專門為懲治遊牧犯人所設的極刑。

俺巴孩死後忽圖剌繼位，忽圖剌是合不勒的四子。他食量極大，氣力過人，據說一餐能吃一整隻羊，喝一桶馬奶。一次他狩獵，遭到蔑兒乞部的襲擊，他奮力逃脫，隨從沒跟上，結果馬陷泥潭，他踏上馬鞍跳出沼澤。部落人都以為他已死，準備處理後事，但他妻子堅信沒有什麼能置他於死地，結果他真的安然返回。他稱汗後發誓要為叔叔報仇，但他心裡明白，金朝統治北方，有百萬之兵，實力甚強，所以，不能正面交鋒，只能騷擾、偷襲，迫其講和。對塔塔兒則志在攻取，但塔塔兒也非等閒之輩，忽圖剌與之首領闊湍巴剌合、札里不花廝殺十三次，未能勝出。在征戰中，忽圖剌的侄子也速該嶄露頭角，驍勇無比，武力過人。忽圖剌年邁時也沒將汗位傳子，而是傳給了也速該。

也速該即鐵木真的父親，又稱也速該有拔都，即勇士的意思，他稱汗時自己還未成親，當時草原上有搶親的習俗，一次，在征伐途中遇到一支蔑兒乞迎親的隊伍，婚車上的新娘子長得漂亮，把他迷住。新娘子叫訶額侖，後來被稱作改變草原歷史的女人。也速該把她搶回家，做了自己的妻子。其後，率部併吞蒙古諸部，實力大長。在征討塔塔兒時，擒獲了其部落首領鐵木真兀格。恰巧於此時，他妻子訶額侖分娩生下了個男嬰，孩子出生時手握一塊凝血，猶如一顆紅色的寶石。男嬰即為鐵木真，他似乎從出生那一刻起，就註定了是個不凡的人。也速該異常興奮，將襁褓中的嬰兒舉過頭頂，高聲喊道：「我們蒙古部落後繼有人了！」給嬰兒起個什麼名字呢？因為剛剛俘獲了鐵木真兀格，就叫「鐵木真」吧！一則他與勝利同到，二則蒙古人崇拜威猛的壯士，即便是自己的對手，「鐵木真」在蒙古語中有化鐵為鋼或百煉成鋼的意思。這一年為宋紹興三十二年（金大定二年，1162 年）。

大難不死
玉汝於成

鐵木真的降生給家庭帶來了歡樂，也為也速該對外征戰、統一蒙古諸部增添了動力。也速該與訶額侖共生有四兒一女，他還納了一位妾室，生有兩個兒子，一家人其樂融融，盡享天倫之樂。鐵木真身體強壯，相貌英俊，頭腦靈活，自幼就能幫助父母做些力所能及的事情。

但是，這個家庭很快便出現了變故。鐵木真九歲那年，按草原上的規矩，已經到了該談婚論嫁的年齡，也速該為他張羅婚事。當年也速該搶來的「新娘」訶額侖來自弘吉剌部，那裡盛產美女，他便帶著鐵木真到弘吉剌部提親。在那裡，鐵木真遇到了大他一歲的孛兒帖，鐵木真喜歡她，也速該也中意，親事就這麼定了下來。按照蒙古人的習俗，定親後，女婿要在岳父家住上一年。於是，也速該將鐵木真留給親家德薛禪，自己帶著侍從返回。

二人策馬奔馳在回家的路上，臨到傍晚感到飢渴，正巧遇見一個營寨在舉辦婚宴。草原人熱情豪爽，凡遇到這種場合，不論是否相識，主人都會熱情相邀，來人也不客氣，「草原牧民一家親」。也速該受邀入席，與主人推杯問盞、相談甚歡。他絕沒有意識到，兇險正向他襲來。這裡是塔塔兒人的領地，舉辦酒宴的人一下子就認出了他，被他俘獲的鐵木真兀格的兒子，在他喝的馬奶酒中下了毒，待酒席散罷他回到家中，感到肚子疼痛難忍，他知道自己中了毒，忙讓僕人蒙力克去叫回鐵木真，並叮囑他今後要照顧自己的家人。當鐵木真返回家中，父親已經嚥氣，二人沒能再見上最後一面。蒙力克傳了父親的遺言：「將來有朝一日，一定要為父親報仇，消滅塔塔兒部落，只要高於車輪的男人，一律殺掉。」鐵木真悲痛欲絕，蒙力克的父親察剌合安慰他：人死不能復生，你必須學會堅強，現在的關鍵是要穩住部眾，不能離心，然後再圖發展。

如此重任落到一個九歲孩子身上，實在勉為其難。家裡的頂樑柱倒下，只剩下訶額侖和一群幼小的孩子。鐵木真所在的部族分為兩支，當年合不勒稱汗，死後傳位給堂弟俺巴孩，俺巴孩被金朝所害，汗位又傳回給合不勒的兒子忽圖剌。合不勒及忽圖剌一支即鐵木真所在的孛兒只斤氏族，俺巴孩一支則為泰赤烏氏族。當初也速該在，他驍勇善戰，威望空前，部族成員都擁戴他，但他一死，情況便發生了變化，泰赤烏氏族不願再受孛兒只斤氏族的控制，要問鼎汗位。

也速該去世一年，部族祭祖，俺巴孩留下的兩個妃子竟然不通知訶額侖母子，祭奠自己的老公和父親，本人卻不能參加，平素溫柔的訶額侖憤怒地趕去質問二妃，聲罪致討，義正辭嚴。但二妃視她孤寡，反唇相譏，惡語相向。隨後，泰赤烏的領頭人、俺巴孩的孫子塔兒忽台竟下令遷營，帶領泰赤烏人以及不少孛兒只斤人舉族遷離，將訶額侖和孩子們留在了當地，任其自生自滅。

面對部眾的叛離，訶額侖很氣憤，她起身上馬，帶著幾十名部眾，扯起部族九旒白旗，去追趕孛兒只斤的族員，這些人中帶頭的叫脫朵延吉兒帖。訶額侖對部眾說：「難道你們忘記了先汗的大恩？你們的牲畜、帳

篷、工具等都是誰分予你們的？現在部族遇到了困難，你們竟要一走了之，這麼做對得起先汗嗎？你們追隨他人，難道能受到善待嗎？」說得很多人停下了腳步。脫朵延吉兒帖鼓動大家趕快走，訶額侖大聲說道：「大局當前，你們要慎重考慮，但我這裡要說一句，凡是跟隨脫朵延吉兒帖走的人都是孛兒只斤不共戴天的仇敵，將來我兒子長大，絕不會饒恕你們。」結果一部分族員仍跟脫朵延吉兒帖而去，另一部分則隨訶額侖返回了駐地。

僅僅依靠感恩、重情來維繫氏族成員是不行的，因為他們要生存，要能看到希望和未來，而訶額侖母子則一時難以給予，所以，不少氏族成員還是紛紛離去，最後連蒙力克家族都離開了訶額侖母子。訶額倫表現出蒙古女人的堅韌和耐力，她帶領子女們靠摘野果、挖野菜、捉地鼠、撈魚等艱難度日。她也許並沒有那麼長遠的目光，但她知道日子無論怎樣艱難都要過下去，堅持才有希望。同時，她告誡孩子們要團結，越是在艱難困苦的條件下，團結越重要。

但訶額侖不願意看到的事情竟然發生了。訶額侖和也速該小妾所生的孩子之間難免會有矛盾，嫡子和妾生平素就有芥蒂。有一次，妾生的兩個孩子搶了鐵木真和合撒兒捕到的兩條很漂亮的魚，鐵木真兄弟找到母親評理，訶額侖是顧全大局的人，從不偏袒自己的親生兒子，鐵木真兄弟十分生氣，悄悄拿上弓箭去報仇。妾生的別克帖兒見狀連忙向他們認錯，見到二人殺氣騰騰則哀求他們不要再殺自己的弟弟。但鐵木真和合撒兒還是用弓箭射死了別克帖兒。訶額侖知道後大發雷霆，說你們兩個孽子，簡直就是殺人魔鬼，我們現在身處困境，你們竟然還手足相殘，我再也不想見到你們。

鐵木真和合撒兒知道自己犯了大錯，忙跪在地上請求母親的原諒。訶額侖氣憤至極，但她知道已經失去了一個兒子，如果再將這兩個兒子趕走，家庭將面臨解體，她在狠狠地批評之後，最終還是原諒了鐵木真兄弟，並要求他們今後必須善待他們同父異母的弟弟。此後，訶額侖對別勒古台疼愛有加，鐵木真也對這個弟弟格外照顧。後來別勒古台跟隨鐵木真

東討西伐，南征北戰，立下了赫赫戰功。母親的做法對鐵木真的觸動很大，如果說鐵木真從父親身上繼承了勇猛、果斷，那麼他從母親身上則學到了堅忍和善良，這些對他日後建功立業、善待子民都是非常重要的。

時光荏苒，轉眼鐵木真快十五歲了，成長為一位英俊少年。他的家庭也渡過了最為艱難的時期，老部眾陸續回歸，部族人口增加，生活有了改善。消息傳到泰赤烏部引起了其貴族的憂慮，因為他們知道孛兒只斤的復蘇對他們將意味著什麼，塔兒忽台與首領們商議，決定攻打孛兒只斤部，捉拿鐵木真，對其斬草除根。泰赤烏部組成了幾十人的騎兵隊，突襲孛兒只斤的營地。鐵木真當時正在外狩獵，看見有人來襲，急忙躲進了一片叢林中。

這片叢林地形複雜，鐵木真及部眾常在此漁獵，非常熟悉。泰赤烏人將叢林包圍，準備進攻。可剛一進入叢林，領頭的騎士便中箭墜馬，射箭是別勒古台，他並未記恨鐵木真。泰赤烏人再不敢貿然進入，他們向林中喊話，說：「我們只捉拿鐵木真，只要把他交出來，我們不傷害旁人。」結果別的族人紛紛離去，只有鐵木真還躲藏在林中。

鐵木真靠吃野果子、喝泉水充飢，三天過去了，他準備出去，似乎是長生天（指蒼天，蒙古人信仰中永恆的最高神）發出警告，他騎的馬肚帶綁得好好的，鞍子卻掉了下來。他繼續躲在林中，又過了三天，他再準備出去，突然一塊大石頭從山上滾下來擋住了去路。他又躲了三天，心想這下子泰赤烏人應該已經離去，他砍掉大石頭一側的荊棘，騎著馬飛奔而出。泰赤烏人一直守候在林子旁邊，並事先備好了絆馬索，結果鐵木真被絆得人仰馬翻，泰赤烏人一擁而上，將鐵木真抓獲。

泰赤烏人將鐵木真帶回營地，還好並沒有殺他，而是給他套上枷鎖，由部落的人輪流看管。照其首領塔兒忽台的說法，他本想殺了鐵木真，但有一種冥冥的力量讓他無法實施，到底是什麼力量，他並沒有說明。鐵木真知道囚禁於此，早晚是死路一條，必須想辦法逃脫。他細心觀察，終於等來了機會，一天傍晚，泰赤烏人聚會，由一個少年負責看管他，少年見別人都去吃喝，情緒不高，心不在焉，鐵木真看準機會用木枷將

少年砸昏，逃了出去。過了一會兒，少年蘇醒過來，發現鐵木真不見了，趕緊報告給族人。

泰赤烏人立刻派人追，鐵木真沒跑出多遠，就聽到了追兵的馬蹄聲，他急忙跑入河邊的一片蘆葦叢中。泰赤烏人順著鐵木真的腳印搜索，來到了河邊。鐵木真躲藏在水中不敢出聲，由於他還戴著木枷，無法游走，結果很快被人發現。發現他的叫鎖兒罕失剌，是泰赤烏的一名奴僕，二人四目相對，鐵木真的心「咯噔」一下，心想這下完了。但令人沒有想到的事情發生了，鎖兒罕失剌並未聲張，而是悄悄對他說，你是個少年英雄，眼睛裡有火，臉上有光，你不是一般人。你年紀輕輕遭此大難，是長生天對你的考驗，你要好好躲著，只當我沒看到你。

追兵沒找到鐵木真，便要對河邊再次進行搜查，這時鎖兒罕失剌對眾人說，鐵木真戴著木枷肯定跑不了這麼遠，剛才可能搜得不仔細，我們再往回搜一遍，大家覺得有道理，再加上人都累了，便往回走。鐵木真又躲過了一劫，他從水中爬出來，渾身發冷，幾天沒吃東西，還戴著木枷，沒有一點力氣。這裡離家很遠，走是絕對走不回去的，該怎麼辦呢？鐵木真又想到了鎖兒罕失剌：他發現了我，但卻沒告發我，以前看管我時也對我有所照顧，我還要去找他！鐵木真趁著夜色潛入泰赤烏的營地，他知道鎖兒罕失剌很勤勞，每天通宵達旦地製作乳酪，他循著聲音找到了鎖兒罕失剌的氈房，鎖兒罕失剌見到他，手裡的工具險些掉到地上，說：「你怎麼跑到我家裡來了，這不是給我添亂，讓我找死嗎？首領要是知道我知情不報，再收留了你，要把我千刀萬剮！」

鎖兒罕失剌有兩個兒子，一個叫沉白，一個叫赤老溫，他們見鐵木真雖衣衫不整、滿臉疲憊，但眉宇間仍透著一股英氣，他們勸老爹別見死不救，幫幫鐵木真。鎖兒罕失剌拗不過倆兒子，當然他也覺得鐵木真並非凡人，便讓兒子幫鐵木真卸下木枷，找來乾衣服給他換上，又端來肉和馬奶，鐵木真早就餓壞了，立刻狼吞虎嚥起來。鎖兒罕失剌又叫來了女兒叫合答安，幫鐵木真烤乾濕透了的袍子。小姑娘長得如花似玉，鐵木真見了非常喜歡，但無奈地說：可惜我定親了。小姑娘聽了滿臉緋紅，

說你已身處險境，還敢胡思亂想。

把鐵木真藏到哪裡呢？鎖兒罕失剌一時犯了愁，氈房裡肯定不行，明天族人一定會來搜，門外有一堆剛剪下來的羊毛，就讓他藏在羊毛堆吧！當時天氣雖已開始變涼，但在羊毛堆裡卻燥熱難忍，再加上羊毛的膻味，簡直喘不過氣來，但也只能如此了。第二天泰赤烏人果然來搜，可能頭天晚上鎖兒罕失剌阻止眾人再搜查河邊時，就有人對他產生了懷疑，所以，對他家搜得格外仔細。氈房裡面一目了然，肯定藏不了人，門外那堆羊毛則引起了搜查人的注意，領頭的用刀往羊毛堆裡捅了兩下，還好沒有傷著鐵木真，他吩咐手下把羊毛攤開，這時在一旁的小姑娘合答安說話了：「羊毛堆裡別說沒有人，就是真的有人，也要熱死了」。搜查人覺得也有道理，沒有再翻，走了。

鐵木真再次死裡逃生，撿回了一條命。鎖兒罕失剌一家忙把他從羊毛堆裡拉出來，給他備了食物和馬匹，送他回家。鐵木真對他們一家千恩萬謝，說有朝一日如果我能出人頭地，絕對忘記不了你們一家人的大恩大德。後來鎖兒罕失剌的二兒子赤老溫成為鐵木真開國的四傑之一，跟隨鐵木真南征北戰，為建立大蒙古國盡心竭力。

稱汗建國
復仇雪恨

躲過了一劫，鐵木真縱馬往家趕。為躲避泰赤烏人的追殺，訶額侖帶著子女遷移到了另外一處草場，鐵木真費了一番周折才找到，一家人悲喜交加，哭作一團。但厄運還沒有結束，沒過幾天鐵木真家的馬被人偷了。他們家共有九匹馬，是他們放牧、狩獵的工具，也是他們家主要的財產。當時，別勒古台騎著一匹馬去狩獵，聽說圈裡的八匹馬不見了蹤影便要去追，鐵木真認為自己是兄長，保護家庭財產責無旁貸，便把別勒古台拉下馬來，自己騎上去追盜賊。

鐵木真追了三天三夜，來到一個氈房外，見到一位少年在擠馬奶。鐵木真向少年打聽是否見到有人趕著幾匹馬從這裡經過，並說了他們家馬的特徵。少年叫博爾朮，說今早未日出時，確實有這麼幾匹馬從這裡經過。鐵木真說那肯定是我們家的馬，那可是我們的命根子。博爾朮說你別著急，我陪你去找。說罷從自家馬圈裡牽出一匹好馬給鐵木真，自己也騎上一匹，都沒顧上跟家人交代，便跟著鐵木真順著馬蹄印一路追去。

二人在一處山坡下的馬圈中發現了那八匹馬，鐵木真悄悄地爬過去打開了門欄，放馬出來，二人趕著馬往回一路狂奔。盜馬賊發現了來追，二人放箭射殺，盜馬賊退卻了。二人回到博爾朮的氈房，見到博爾朮的父親正在哭，因為博爾朮是獨子，老人以為他出了什麼意外，聽說他是去幫助別人，破涕為笑，誇獎兒子做得對。鐵木真與這對父子告別，提出要馬分給博爾朮，博爾朮斷然拒絕。後來博爾朮成為鐵木真一生的朋友，是蒙古國開國的「四傑」之一，其他三傑分別為剛才說過的赤老溫、博爾忽和木華黎。其中，博爾朮是軍中第一大將，無論是衝鋒陷陣還是運籌帷幄，都是鐵木真最為得力的助手。

又過了幾年，鐵木真逐漸長大成人。訶額侖知道兒子該成家了，當年，丈夫給兒子定的親事，親家德薛禪並沒有因為他們家發生變故而悔婚，鐵木真也一直掛念著未婚的妻子孛兒帖。在母親的安排下，鐵木真帶著合撒兒和別勒古台到弘吉剌部去拜見岳父岳母，並帶回了美麗的未婚妻，兩人完婚後恩恩愛愛，幸福美滿。孛兒帖不僅勤勞、賢慧，而且很有主見，對鐵木真開創基業給予了很大的支持，甚至充當了軍師的角色。鐵木真每次出征，都是由孛兒帖留守老營。鐵木真對孛兒帖非常關愛，他稱汗後雖然妃嬪如雲，但孛兒帖的地位始終無人能替代，儘管她曾被人掠走受辱，鐵木真對她的態度從未改變。

鐵木真婚後隨著體格及心理的成熟，志向在不斷拓展。但是，他所統領的孛兒只斤部相對弱小，要想進一步壯大，實現人生的抱負，必須借助於強大的外力，與之共同發展。當時鐵木真能借助和依靠哪一方勢力來強盛自己呢？我們前面講過，蒙古高原共有六大部落，即蒙古部、塔塔

兒部、蔑兒乞部、汪古部、克烈部和乃蠻部。孛兒只斤和泰赤烏都屬於蒙古部，蒙古部與塔塔兒和蔑兒乞部是仇敵，和汪古部沒有什麼交情，和乃蠻部則離得很遠，只有克烈部的可汗脫里與鐵木真家有過一段交集，也速該曾有恩於他。

當年，脫里的父親去世，將汗位傳給他。但他的叔叔起兵造反，篡了汗位。他投奔乃蠻部，送了不少財寶和物資，想讓乃蠻人幫他奪回汗位，但乃蠻人收禮不辦事，無奈之下脫里又找到了也速該，也速該古道熱腸，出兵幫助他趕走了叔父，讓他坐回了汗位。脫里萬分感激，與也速該結為安達，即兄弟的意思。訶額侖把當年的情況一說，鐵木真決定去找脫里一試。

見面不能空著手，鐵木真的岳父德薛禪閨女出嫁時，曾送給他一件黑貂皮大氅（外套）。貂皮在皮毛中屬於極品，非常名貴，鐵木真帶上它，與合撒兒和別勒古台直奔克烈部而去。見到脫里，鐵木真忙俯身下拜，奉上黑貂大氅，說：「當年我父親曾與您結拜為安達，所以，我把您也看作是我的父親。初次見面沒有什麼禮物可以孝敬您，我岳丈送給我一件貂皮大氅，今天拿來送給您，不成敬意。」脫里見了大氅非常喜歡，得知鐵木真的來意，並從鐵木真的話語中聽出了他父親當年俠義相助、不計回報的弦外之音，當即承諾要幫鐵木真召回離散的部眾，鞏固其地位，不受別人欺負。當然，脫里也是看到了鐵木真身上所蘊涵的潛質，同時他也具備比較強的實力。此即史上著名的「黑貂誓言」。

過了不到一年，一場大的災難又降臨到了鐵木真的家庭。一天清晨，鐵木真家的老保姆豁阿黑臣早上起床做飯，忽然見到遠處有幾百名騎兵向他們的營地襲來，以為又是泰赤烏人，趕緊叫醒大家。慌亂中訶額侖抱上年幼的女兒，與鐵木真及幾個兄弟飛身上馬、孛兒帖坐上了一架牛車，由豁阿黑臣趕著逃生。來襲的並非泰赤烏人，而是蔑兒乞人。當年，也速該搶親，被搶的新郎即蔑兒乞部落首領的弟弟，蔑兒乞人是來復仇的。鐵木真等人騎馬跑得快，逃進了不兒罕山。這裡草深林密，鐵木真等人藏於其中倖免於難。孛兒帖和豁阿黑臣乘坐牛車跑得慢，被蔑兒乞人截

獲，這也算是一報還一報吧，事情有時候就那麼巧合。

鐵木真得知孛兒帖被掠的消息心急如焚。他帶領家人跪拜了保全他們性命的不兒罕山，後來，蒙古人尊這座山為神山。隨後，他去找脫里請求幫助他解救孛兒帖及其部眾。脫里豪爽地答應，一來他曾有「黑貂誓言」，二來他少年時曾被蔑兒乞部擄去為奴，受盡欺凌，他父親稱汗後才將其解救。同時，他告訴鐵木真，單憑他部落的力量要滅掉蔑兒乞部並沒有十足把握，如今，札達蘭部勢力強大，其首領為札木合，你們二人曾有深交，請他共同出兵，勝券在握。

鐵木真想起了那位兄弟。當年，札木合所在部落與鐵木真的部落毗鄰而居，兩人情投意合，結拜為安達。鐵木真找到札木合，札木合滿口應允，因為札達蘭部跟蔑兒乞也有仇，草原上互相搶掠、攻殺是常有的事。三方議定脫里和札木合共出兵兩萬，鐵木真出動全部兵馬，其實也就有二三百人。

三軍合圍蔑兒乞部，三萬多兵馬，以石擊卵，蔑兒乞傷亡慘重。鐵木真在紛亂的人群中找到了孛兒帖，夫妻倆緊緊相擁，淚流滿面。攻伐的首功自然是脫里和札木合，在分戰利品時，鐵木真執意不要，在二人的堅持下才只要了很小一部分。隨後脫里撤走，札木合提出要鐵木真跟他聯營而居，以便對其部落有所關照。鐵木真自然求之不得，遂將營地遷到了札達蘭部的旁邊。

札達蘭部也是蒙古部落的一支，與孛兒只斤是同宗，先祖為孛端叉兒與擄來的女人所生，到札木合為第六代。鐵木真與札木合聯營後感情日深，有說不完的話，二人再次結拜為安達。但是，好景不長，俗話說一山難容二虎，鐵木真在討伐蔑兒乞部後名聲日漲，很多原來離他而去的部眾，及慕其威名的草原牧民紛紛回歸和投奔他而來，鐵木真寬宏大度，不計前嫌，收留並善待來人，包括那些曾經背叛甚至傷害過他的人。札木合是個心性極高且心胸狹窄的人，攻伐蔑兒乞，聯軍全是由他指揮，由他說得算，如今看到鐵木真日益強大，心裡不是滋味，最終選擇了與鐵木真分道揚鑣，各奔東西。

元太祖　鐵木真

用反目成仇來形容札木合再合適不過。他與鐵木真結拜兄弟，討伐仇敵，是建立在居高臨下、俯視對方的基礎之上，他必須作為主導，對方只能充當陪襯。當鐵木真威望日高，實力日盛，各方勢力一致推舉他為蒙古部落的可汗時，就讓札木合無法容忍，甚至要徹底翻臉了，當然，這其中有尊崇正統傳承的成分。友情有時候就是那麼脆弱，博爾朮、赤老溫與鐵木真一面之交卻感情堅定，札木合與鐵木真莫逆之情卻很快煙飛雲散，關鍵在於雙方對主從關係的認定。

札木合不能容忍頭上壓著一個鐵木真，當年其窮困潦倒時自己已實力非凡，是他幫助鐵木真攻滅仇敵，立穩腳跟。如今，他必須要趁鐵木真羽翼未豐之時，將其扼殺於搖籃之中。但做什麼總要有個理由，更何況他們曾是親密無間的兄弟。不久之後，札木合便找到了藉口，札達蘭人經常對周邊進行搶掠，一次，其弟和幾個人偷了鐵木真部落的牲畜，鐵木真部落的人在追趕時本想嚇唬盜賊一下，沒想到射出的箭竟不偏不倚地刺入了其弟的心臟。

這一箭成為了札、鐵之戰的導火索。金明昌元年（1190 年），札木合糾集泰赤烏、蔑兒乞、塔塔兒等十三部共三萬多人進攻鐵木真。鐵木真則將自己所屬的三萬餘眾分為十三翼（營隊），分別由他和母親以及其叔伯、兄弟、兒子統領，大戰於答闌巴勒主惕。此戰鐵木真軍失利，這可能是鐵木真一生中唯一沒有打贏的戰爭。因為札木合所召集的人馬對鐵木真都有仇恨，而鐵木真集結的兵馬則由老幼統領，缺乏戰鬥力。但戰爭的結局似乎與勝負並不相一致，鐵木真率部退到斡難河（今鄂嫩河）畔，札木合則志得意滿，他殘忍地將俘虜用七十大鍋煮殺，對手下及其他部族傲慢無禮，任意欺凌，引起了多方的不滿，結果喪失了人心，很多部族、包括有些札達蘭人都離他而去，轉投了鐵木真，這在獲勝方是絕無僅有的。鐵木真敗而得眾，其實力得到迅速的恢復和壯大。

從此，鐵木真開啟了他統一蒙古諸部的歷程，這也是他人生中最為輝煌的時期。縱觀鐵木真成長的軌跡，似乎並不像很多帝王那樣少有韜略，胸懷大志，氣量非凡，他跟一般孩子似乎並沒有太大的差別，相反，倒

有幾分稚嫩。當年，他父親相親時把他留在岳父家，特別交代對方他怕狗；他和弟弟合撒兒由於兩條魚而殺害了同父異母的弟兄，很多事情他都是被情勢推著走。但當他被擁為可汗，在征討四方的過程中表現出超群的勇力與氣概，摧枯拉朽，所向披靡，他的精神支柱和內在動力源自哪裡呢？答案是多方面的，有祖輩的遺傳和繼承，有艱苦生活的磨礪，有得天獨厚的草原環境等等，另外還有非常重要的一點，那就是復仇，他背負著幾代人，包括個人、家庭、部族於不同時期、來自多方的世仇、家仇、情仇，以及後來與西夏、花剌子模國的國仇，新仇與舊恨，痛苦與災難，多少次讓他面臨絕境，在他內心留下了難以抹去的印痕。缺乏實力、受制於人，他只能默默地忍受，而一旦有了機會，他的復仇之火便會熊熊燃燒，為雪恥而戰，撫平創傷，剿滅仇敵。

鐵木真招募兵馬，擴展實力，任賢選能。前面說過，他建國時有「四傑」：即博爾尤、博爾忽、赤老溫和木華黎；另外還有「四勇」：分別是哲別、者勒蔑、速不台、忽必來；有「四弟」：即合撒兒、合赤溫、別勒古台和帖木格；有「四子」：即尤赤、察合台、窩闊台和拖雷；還有「四養子」，都是他在戰亂中收留的，即闊闊出、失吉忽圖忽、博爾忽、曲出，這些人都成為他征戰的左膀右臂。

承安元年（1196 年），鐵木真與義父脫里一起，配合金丞相完顏襄擊殺塔塔兒部部長以下多人，被金朝授封札兀惕忽里（即部族官）。又與脫里聯兵，大敗正在會盟的哈答斤等十一部聯軍。

泰和元年（1201 年），鐵木真率部大破札木合的鬆散聯盟。次年，遭乃蠻聯軍進攻，退入金國境內，大敗乃蠻聯軍於闊亦田（今哈拉哈河上游），並乘勝攻滅塔塔兒四部。因勢力漸強，引發了脫里的嫉恨和敵視。三年，遭脫里突襲，敗走班朱尼河（今呼倫湖西南），再移至合泐合（哈拉哈）河中游，收集潰散部眾四千餘騎，經過休整，趁其不備，夜襲脫里大營，大潰其眾。脫里隻身敗逃，被乃蠻人捕殺，克烈部亡。

泰和四年（1204 年），建怯薛（護衛軍）。趁乃蠻部首領太陽汗來攻，巧佈疑陣，擒殺太陽汗，征服其部眾，迫哈答斤、朵魯班等部來降。先

後征服蒙古高原百餘大小部落，塔塔兒、克烈、蔑兒乞、乃蠻和蒙古五大部均統一於鐵木真麾下。成吉思汗元年（1206年），鐵木真在斡難河（今鄂嫩河）畔舉行的忽里勒台（即蒙古的議事會，會議上人們會推舉可汗及其他官員），被推舉為蒙古大汗，建立大蒙古國，被尊為成吉思汗，即「海洋」或「強大」帝王之意。將怯薛擴充至萬人，稱大中軍，以兵民一體的千戶制編組部眾，上馬為軍，下馬為民。任命「四傑」分別為四怯薛長。

建國後，發動大規模的對外戰爭。經過二十餘年與西夏的戰爭，屢創西夏軍主力，迫西夏國王乞降。成吉思汗六年（1211年），親率大軍攻金，開始了為時二十四年的蒙金戰爭。首戰烏沙堡（今河北張北西北）告捷；再戰野狐嶺（今河北萬全西北）、會河川（今懷安東南），襲擊金軍精銳；又戰懷來（今屬河北）；攻金軍於東京（今遼寧遼陽）、西京（今山西大同）、居庸關等地；分兵三路攻掠中原腹地及遼西地區。

成吉思汗九年（1214年）三月，集中兵力於中都（今北京）城下，迫使其求和，金國獻岐國公主、金帛和馬匹，遂引兵退出居庸關。六月，以金朝遷都南京（今河南開封）「違約」為藉口，遣部將三摸合拔都、石抹明安率軍攻中都，於次年五月破城。為戰爭需要，建立炮軍，廣募工匠，成立工匠軍，設廠冶鐵製造兵器。在通信聯絡上創建「箭速傳騎」，日速數百里，加速了軍令傳遞和軍隊調遣。

成吉思汗十二年（1217年），封木華黎為太師、國王，指揮攻金戰爭，自率主力返回蒙古準備西征。十四年（1219年），西域花剌子模國殺害蒙古商人和使者，鐵木真親率二十萬大軍分路西征，先後攻破訛答剌（在今錫爾河中游）、布哈拉及撒馬爾罕等地。遣哲別、速不台追擊花剌子模國王摩訶末，迫其逃至寬田吉思海（今里海）中小島，後其病死。其後，命哲別、速不台繼續西進，遠抵克里米亞半島。自率一軍追擊摩訶末之子札蘭丁至申河（印度河）。

成吉思汗十九年（1224年），鐵木真班師返回漠北。兩年後率軍十萬殲滅西夏軍主力（西夏於次年滅亡）。正欲全力攻金，鐵木真於成吉思

汗二十二年（1227 年）在六盤山下的清水縣（今屬甘肅）病逝，享年六十六歲。臨終遺囑：利用宋金世仇，借道宋境，聯宋滅金。其子窩闊台和拖雷遵此遺策，於端平元年（金天興三年，1234 年）在蔡州之戰中攻滅金朝。元朝建立後追諡鐵木真為法天啟運聖武皇帝，廟號太祖。

關於鐵木真的死因眾說紛紜，莫衷一是。正史記載為病故，另外還有雷劈、馬踏、中箭、中毒、被西夏王妃所害等多種說法，由於年代久遠，加之政敵的誣陷，其真實死因已不可考。他的墓葬地也有多種說法，因為蒙古皇家實行密葬制，以獨木為棺，秘密下葬，墓土回填，萬馬踏平，埋葬的地點不設標誌、不公佈於眾、不記錄在案。其埋葬地大概這樣幾種說法：蒙古國境內的肯特山南、克魯倫河以北；內蒙古鄂爾多斯鄂托克旗境內；新疆北部的阿勒泰山；寧夏境內的六盤山。現在大家所熟知的成吉思汗陵為鐵木真的衣冠塚，坐落於內蒙古鄂爾多斯草原中部的鄂爾多斯市伊金霍洛旗甘德利草原。陵園佔地五萬多平方米，主體建築由三座蒙古包式的大殿和與之相連的廊房組成，分為正殿、寢宮、東殿、西殿、東廊、西廊六個部分，整個陵園的造型猶如展翅欲飛的雄鷹，極富濃郁的蒙古民族藝術風格。

崇尚漢學的忽必烈

1260-1294

忽必烈是大蒙古國的第五任可汗，也是中國第一個由少數民族建立起的大一統王朝——元朝的開國皇帝，尊號「薛禪汗」。他在潛邸期間結識了大批中原學士，了解和接觸到漢文化，對權力的認知開始擺脫祖輩征服、佔領、搶掠、攻殺的簡單模式，有了禮儀、法度、民生、和睦、倫理等多重理念。在漢臣的幫助下，他攻滅大理，滅亡南宋，建立大元。但是在確立社會關係時則出現了矛盾與糾結，是繼續做草原之王還是做整個華夏的霸主？對佔領地的屬民是進行奴役還是進行管理？他似乎不自覺地選擇了前者。制定出以蒙古貴族為上、廣大漢民及其他內地民族處於底層的等級制，這就決定了其政權缺乏穩固的根基，王朝異常短命，只有幾十年便歸於滅亡。

元世祖忽必烈像

潛邸結賢
得益漢臣

忽必烈的全名叫孛兒只斤忽必烈,是元太祖成吉思汗的孫子。成吉思汗
有多個兒子,當中較為人所知的有朮赤、察合台、窩闊台和拖雷。其實
他遠不止有這四子,只是這四子是其正妻孛兒帖所生。成吉思汗與孛兒
帖是患難夫妻,經歷了很多的災難,他對孛兒帖敬重有加,立她為國后。
儘管成吉思汗稱汗後嬪妃如雲,孛兒帖又曾被蔑兒乞人擄走受辱,朮赤
是她被解救回來後生下的,但成吉思汗對孛兒帖的態度始終如一,對朮
赤也一視同仁。

元太祖二十二年(1227 年),成吉思汗死,按照蒙古「幼子守灶」的
傳統,由其四子拖雷監國。監國是中國古代的一種政治制度,當皇帝外
出或突然駕崩,臨時由一位重要人物(通常為皇太子)代行國政。拖雷
即忽必烈的父親。成吉思汗非常喜歡這個小兒子,並有意將汗位相傳,
但蒙古可汗實行部族首領推舉制,一年後,成吉思汗的二子窩闊台稱汗。
窩闊台拓展疆土,攻滅金國,派大將拔都遠征歐洲,任用契丹人耶律楚
材為中書令,奠定了元朝建立的基礎。窩闊台死,汗位紛爭,經乃馬真
后臨朝稱制,窩闊台的長子、與乃馬真后所生的貴由繼位為汗。貴由領
兵攻打西域,使吐蕃歸附蒙古帝國。

貴由在位兩年後去世,汗位爭鬥再起,由斡兀立海迷失后臨朝稱制。大
將拔都是朮赤的兒子,早年與貴由不和,他指貴由當年繼位,有違窩闊
台汗遺命(窩闊台原想傳位給孫子失烈門),其子嗣再無繼任的資格。
而拖雷的長子蒙哥能力出眾,曾隨他遠征歐洲,立有大功,應繼為可汗。
拔都遂以長支宗王的身份召開忽里勒台大會,推舉蒙哥為可汗。這樣一
來,可汗的權位便從窩闊台家族一支轉到了拖雷家族一支,也才有了日
後忽必烈繼為可汗、稱帝建朝的機會。在此過程中,蒙哥及忽必烈的生
母唆魯禾帖尼發揮了重要作用,她被立為太后,為鞏固兒子的權力,對
拒不承認蒙哥汗位的窩闊台、察合台家族毫不留情,下令處死了貴由的

皇后斡兀立海迷失，這也為日後蒙古的徹底分裂埋下了伏筆。

回來說忽必烈。忽必烈生於成吉思汗十年（1215年），是拖雷的第四子，由於拖雷的第二、三及五子都早夭，忽必烈實際上成為了次子。他與其他三個兄弟蒙哥、旭烈兀、阿里不哥都為唆魯禾帖尼一母所生，他們先後都稱汗，故唆魯禾帖尼被稱為「四汗之母」。有關忽必烈出生及幼年時期的史料很少，這並不難理解，拖雷及忽必烈父子雖均為嫡，但都非長，跟稱汗的事兒似乎難有瓜葛，所以，也就沒有人去留意記錄或杜撰出什麼天相、祥瑞一類的事兒來。

忽必烈漸漸長大，史籍講他「及長，仁明英睿，事太后至孝，尤善撫下。納弘吉剌氏為妃。」滿滿的優秀品質與素養。在潛邸期間，他結識了一批中原漢族的學士，如子聰和尚（劉秉忠）、許衡、姚樞、郝經、張文謙、竇默、趙璧等等，這些人後來都成為了他的智囊。所謂潛邸，又稱潛龍邸，即皇帝登基前居住地方。這些漢人在府中給忽必烈講經論道，傳授從政、治國的理念，對他的影響非常大。其中有幾個人尤為重要，即子聰和尚、郝經、姚樞和趙璧。

子聰俗姓劉，名侃，字仲晦，為官後改名劉秉忠，邢州（今河北邢台）人。史書說他「風骨秀異，志氣英爽不羈。八歲入學，日誦數百言。」十七歲即為邢台節度使府的令史，年少有為。他博學多才，天文、地理、律曆幾乎無所不精，對《易經》造詣尤深。「論天下事了若指掌」，忽必烈對他「大愛之」。

郝經字伯常，澤州陵川（今山西陵川）人。自幼家貧，白天砍柴供養老母，晚上苦讀詩書。在一次戰亂中，其母被煙火熏倒，當時只有九歲的他，用野菜拌著蜜汁將母親救活。此事傳到元初大將軍張柔耳中，將他納入府中。張柔家中有許多藏書，郝經幾乎遍讀。其後，忽必烈招納賢士，張柔推薦了他。忽必烈問以「治國安民」之策，郝經答「得民心者得天下」。

姚樞字公茂，營州柳城（今遼寧朝陽）人。是當時有名的程朱理學家。他向忽必烈提出多種治國之道，從定典章、立綱常到興辦學校、發展農桑等幾乎無所不涉獵。

趙璧字寶臣，雲中懷仁（今山西懷仁）人。建元前後曾任河南經略使、燕京宣慰使、中書省平章政事、樞密副使、中書右丞等職。

這些人輔佐忽必烈，盡心竭力，敢於直諫，在許多重大問題上發揮了重要的作用：

研習經典，接受漢學。南宋淳祐二年（1242年），趙璧應召到忽必烈的府邸，他學習蒙古語，為忽必烈譯講《大學衍義》，又引薦金朝狀元王鶚，為忽必烈講解《孝經》、《尚書》、《易經》及儒家政治、倫理學說，「每夜分，乃罷」。而劉秉忠則向忽必烈傳授治亂之道：系乎天而由乎人，以馬上取天下，不可以馬上治，要革除弊政，減輕稅賦，勸農桑，興學校等。儒士元好問、張德輝請求忽必烈接受「儒教大宗師」稱號，忽必烈悅而受之，「聖度優宏，開白炳烺，好儒術，喜衣冠，崇禮讓。」

退回封賞，避免懷疑。蒙哥稱汗後將漠南的大片土地封賞給了忽必烈。忽必烈飲酒慶賀，甚為欣喜，唯獨姚樞悶悶不樂：「我看此事非福，是為禍。天下乃大汗的天下，他將大片肥沃之地賜予你，你難道要蓋過大汗嗎？」忽必烈猶如當頭棒喝，第二天便將封地退回給了蒙哥，避免了一場可能的殺身之禍。

禁止濫殺，爭取民心。忽必烈奉命征討大理，在出征宴上，姚樞講了當年宋代大將曹彬攻佔南唐後不殺一人，市不易肆的故事，委婉地勸諫忽必烈不要濫殺。忽必烈當時沒有吭聲，第二天出征時在馬上對姚樞高聲道：「汝昨夕言曹彬不殺，吾能為之！」但當忽必烈鐵騎圍城，派遣使臣前去勸降，大理國權臣高和、高祥阻撓，暗中殺了派去的使臣。脾氣暴烈的忽必烈下令屠城，劉秉忠等人苦苦相勸，將統治者比作牧羊人，百姓們比為羊群，說：「牧羊人得罪了你，你拿無辜的羊群出氣，這公平嗎？」忽必烈沉思良久，遂將「屠城令」改為了「止殺令」。此後忽

必烈堅持此道，派將伯顏攻下南宋都城臨安（今浙江杭州）時，「九衢之市肆不移，一代之繁華如故」。

忍辱負重，以圖長遠。忽必烈功績日高、威望日重，引起了蒙哥的猜忌，在阿里不哥和國相阿藍答兒等的挑撥下，乘忽必烈遠征之機，以其封地官員貪墨和府庫虧空為由，設立鉤考局對其官員進行鉤考。貪墨即貪圖財利，鉤考為探求考核。結果將忽必烈的下屬幾乎全部關進監獄，被嚴刑拷問，不少人被折磨致死。忽必烈得知後要去找蒙哥評理。姚樞等人將他死死攔住，說蒙哥正盼你做出過激行為而將你置於死地，忽必烈醒悟，不僅自己赤背負鞭去向蒙哥請罪，還將妻兒送到和林汗廷作為人質，以表誠心。蒙哥見到忽必烈，相對泣下，請他不必再做表白。此舉消除了蒙哥對他的猜疑，撤銷了鉤考局，使忽必烈又躲過一劫。

總結而言，這些漢臣在建立大元、制定典章、設置機構以及治理國家等方面，都發揮了至關重要的作用。忽必烈對這些漢臣非常信任，用人不疑，甚至很依賴。元朝建立以後，忽必烈給這些人封官晉爵，委以重任，並善始善終。這些漢臣對忽必烈也都忠貞不渝，沒有二心。郝經奉命率使團出使南宋，被南宋宰相賈似道秘密關押達十六年之久，始終堅守初心，一時被傳為佳話。

總理漠南
出兵大理

史籍曰：「憲宗即位，同母弟惟帝最長且賢，故憲宗盡屬以漠南漢地軍國庶事，遂南駐瓜忽都之地。」憲宗即蒙哥，其建元後被追諡為憲宗，帝指忽必烈，蒙哥稱汗後任命忽必烈總理漠南軍國事務，一方面出於信任、委以重任，另一方面給忽必烈提供了更多接觸中原文化和鍛煉施政能力的機會。漠南是一個地理概念，古時所稱大漠泛指亞洲東北部的高原地區，東起大興安嶺，西達阿爾泰山脈，北連薩彥嶺、肯特山、雅布

洛諾夫山脈，南抵陰山山脈，大漠兩側的地帶分別稱為漠南和漠北。忽必烈所駐的瓜忽都是蒙古語絮固圖的音譯，這裡每逢春季金蓮花盛開，又稱金蓮川，在今內蒙古錫林郭勒盟境內。

忽必烈初到邢州（今河北邢台），有兩個答剌罕（官員）找到他，說：「邢吾分地也，受封之初，民萬餘戶，今日減月削，才五七百戶耳，宜選良吏撫循之。」忽必烈聽罷遂選派官員，以脫兀脫及張耕為邢州安撫使，劉肅為商榷使，從整頓吏治入手，對當地編戶大量減少的狀況進行調查和治理，「邢乃大治」。

忽必烈駐桓州（今內蒙古正藍旗黑城子種畜場北）和撫州（江西東南部）期間，蒙哥令斷事官（指執行法律的官員）牙魯瓦赤與不只兒等「總天下財賦於燕（今北京）」。視事一天，竟殺了二十八人。其中有個盜馬者，施杖刑後釋放，這時有人獻給不只兒一把兵刃，不只兒為試刀竟追上盜馬者將其斬殺。忽必烈責備道：「凡死罪，必詳讞而後行刑，今一日殺二十八人，必多非辜。既杖復斬，此何刑也？」不只兒知錯而不敢作答。

憲宗二年（南宋淳祐十二年、1252年），南宋軍隊攻打虢之盧氏、河南之永寧、衛之八柳渡等地，忽必烈請示蒙哥，在汴（今河南開封）設立經略司，以史天澤、楊惟中、趙璧為使，陳紀、楊果為參議，屯兵於唐、鄧等州，授之以兵、牛，有敵則禦敵，無敵則耕田。六月，忽必烈到曲先淖兒（意為湖）入覲蒙哥，奉命率軍遠征雲南。

憲宗三年（南宋寶祐元年，1253年），蒙哥分賞諸王，忽必烈得到京兆（今陝西西安）的封地。當時，諸多將領皆在京兆修建府第，豪侈相尚，忽必烈將之分遣，派赴興元諸州戍邊。派姚樞設立京兆宣撫司，以孛蘭及楊惟中為使，關隴大治。又設立交鈔提舉司，印鈔以佐經常性的用度。

六月，忽必烈率軍啟程遠征雲南，老將兀良合台（開國「四勇」之一速不台之子）總督軍事，姚樞、劉秉忠等隨為僚臣。雲南地區早在唐代就由南詔國（烏蠻族即今彝族建立的政權）統治。宋時白蠻族（今白族）取得政權，建立了以大理（今雲南大理）為都城的大理國，統治區域包

括今雲南、貴州、廣西西部和四川南部以及緬甸、泰國、老撾、越南等局部地區。主要民族為烏蠻和白蠻，另外，還有摩些（今納西族）、和泥（今哈尼族）、金齒、白夷（今傣族）等，再加上與各少數民族雜居的漢族。此時大理國力衰微，內政腐敗，社會矛盾尖銳，有些地區的少數民族正在逐漸脫離大理國的統治。

忽必烈自蒙古起兵，駐屯六盤山進行休整、備戰。秋天，率軍至臨洮（今甘肅臨洮），取道吐蕃（今四川甘孜），到達忒剌（今四川松潘），然後分兵三路進軍。兀良合台率西路軍經晏當（今雲南麗江北）進發，王公抄合、也只烈率東路軍由白蠻境（今西昌、會理境）行進，忽必烈親率中路軍，經大雪山，過大渡河，穿行山谷二千餘里，抵達金沙江北岸。途中分別招降大理以北四百餘里的摩些蠻等部。冬天，與西路軍會合，兵臨大理城下。忽必烈派使者入城招降，大理國王段興智有意歸降，但權臣高祥、高和作梗，殺死了蒙古使臣。忽必烈大怒，與兀良合台分兵進攻大理，兀良合台攻破大理以北的龍首關（上關）。段興智與高祥、高和棄城逃跑，忽必烈與兀良合台大軍順利進入大理城。

忽必烈接受姚樞、劉秉忠等人勸諫，「裂帛為旗，書止殺之令，分號街陌，由是民得相完保。」並命姚樞等人搜尋大理國的圖書典籍。這時東路兵取道吐蕃也到達大理。忽必烈命部隊追擊高祥兄弟，將其擒斬於姚州（今雲南姚安）。

忽必烈留兀良合台戍守大理，自己率軍北返，沿途繼續征討未歸附的部族。他任命劉時中為宣撫使，對雲南地區進行治理。秋，兀良合台向東追擊段興智，進取善闡（今雲南昆明），在昆澤（今雲南宜良）將其擒獲，押解其回蒙古向蒙哥獻俘。蒙哥施以懷柔，賜金牌，讓大理國的首領們回去繼續管理原屬地。段興智回到雲南後獻出地圖，統率大理軍隊引導蒙軍征服仍不願歸附的部族。經過兩年的征戰，蒙古軍相繼征服了赤禿哥（今貴州西部）、羅羅斯（今四川涼山）和白蠻波麗國（今雲南元江一帶）。從此，大理五城的八府四郡之地和大部分烏蠻、白蠻部族全部歸附於蒙古。兀良合台在雲南設置機構，管理當地的行政事務。

忽必烈率軍遠征，統一大理各部，仿照中原體制設置郡縣，留守的蒙軍進行屯田，推廣中原地區的生產技術，傳播科學文化，使雲南地區的經濟、文化獲得長足的發展，對建立多民族的國家發揮了積極的作用。

爭奪汗位
建立大元

忽必烈南取大理後，蒙哥有了進一步的雄心與企圖，他命旭烈兀率軍西征，命忽必烈進攻南宋，意在佔領整個東亞、中亞及現今的中東地區。忽必烈受命後，赴金蓮川營造自己的據點。按照漢人的設計，在此建起一座城池，取名開平（即後來的元上都）。開平地處大蒙古國汗廷和林的東南，燕京（今北京，金中都）的西北，是兩地間往來的必經之地。

蒙哥經鉤考一事雖在表面上與忽必烈冰釋前嫌，但內心仍存有芥蒂。他懼忽必烈長期經營漠南，物質基礎雄厚，如果再握有重兵，將對他的汗位構成威脅。攻打南宋，他要御駕親征。於是，命幼弟阿里不哥留守和林，國相阿藍答兒輔佐，自己親率大軍進入西蜀。同時，命塔察兒、張柔進攻長江中游，在東面配合；兀良合台引兵北上，形成南北夾擊之勢。塔察兒在前線失利，蒙哥命忽必烈統領東路大軍，忽必烈從開平進發。

蒙哥率領部隊直指長江上游之要衝重慶，分兵沿涪江、嘉陵江、巴江一路南下，攻克了許多州縣。憲宗八年（1258年）底，蒙軍主力抵達合州（今四川合川）。合州地處嘉陵江、涪江的匯合處，當地有座釣魚城，位於山上，南北西三面嘉陵江水環繞，地勢十分險要。南宋知州王堅動員屬地的十七萬民丁修固城牆，開池鑿井，為守城作了充分的準備。蒙哥進駐城東的石子山，切斷了釣魚城的外援，次年二月初開始攻城，但直至五月底也未能攻破。六月初，蒙哥親臨陣地前沿視察，不幸身中箭矢，於七月去世。

蒙軍對蒙哥的死訊進行封鎖，欲將其遺體運回草原後再公開發喪。但消息不脛而走，忽必烈的異母弟末哥（或作穆哥）派使者前來稟報，請忽必烈立即回漠北，以其威望維繫天下人心。在蒙哥攻打釣魚城時，忽必烈正從邢州向鄂州（今湖北武昌）進發，八月初渡過淮河，入大勝關，進抵長江北岸。接末哥使者來報，忽必烈認為「吾奉命南來，豈可無功？」仍堅持要渡江。這時，攻取交趾（今越南北部）的兀良合台北上到達潭州（今湖南長沙），與忽必烈南北呼應。南宋朝廷震驚，急派宰相賈似道駐軍漢陽，援助鄂州。形勢對蒙軍極為有利。

但蒙哥的死打亂了戰爭的進程，在和林的阿里不哥也得知了消息，隨即告知了眾多宗王。當忽必烈在為蒙古國贏取長江以南的勝利而浴血奮戰時，阿里不哥卻在阿藍答兒等人的支持下苦心謀劃著繼汗的事情。一時間，誰將成為下一任可汗便成為了蒙古政局的焦點。競爭在忽必烈與阿里不哥兩人之間展開，從排位及實力上講，忽必烈佔先，他在眾多兄弟中居長，佔據著華北物產豐盈之地，握有東方三王族（成吉思汗幾個弟弟的子嗣）的軍隊；但從擁護面上講，阿里不哥似乎又有優勢，蒙哥生前對他很信任，外出征戰都交由他留守和林，擁有對政權的很大支配權，擁有蒙古國下轄多個汗國的支持。究其緣由，主要在於忽必烈崇尚中原文化，主張尊儒學，行漢法，而阿里不哥是蒙古傳統派的代表，主張遵從舊制，習慣了草原遊牧生活的成吉思汗子孫們大多數傾向於後者。

形勢變得異常微妙和詭秘，起初，忽必烈立功心切，且對反對派的陰謀認識不足，堅持要攻下鄂州後再班師。留守開平的劉秉忠以王妃察必的名義送來密報，向忽必烈秘密報告了阿里不哥圖謀搶登汗位的種種跡象，與軍中郝經、姚樞等人力勸忽必烈要及時撤軍，與南宋議和，趕赴漠北解決繼位事宜。忽必烈聽從了幾位臣屬的勸告，這時正巧南宋派使者前來議和稱臣，請求以長江為界，歲貢銀二十萬兩、絹二十萬匹。忽必烈當即表示同意，然後斷然北上，但他並沒有去和林，而是到了開平。這幾位漢臣幫助忽必烈在搶得汗位一事上爭取了主動權。

忽必烈在途中接到了阿里不哥讓他及旭烈兀、別兒哥等人到和林參加忽

里勒台大會、會葬蒙哥的通知。他知道阿里不哥此舉的目的並非為厚葬長兄，而是意在搶班奪權。阿里不哥在會上很有可能會拋出所謂蒙哥的「遺詔」，逼迫忽必烈就範。對於忽必烈來講，去和林將凶多吉少，不僅繼位的事兒基本無望，而且還很可能會搭上身家性命。

事不宜遲，必須當機立斷，忽必烈於南宋景定元年（1260 年）五月，在開平召開有部分宗王參加的忽里勒台大會，接受了塔察兒、也先哥、合丹、末哥等宗王以及大臣們的再三勸進，宣佈繼為可汗。六月，發佈《中統建元詔》，建元中統，為「中華開統」之意，是為大蒙古國最早使用的年號，史家一般將其視為元代的開端。當時，他通知的旭烈兀、別兒哥等人未到會，他還有些遲疑，輔臣廉希憲、商挺對他說：「先發制人，後發人制。機不可失，時不再來。」

費盡心機的阿里不哥沒有想到忽必烈會搶先他一步在開平稱汗，氣急敗壞的他隨之在和林城西召集另一部分宗王舉行忽里勒台大會，宣佈繼位為可汗。這一下大蒙古國便同時出現了兩個可汗，他們是親兄弟，都有稱汗的資格，都有部分宗王擁護，也都經過了忽里勒台大會的推舉，經過了正規的程式。但天無二日，國無二主，該如何解決呢？看來只能付諸於武力了。

政治上的相爭，推選是一種情況，有點兒類似於現在的選票，靠的是支持者的數量，阿里不哥的勝面很大；但要動武則就是另外一種情況了，靠的是硬實力，包括軍力和財力，這方面忽必烈就佔優了。阿里不哥所佔據的地區和支持者大部分在西部，那裡地廣人稀，軍事實力不強，人口結構以突厥系民族為主；忽必烈則佔據的是蒙古東部以及華北和東北地區，這裡生產力水準較高，物產豐富，人口除蒙古族外以漢族為主，還有相當數量的女真和契丹人，東方三王族以及華北地區崛起的軍閥擁有很強的戰鬥力。

忽必烈與阿里不哥之間的戰爭如期而至，一開始阿里不哥的軍隊勢頭很猛，佔據了和林，並向東進攻。但戰局很快發生逆轉，忽必烈的軍隊對阿里不哥的軍隊發起攻擊，同時切斷了華北向蒙古草原的物資供應線。

兩軍在甘州（今甘肅張掖）以東展開激戰，阿里不哥軍潰敗，國相阿藍答兒、將領渾都海等被殺，阿里不哥被迫撤至蒙古西部和中亞地區，但在那裡受到排擠，難以立足，最後只得率領部下向忽必烈投降。忽必烈見到阿里不哥，問：「你說說看，按道理講，我們兄弟兩人，誰應當繼承大位？」阿里不哥答：「原來我是對的，現在你大汗是對的。」忽必烈念及阿里不哥和阿速帶、昔里給等宗王是成吉思汗的後裔，不予問罪，不魯花等謀臣則以伏誅。

阿里不哥投降後，位於西部及中亞地區的蒙古各汗國陷入了混戰狀態，互相兼併、蠶食，只是在形式上還保持著鬆散的聯盟。忽必烈的戰略重點在東部，對於西部汗國則採取賞賜的辦法，讓他們承認中央政權。這其中有一個很有趣的現象，當初那些固守蒙古傳統的阿里不哥的支持者，後來大多被中亞的突厥人和中東地區的伊斯蘭教民所同化，只有很小一部分還保留著蒙古人的民族特徵。而東部地區忽必烈的支持者，融合中原文化，征服和同化了女真人及契丹人，但後來在元朝滅亡後反而有相當一部分人回到蒙古草原，堅守著蒙古人的生活習性，其中包括很大一部分被蒙古軍隊挾持到草原的漢族人。當然這是後話。

中統四年（1263 年），忽必烈升開平為上都，作為大蒙古國的夏都。至元元年（1264 年）八月，忽必烈下詔燕京（金中都，金亡後稱燕京）仍改名為中都，並作好了建都的準備。九月，發佈《至元改元詔》，取《易經》「至哉坤元」之義，改「中統五年」為「至元元年」。至元八年（1271年）十二月，忽必烈取《易經》「大哉乾元」之義，將國號由「大蒙古國」改為「大元」，他也由大蒙古國的可汗進而成為大元的皇帝，「大元」的國號正式出現。至元九年（1272 年）二月，忽必烈采採用劉秉忠的建議，改中都為大都，並宣佈在此建都。此後除大明太祖一朝建都南京，其他各朝都一直以此為都城。

建元後，忽必烈進一步擴展疆域。至元十一年（1274 年），命屯戍高麗的鳳州經略使忻都、高麗軍民總管洪荼丘率兵一萬五千人、大小戰船九百餘艘出征日本。在日軍的頑強抵抗下，首戰獲小勝，但未能深入。

不久，因颱風吹襲大部分戰船損毀，加之兵疲糧盡，只得撤回。至元十二年（1275 年）二月，忽必烈派禮部侍郎杜世忠等出使日本，但他剛到日本即被鐮倉幕府處死。此消息於五年後才傳到元朝，忽必烈決心再次征討。是年下半年，徵調軍隊（包括結集南宋的新附軍），成立征東行省（亦稱日本行省），準備再次東征。

至元十三年（1276 年），忽必烈命部將伯顏率軍攻入臨安，宋恭帝奉上傳國玉璽和降表，南宋滅亡。至元十六年（1279 年），元軍消滅了流亡於崖山的南宋殘餘勢力，完成了中華的大統一。至元十八年（1281 年），忽必烈命元軍兵分兩路遠征日本，仍敗。

華夏統一後，忽必烈採取措施醫治戰爭創傷，革除弊政，建綱立制。他保留了宋代的行政機構和官員，並盡努力得到任職官員的效忠。他選賢任能，重用漢臣，如董文炳、劉秉忠、張弘範等。任用色目人阿合馬管理財政。在中央設中書省，地方設行省，這是中國設置省制之端。設立「司農司」、「勸農司」等管理農業，並以政績作為考核官吏的標準，編撰《農桑輯要》頒行全國。為加強對邊疆地區的管理，開闢中外交通，在各地設立驛站，使得全國政令暢通。

為了防備災荒，忽必烈恢復了宋代王安石之後被取消的國家控糧的政策。豐年由國家收購餘糧，貯藏於糧倉，在荒年以平價出售。並組織公眾救濟，要求地方官對老、孤、病弱者提供救濟。

忽必烈與妻子察必很恩愛，但察必於至元十八年（1281 年）先他而去，五年後他選定的皇位繼承人真金又早逝。家庭的變故使他深受打擊，忽必烈開始酗酒，並且毫無節制地暴飲暴食。他的體重迅速增加，越來越肥胖，因酗酒而引發的各種疾病折磨得他痛苦不堪。與此同時，他的一些政策也遭受挫折。至元三十一年（1294 年）正月，忽必烈於大都病逝，享年七十九歲，廟號世祖，諡號聖德神功文武皇帝。下葬也採取蒙古帝王傳統的密葬方式，鑿樹為棺，葬於廣袤的草原，誰也不知道具體的地點，靜靜地與藍天、白雲和綠草為伴。

忽必烈
元世祖

補遺卷

皇帝也是人

范捷 著

責任編輯	侯彩琳
書籍設計	黃沛盈
協力	KHY

出　　版	三聯書店（香港）有限公司
	香港北角英皇道四九九號北角工業大廈二十樓
	Joint Publishing（Hong Kong）Co., Ltd.
	20/F., North Point Industrial Building,
	499 King's Road, North Point, Hong Kong
香港發行	香港聯合書刊物流有限公司
	香港新界荃灣德士古道二二〇至二四八號十六樓
印　　刷	寶華數碼印刷有限公司
	香港柴灣吉勝街四十五號四樓 A 室
版　　次	二〇二一年三月香港第一版第一次印刷
規　　格	十六開（165mm×260mm）三二〇面
國際書號	ISBN 978-962-04-4778-5

© 2021 Joint Publishing（Hong Kong）Co., Ltd.

Published & Printed in Hong Kong

三聯書店
http://jointpublishing.com

JPBooks.Plus
http://jpbooks.plus